KB140084

권력의
역사와 파벌

전원근 지음

| 개정판에 부쳐 |

2016년 총선을 앞둔 시점에서 뜬금없이 해묵은 역사 교과서 국정화 문제로 인해서 국론이 양분되고 반목하면서 갈등을 빚고 있다. 이미 지난 정부에서부터 잘못 되어진 역사적 사실을 바로 잡고 균형 잡힌 검인정을 교과서제도를 채택하여 무리 없이 정착 진행되고 있는 현실에서 느닷없이 이 문제를 제기한 측은 정치 공학적 술수라는 의심을 받을 만하다.

첫째, 역사 교과서를 국정화 한다는 것은 후진국에서 자행되고 있는 개인 우상화를 위한 주입식 교육방법이기 때문이다. 특히 북한과 유사한 여타 독재정치 국가들은 모든 교과서가 주입식으로 되어 있어 선택의 여지가 없기 때문이다. 선진국들에서 보듯이 검정교과서 내지는 자유선택 제도로 되어있다. 그렇다고 해서 이들 나라에서 그 역사를 배운 모든 사람들이 편향적인 시각을 가지고 있다고 단정할 수 없다.

둘째, 역사문제는 미래의 주역인 우리 아이들의 가치관 형성에 중요한 부분을 차지한다. 즉, 다양성을 그 바탕으로 하는 글로벌 시대에 적합하지 않기 때문이다. 일정하게 규격화 되고 강요된 하나가 아닌, 다른 여러 가지 중에서 고를 수 있는 선택의 권리를 그들로부터 빼앗아서는 안 되기 때문이다.

셋째, 대학에 진학하는 학생들의 시험부담을 덜어주어야 한다는 논리는 빈약하기 그지없다. 단답형만을 요구 받고, 객관식 출제에 길들여진 요즘 젊은이들은 부모님께 편지 한 장 제대로 쓰지 못하고, 취업 시 자기소개서 제대로 쓰지 못하는 규격화 되고, 맹종을 요구하는 인간형, 다양성이 결여된 교육 현장을 더 이상 방치할 수 없기 때문이다.

넷째, 역사는 과거와 현재의 끊임없는 대화이다. 역사적 사실은 한 정권에 의해 일시 덮는다고 덮어지는 것이 아니며 진실은 두꺼운 철판을 뚫고서도 고개를 들고 다시 나오게 되어 있다. 정권이 바뀔 때마다 역사책을 다시 써야 하는 진통과 사회적 갈등을 다음 세대에게 물려 줄 수 없다는 우리 모두의 소명의식 때문이다.

다섯째, 역사교과서를 개정하려는 주역들은 친일반역적 행위를 한 자손들, 과거 독재정권의 주역들과 그 하수인들의 자손들이기 때문이다. 역사교과서에서 그들에 대해 비판적으로 기술하였기 때문에 덮으려 하는 수작이라고 생각하지 않을 수 없는 것이다.

이시대 우리의 임무는 역사적 사실을 적확하고 올바르게 기록하고 판단은 역사에 맡기는 것이다. 체제와 권력유지를 위해 퇴행적 행태를 자행하려는 주입식을 위한 국정화와, 왜곡된 역사서술은 저지해야하며, 또한 이미 왜곡을 넘어 개인숭배로 도배된 북한의 상상을 초월한 북한의 역사를 우리가 알아야 한다.

북한의 역사 기술은 김일성 일가의 유일적 지배와 유물론적 입장에서 서술하고 있어 역사 훼손을 넘어 날조에 가깝다고 할 수 있다.

남북한이 분단에서 평화적 통일을 원한다면 역사적 공통분모를 발견하고 동질성을 회복하는 것이다. 그것은 분단의 원인적 진단과 처방을 첫 걸음이라고 할 수 있다.

현실을 도외시한 이상적인 논리, 탁상공론이라고 비난의 대상이 될 수 있겠지만 향후 한반도의 주역이 될 아이들에게 편향되지 않은 역사 교육을 우선 실시하는 것은 그만큼 통일을 앞당길 수 있기 때문이다. 이러한 작업은 지난하겠지만 누군가는 시도해야 한다.

올해는 일제의 압제로부터 해방된 지 70년, 냉전이 해체된 지 25년이 지났지만, 두 동강난 한반도는 통일의 기미는 보이지 않고 오히려 첨예한 군사적 갈등과 대립으로 냉전이 더욱 가속화 되고 있다. 이러한 현상의 주요인은 양분된 반 쪼가리에서 기득권 세력들과 합세한 반통일 세력들이 세습적으로 주리를 틀고 통일을 역행하고 있기 때문에 분단은 더 더욱 고착화 되고 있는 것이다.

필자는 석사논문 두 편과 졸고(拙稿)들을 통해서 한반도 분단의 원인을 민족내적 문제로 진단하고 통일을 위한 기반조성 방안으로 제시한 바 있다.

일제하 민족해방전선에서 두 갈래로 반목(反目)하면서 갈라진 채로 활동하다가, 끝내 화합하지 못하고 해방을 맞았으며, 지금도 애물단지처럼 남아 남남갈등의 색깔논쟁의 대상이 되고 있다. 이 시대에 숨 쉬고 있는 식자의 사명은 분단 조국의 아픔을 외면하지 말고, 색깔논쟁의 한편에 편승해서 기득권에 안주하지 않고, 사실(fact)을 적확하게 알려 주는 것이 의무라고 생각한다.

금번에 서명(書名)을 [권력의 역사와 파벌]이라고 바꾼 이유 중 하나는 잊혀져가는 역사적 사실들을 상기키고 조국의 평화적 통일을 위한 길에 미력하나마 보탬이 되었으면 하는 바램이며, 북한 정치사를 전공하는 학생들이 권력의 역사라는 제목이 어울리겠다는 충언에 따라 종전 [조선노동당]에서 개명을 한 것이다.

재판을 위해 많은 도움을 준 복진경 수석, 이관수 의원, 서경원 의원에게 감사를 드린다. 또한 조국의 통일을 위해 기도하고 계시는 92세 고향의 어머님 그리고 식구들에게 감사를 드립니다. 끝으로 개정판을 흔쾌히 허락해 주신 한국학술정보(주) 사장님과 이아연 선생께 고마움을 드립니다.

2015년 11월 삼성동 서재에서

흔히 말하기를 남·북한과 동·서독의 분단 원인을 냉전의 산물이라고 한다.

그런데 냉전시대가 막을 내릴 즈음 동·서독은 영토적으로 원상이 회복되었다. 하지만 남·북한은 오히려 상호체제유지를 위해 군사적으로 첨예한 대립을 하고 있으며 저오현상(牴牾現象)까지 나타나고 있다. 남·북한이 통일이 되지 못하는 근본적 원인은 남·북 분단 원인이 동·서독처럼 외세에 의해 강제적으로 분할된 냉전의 산물이 아니라, 일제하 독립투쟁부터 반목과 갈등으로 점철된 민족주의와 공산주의자들이 광복과 동시 남과 북에서 각각 체제가 다른 정부를 수립하여 지금까지 고착되었기 때문이다.

초기 국제공산주의자들이 추구했던 노동자 농민의 지상낙원은 시간이 흐를수록 퇴색되어 갔으며, 급기야 공산주의 종주국 소련까지도 낡은 이데올로기라 규정하고 새 옷으로 갈아입었으며, 소련을 수정자본주의라고 맹비난하던 중국까지도 시장경제체제를 도입하여 변하였다. 그러나 북한은 김일성 주체사상이라는 변질된 이데올로기를 고집하면서 대를 이어 개인숭배를 강요하고 있으며, 지금까지 북한 주민들에게 거짓 정치선전으로 일관되었기 때문에 개방까지도 꺼리고 있는 것이다. 결국, 현재까지도 동토(凍土)의 왕국을 지탱시키고 있는 것은 김일성으로부터 물려받은 조선노동당이 그 중심에서 버티고 있기 때문이다.

이 책은 한반도의 운명을 갈라놓은 공산주의 사상이 유입되는 과정부터 조선노동당이 북한에서 유일정당으로 되는 과정을 분석하였다.

그러므로 이 책은 다음 내용을 중점적으로 분석하였다는 데 나름대로 의미를 가진다고 할 것이다.

- 공산주의 사상이 어떠한 경로를 거쳐 우리 민족에게 처음 유입되었는가?
- 한인 공산주의자들은 주로 어떤 활동을 하였으며, 민족주의와는 어떤 관계를 유지했는가?
- 당시 김일성은 어떤 활동을 하였으며 어떻게 평가할 것인가?
- 오직 북한만이 조선노동당이라는 명칭을 사용하게 된 까닭은 무엇인가?
- 김일성은 다른 파벌들과 어떻게 합종연횡하면서 정권을 수립하였는가?
- 6·25전쟁의 그 발발원인과 그 배경은 무엇인가?
- 6·25전쟁의 패전 책임을 누구에게 전가했는가?
- 북한에서 홍(紅)과 전(專)의 대립을 어떻게 해소하였나? 하는 등의 문제들을 분석하고 정리하였다.

어떠한 체제와 국가를 막론하고 그 역사는 그 사회의 발전과정이며 현재의 거울이라고 할 수 있다. 따라서 발전과정 역사를 허구와 날조된 것이 아니라 정확하고 진실일 때만이 오늘의 거울이 될 수 있으며 미래의 이정표가 될 수 있을 것이다. 후손에게 물려줄 영광된 통일 조국을 위해서 호도된 역사가 아닌 진실한 역사 인식이 필요할 때이다.

백화제방(百花齊放)의 오늘 시대를 살아가면서, 북한 체제와 인권에 대해 비판하면 낡고, 수구적이며, 반공주적이며, 공안세력이라고 폄

하하면서, 북한정권에 대해서 긍정적 사고를 가진 사람에 대해서는 용기가 있고, 진보적인 지식인 냥 하는 생각들은 이제 재고해야 할 것이다. 진정 북한에서 고통받는 주민들을 걱정하고 민족의 평화적 통일을 원한다면 진실을 외면하지 말고 인류의 보편적 가치를 실현할 수 있는 체제가 무엇인가를 바로 인식하고 알려주어야 하는 것은 식자들의 의무라고 생각한다.

끝으로 이 책이 되기까지 은사이신 신정현 선생님과 도재숙 선배, 늘 옆에서 조언을 아끼지 않는 상명대 이종석 교수, 경희대 안태옥 교수, 그리고 곁에서 묵묵히 지켜주는 아내와 연로하신 고향의 어머님께 진심으로 감사를 드리며, 특히 출판을 쾌히 승낙해 주신 한국학술정보(주) 사장님께 감사를 드린다. 그리고 이 책의 많은 미진한 부분에 대해서 독자 제현(諸賢)의 질정(叱正)을 겸허하게 받아들이겠다.

2007년 가을
저자 전원근

|차 례|

제1장 서 론 ···15

　제1절 연구의 목적 ·· 16

　제2절 연구 방법과 범위 ·· 20

　　1. 선행 연구의 검토 ·· 20

　　2. 개념의 이론적 논의 ·· 24

　　3. 연구 방법 및 범위 ·· 38

제2장 한인공산주의 기원과 파벌형성 과정 ·······················43

　제1절 공산주의 사상의 유입 ·· 44

　　1. 민족독립운동의 분열 ·· 44

　　2. 레닌의 극동전략 ·· 56

　제2절 한인공산당의 조직과 파벌형성 ······························· 63

　　1. 한인사회당의 조직 ·· 63

　　2. 일크츠크 공산당의 등장 ·· 67

　　3. 양파벌간의 파쟁 ·· 72

　　4. 조선공산당의 주도권 분쟁 ···································· 87

　제3절 파벌간의 지역 및 노선상 특징 ····························· 100

　　1. 지역적 특징 ·· 100

　　2. 투쟁노선의 특징 ·· 109

제3장 공산정권 수립기의 파벌관계 ················123

제1절 파벌의 국내 입국과정 ················ 124

　　1. 국내파 ················ 124

　　2. 빨치산파 ················ 133

　　3. 연안파 ················ 141

　　4. 소련파 ················ 148

제2절 소비에트화 과정과 권력배분 ················ 152

　　1. 민족진영과 통일전선 ················ 152

　　2. 임시인민위원회의 성격 ················ 159

　　3. 권력배분의 내용 ················ 166

제3절 정권수립과정과 파벌의 역할 ················ 176

　　1. 정권수립과정 ················ 176

　　2. 파벌의 역할 ················ 192

제4절 조선노동당의 창당과 파벌 ················ 204

　　1. 일국일당원칙의 변용 ················ 204

　　2. 남·북 노동당의 합당과 파벌재편 ················ 214

제4장 파벌의 합종연횡과 소멸 ·· **231**

　제1절 6·25 전쟁과 남로당 ··· 232

　　1. 주전론의 논쟁 ·· 232

　　2. 패전의 책임전가 ··· 248

　제2절 8월 종파 사건과 파벌갈등 ································· 257

　　1. 반 김일성세력의 대두 ··· 257

　　2. 연안파와 소련파의 합종 ······································ 268

　제3절 당내 갈등의 해소 ··· 277

　　1. 갑산계의 숙청 ·· 277

　　2. 紅과 專의 선택 ··· 287

제5장 마무리 ·· **297**

참고문헌 ·· **307**

제1장 서 론

제1절 연구의 목적

이 책은 한인 공산주의 운동과정에서 파벌이 형성되는 배경과 북한에서 초기 공산정권 수립 시 파벌간의 권력 배분, 파벌간의 합종연횡 과정에서 최종적으로 조선노동당에 흡수 통합되는 과정을 분석하였다.

북한에서 소비에트화 과정과 정권수립 과정에서 당시 점령군이었던 소련군의 역할이 지대했다는 것은 그동안 북한에 관한 많은 연구들에서 잘 지적되었다. 그러나 조선노동당의 조직과 활동, 그리고 정권수립과정에서는 처음부터 김일성 일파와 소련군정만이 참여한 것이 아니었다. 만주지역과 연해주 등지에서 항일무장투쟁을 전개했던 좌익세력들이 해방 이후 북한지역으로 귀국하여 북한의 공산정권 수립과정에 참여했으며 또한 국내에서 활동했던 공산주의 세력들도 합세했던 것이다. 이들은 결국 조선노동당이라는 공산주의 일당체계 내로 흡수되었지만 당내에서는 각기 파벌의 형태로 존속하면서 북한정치체제에 관여했다. 북한의 파벌들은 개방적이고 경쟁적인 다원주의 사회에서 활동하는 파벌들과는 다른 성격을 갖고 있었다. 즉 그들은 일정한 공개적 게임 룰(rule)에 따른 경쟁을 통해 권력을 장악하거나 권력을 상실하는 정치세력들이 아니었다. 그들은 각기 상이한 항일투쟁 경험과 리더십을 중심으로 특수한 집단적 연대성을 가지고 있었으며, 또한 당이나 국가기관에서 일정한 역할을 담당하면서 권력을 서로 공유하는 형태로 존재했다.

이 책에서는 이런 파벌들이 처음에 어떻게 형성되었으며, 그들의 집단적 경험의 특성들은 어떤 것이었나를 고찰하여 보고 아울러 귀국 후 그들 간의 상호관계를 분석하여 북한정권의 수립과정을 깊이 있게 파악해 보는 데 초점을 두고자 한다.

또한 이러한 파벌관계가 합종연횡 과정에서 어떻게 기능하였고 어떻게 사라지게 되었는가를 면밀히 검토해 보고자 한다. 흔히 파벌이라고 하면 공공적인 이익을 추구하는 것이 아니라 분파적 이익, 즉 이기적(selfish)이라는 부정적 인식을 하게 된다. 하지만 이 책에서 북한의 정치과정에서 파벌들의 역기능적인 면뿐만 아니라 순기능적인 역할 부분도 검토해 보고자 한다.

정권 초기부터 김일성이 일거석적(monolithic) 지배체제를 형성하여 북한권력체제를 주도해 간 것이라고 할 수 없다. 당시 소련 군정과 국가기관의 내부에서는 다 같이 사회주의 이데올로기를 공유하고 북한 사회의 소비에트화를 추진했지만 지위와 역할에 있어 파벌들 간에 분담하는 일종의 연합체제 형태가 출현했던 것이다.

결국 북한의 경우 초기 정권형성 과정에서는 단순한 소련의 외재적인 압력 이외에 여러 파벌 간의 상호 세력관계가 중요하게 영향을 미쳤음을 간과할 수 없다. 북한과 비슷한 시기에 공산정권이 수립되었던 동구 공산국가의 초기 형성과정에서도 파벌들 간의 정치적 역학관계가 중요하게 나타났던 것이다.

동구 공산권 국가의 정권형성 과정을 살펴보면 그들이 일률적으로 소련의 지배하에서 외적인 압력에 의해 공산국가를 형성한 것이 아니었으며, 일부 국가는 자체적인 공산정권 형성과정에서 파벌의 연립과

갈등을 통하여 정권이 형성되었음을 알 수 있다.[1]

동구 국가들에서 공산정권이 수립된 배경을 보면 그들은 2차대전 중 독일에 대항하는 과정에서 독립의 수단과 방법으로 공산주의를 택했으며, 이때 소련은 각국의 공산주의자들을 지원하게 되었던 것이다. 독일 패망 후 소련의 지원 없이 정권을 장악할 수 있었던 국가들은 유고슬라비아와 이의 지원을 받은 알바니아에 불과했다. 이외 다른 6개 국가들(불가리아, 체코슬로바키아, 헝가리, 폴란드, 루마니아, 동독)은 소련의 지원하에 공산주의 정권을 수립하였다. 이들은 전쟁 중에 표면상으로 민족 단합이나 반파시즘의 기치를 내걸고 '민족해방투쟁전술'을 전개했으며, 전후에는 서구 사회민주주의보다 진보된 정권임을 강조하려는 '인민민주주의전선'을 표방하고 연립정권을 수립하였다. 이후에 그들은 반대세력을 점차적으로 거세하여 나갔으며,[2] 이러한 과정은 대체로 3단계를 거쳐 진행되었고 마지막 단계에 이르러 단독 공산정권을 수립했던 것이다.[3]

공산주의자들은 그들의 정권장악 과정이 '민주적'인 것처럼 보이도록 하였으나 실제로는 공산당이 통제하는 일당체제를 유지해 나갔다. 그리고 그들의 세력이 확고해지면 연립정권에 참여했던 타 파벌들을

---

1) 전인영, 『소련 및 동구 공산주의』(서울: 서울대학교 출판부, 1984), pp.102-113.
2) 상게서, pp.114-115.
   유고의 반파시스트 민족해방회의(AVNOJ), 알바니아 민족해방군(NLM), 그리스 해방전선(EAM), 불가리아의 조국전선(Fatherland Front) 등이다.
3) 상게서, pp.116-118.
   제1단계는 진정한 연립연정(Genuine coalition)으로서 사회기반이나 이념 및 장기적 목표를 달리하는 제 정당들이 단기적 정책목표를 실현하기 위하여 연합한 상태를 말하며, 제2단계는 사이비 연정단계(bogus coalition)로서 비공산계 정당들이 정부에 임명되고 있지만 대부분 공산당에 의해 지명된 인물들이다. 제3단계는 단독정권(monolithic regime) 단계로서 공산당이 하나의 위계적인 조직체를 확립하는 단계이다.

와해시키거나 흡수함으로써 일당독재의 공산체제를 완성해 나갔다. 이런 과정에서 공산주의자들은 형식적 선거와 헌법을 채택함으로써 그들의 권력 장악을 국내외적으로 합법화하였다.[4] 이후 이들은 1960년대 말까지 대규모 숙청과 산업의 국유화 및 집단 농장화를 강화하여 사회주의 체제를 확립해 나갔다.

다시 말하면 초기 북한의 공산정권 수립도 단순한 소련의 개입이나 압력에 의한 피동적인 위성정권이 아니라 몇몇 동구 공산국가들 경우처럼 주요 파벌들 간의 연합(coalition) 또는 통일(united)된 형태로 형성되었던 것이다.

실제로 광복 직후 북한에서 공산정권을 수립하는 데 주요 역할을 담당했던 연안파, 빨치산파, 국내파, 소련파, 빨치산파 갑산계 등의 파벌들이 존재하였으며, 이들 파벌 간의 권력 배분을 둘러싼 정치적 투쟁이 상당히 심화되었던 것이다. 이로 인해 북한에서 김일성이 권력을 독점하기까지에는 상당히 오랜 기간 동안 권력투쟁[5] 양상이 진행되었던 것이다.

---

4) 상게서, pp.259-260.
5) Charles Edward Merrian, Political Power -Its composition and Incidence -, (New York: Mcgraw-Hill Book, 1934), pp.45-58. 권력투쟁이란 단순히 권력을 획득·분배·행사하는 것을 의미하는 넓은 의미의 뜻과, 권력집단 내부에서 권력자의 지위와 *헤게머니* 쟁탈을 둘러싼 협의투쟁으로 구분할 수 있다.

제2절 연구 방법과 범위

1. 선행 연구의 검토

지금까지 북한에 대한 연구는 남북 분단이라는 특수 상황으로 인하여 법적 제도적으로 많은 제약을 받아왔으며, 그 결과 연구에 필요한 자유로운 인식체계의 형성이나 경험적 자료의 접근이 어렵게 되어왔다. 특히 북한에 대해서 가지고 있는 편협한 심리적, 정치적 요소들이 북한에 대한 객관적 연구를 제약하는 요인으로 작용해 온 것이 사실이다. 또한 이데올로기적 대결 구조에 기초한 흑백 논리가 북한 연구의 깊이와 폭을 제한시키는 데 크게 영향을 미쳤다. 동시에 북한 연구는 주로 국가 정책적 목적과 연관되어 왔기 때문에 순수한 학문적 탐구영역과 거리를 갖게 된 것도 사실이다.

90년 중반 이후 북한에 대한 연구 환경은 상당히 달라졌다. 우선 국제 환경이 냉전에서 탈냉전 시대로 변화됨으로써 지적인 교류와 접촉이 이데올로기적 구별을 벗어나 비교적 자유롭게 이루어질 수 있게 되었다. 한국 학계가 러시아나 중국의 지식계와 활발한 교류와 접촉을 갖게 된 것은 좋은 실례이다. 이런 교류를 통해 북한에 대한 연구는 종전에 비해서 진일보하였다고 할 수 있다. 그동안 공산주의 운동이나 북한정권의 수립과 관련된 사실들이 러시아나 중국의 지식계와 접촉을 통해 새롭게 발견될 수 있었고 또, 새롭게 재편성될 수 있었다. 또 다른 환경변화는 국내 사회의 변화와 지식계의 동태적 연구 동향이다. 국내 사회가 민주화되고 개방화됨으로써 학문적 연구의 다양성이 허용되었고 이로 인해 학문 연구에 있어 법적, 이념적 제약이 크게 제거

될 수 있었다. 아직도 북한 연구나 통일문제에 대한 접근이 정책적 이해관계와 연계되어 있는 측면이 많이 남아 있지만 과거 냉전시대나 권위주의 시대에 비해서 크게 완화되었음을 알 수 있다. 한국의 지식계에서 이데올로기적 스펙트럼이 어떠하든 다양한 주제들에 대한 연구가 허용되고 있으며 그에 따라 북한을 포함한 과거 공산권 국가들에 대한 지적 탐구가 활발하게 전개되고 있다.

이러한 상황 변화에 따라 북한 연구 동향은 정치, 경제, 사회, 문화, 군사 등 여러 분야에서 발전된 이론 및 방법론을 수용하여 활발히 진행되고 있다. 그중에서도 북한의 정치와 관련한 연구는 더욱 활발하고 세분화되어 질과 양이 증대되어 왔다고 할 수 있다. 그러나 북한의 파벌과 관련한 지금까지 연구 동향을 볼 때 주로 북한의 숙청사, 권력투쟁사 속에서 부분적으로 연구되어 왔다고 할 수 있다. 이러한 이유는 대체로 북한에 대한 경험적 자료의 획득이 곤란하였기 때문이라고 말할 수 있다. 즉, 북한에서 내부적 자료의 공개를 철저하게 제한 통제하고 있기 때문에 자료접근이 어려웠다고 할 수 있을 것이다. 그리고 북한이 공개하는 공식자료 역시 대부분 대외 선전용으로 신뢰할 수 없는 것들이었기 때문이다. 아직까지 조선노동당과 파벌에 대해 전체적인 면을 망라한 심층적인 연구는 미미한 실정이라 할 수 있다. 지금까지 북한의 파벌에 관한 연구는 대체로 다음과 같이 부분적으로 언급되었다고 할 수 있다. 첫째 북한의 정치사와 권력투쟁과정 속에서 파벌관계를 분석한 연구,[6] 둘째 북한의 엘리트 분석 틀 내에서 파벌관계 연

---

6) 김학준, "해방 3년의 시기에 있어서 남북한 좌파 지도자들의 공산주의 관",
「동아연구 제7집」(서울: 서강대 동아연구소, 1986)
김창순, 「북한 15년사」(서울: 지문각, 1961)
박형중, "1950년대의 북한의 정치와 권력: 인전대적동원체제형성과 3중의
권력투쟁", 「현대북한연구 2권 1호」(서울: 경남대학교 북한대학원, 1999)

구,[7] 셋째 한인공산주의 운동사 과정 속에서 파벌에 관한 분석,[8] 등으

서대숙, "당정관계 변화", 「북한의 정치」(서울: 을유문화사, 1990)

장복성, 「조선공산당 파쟁사」(서울: 대륙출판사, 1949)

중앙일보 특별취재반, 「비록 조선민주주의 인민공화국」(서울: 중앙일보사, 1993)

김성보, 「북한의 민족주의 세력과 민족통일전선운동」(서울: 역사비평, 1992 봄호)

이승현, "해방 직후 북한 좌익세력의 당 조직형태 변화에 관한 연구", (석사학위논문연세대학교 대학원, 1988)

이종석, "김일성의 반종파 투쟁과 북한권력구조의 형성", 「역사비평 1989년 가을호」

허만위, "初期 北韓政權의 形成過程에 관한 硏究", (박사학위논문, 경남대학교행정대학원, 1991)

최성, "수령체계의 형성과정과 구조적 작동메커니즘에 관한 연구", (박사학위논문고려대학교 대학원, 1994)

임영태, 「북한50년사」(서울: 들녘, 1999)

이상우, 「북한정치입문」(서울: 나남, 1997)

김동규, 「북한학총론」(서울: 교육과학사, 1999)

배원달, 「북한권력투쟁론」(서울: 학문사, 1990)

7) 최완규, "북한정치엘리트의 구조변화 1946~1970", (석사학위논문: 경희대학교 대학원, 1976)

권대익, "북한정치엘리트에 관한 일 연구", (석사학위논문: 서울대 대학원, 1989)

전용헌, "北韓政治體制의 變化에 관한 硏究: 北韓權力構造의 變化와 이데올로기 變化間의 相關關係를 中心으로", (박사학위논문: 고려대대학원, 1991)

조용철, "北韓의 엘리트充員에 관한 연구: 엘리트充員上의 黨性과 專門性을 중심으로", (박사학위논문: 부산대 교육대학원, 1989)

최성, "북한정치사: 김정일과 북한의 권력엘리트" (서울: 풀빛, 1997)

8) 方仁厚, 「북한조선노동당의 형성과 발전」(서울: 고대 출판부, 1967)

韓載德, 「한국의 공산주의 운동과 북한의 역사」(서울: 내외문화사, 1965)

김준엽·김창순, 「한국공산주의 운동사 Ⅰ-Ⅴ」(서울: 청계출판사, 1961)

이명영, 「권력의 역사」(서울: 종로출판사, 1983)

신정화, "북한조선노동당의 성립과정에 관한 연구", (석사학위논문: 이화여자대학교 대학원, 1990)

이종석, "북한지도집단과 항일무장투쟁", 「해방 전후사의 인식 5」(서울: 한길사, 1989)

Chung-Sik Lee, *The Korean Workers' Party*: A *Short History* Stanford: (Stanford: Hoover Institution Studies, 1986)

로 구분할 수 있다. 이외에도 파벌과 조선노동당만을 주제로 하여 밝힌
글과9) 인물 중심으로10) 연구한 부분에서 파벌에 관한 내용을 찾아볼
수 있다. 이러한 연구물들은 북한의 파벌관계를 연구하는 데 있어서 중

Dae-sook Suh, *Korean Communism 1945~1980,* (Honolulu: The University Press Of Hawaii, 1982)

_____, *Korean Communism 1918~1948,* (Honolulu: The University Press Of Hawaii, 1982)

Robert A. Scalapino and Chung-Sik Lee, *Communism in Korea part I, Ⅱ,* (Berkeley and Los Angeles: University of California press, 1972

이기하, 「한국공산주의 운동사」(서울 동일문화사, 1969)

9) Chong-Sik Lee, "Korean Communists Yenan", *The China Quarterly No 9,* (January-March, 1962)

김남식, 「남로당 연구」(서울: 돌베개, 1984)

심지연, 「조선신민당 연구」(서울: 동녘, 1988)

반병율, "노령지역 한인정당의 결성과 변천: 한인사회당과 상해: 일크츠크파 고려공산당을 중심으로", 「독립운동의 이념과 정장」(독립기념과 개관4주년 기념 제5회 독립운동사 학술심포지엄 자료집 1991. 8)

이종석, "북조선공산당과 조선신민당의 북조선 노동당으로의 합동에 관한 연구", 「국사관논총 제54집」(서울: 국사편찬위원회, 1994)

전인영, "조선노동당: 북한사회의 지도세력", 「북한의 정치」(서울: 을유문화사, 1990)

10) 심지연, 「허헌 연구」(서울: 약사 비평사, 1994)

_____, 「잊혀진 혁명가의 초상-김두봉 연구」(서울: 인간사랑, 1993)

박갑동, 「박헌영」, (서울: 인간사, 1983)

진성계, 「김정일」, (서울: 동화출판사, 1993)

이종석, "박헌영과 김일성", 「한국현대사의 라이벌」(서울: 역사비평사, 1992)

오영진, 「하나의 증언」(서울: 국토통일원, 1983)

백학순, "북한에서 단일적 지도력의 확립과 당 국가 건설", 「현대북한연구 2권1호」(서울: 경남대학교 북한대학원, 1999)

서대숙, 서주석 譯, 「북한의 지도자 김일성」(서울: 청계연구소, 1989)

_____, 「현대 북한의 지도자(김일성과 김정일)」(서울: 을유문화사, 2000)

양성철, 「박정희와 김일성」(서울: 한울, 1992)

요한 자료로 가치가 있다고 할 수 있다.

2. 개념의 이론적 논의

이 연구를 진행함에 있어서 개념을 보다 구체적이고 정밀하게 하기 위하여 두 가지의 개념을 보다 명백히 하기 위하여 재개념화(Reconceptulization) 혹은 이해가 필요할 것이다. 하나는 북한공산주의 체제에 있어서 파벌의 성격 규정에 관한 것이며, 둘째는 아직까지도 학계에서 북한정권 수립 전 존재했던 파벌에 관한 호칭에 관한 것이다.

파벌에 대한 정의는11) 학자들 간에 견해의 일치를 보지 못하고 있으며 이와 유사한 용어로 파당(juntos), 붕당(caucuses), 도당(cliques), 종파12) 등의 용어와 혼동되어 사용되고 있다.13)

---

11) 최한수, 「현대 정당론」(서울: 을유문화사, 1993), pp.319-321. 한자어에서 派閥의 '派'자는 물결이 여러 갈래로 나뉜 흐름을 형상하는 뜻과 家門의 '閥'자의 합성어이며 "출신 성분을 같이하는 신분적 집단"을 지칭하고, 영문의 'faction'은 to do와 to act라는 라틴어의 facere에서 비롯되어 주로 "파괴적이고 해로운 활동을 하는 정치집단" 등 가증스러운 의미를 상징한다.
李離和, 「한국의 파벌」, (서울: 돌베개, 1984), 9-10. "파벌은 자기네 패거리들끼리 똬리를 틀고 애써 다른 패거리를 끼어들지 못하게 하는 속성을 지닌 것이다." 이것은 한 집단, 한 사회의 형성·발전, 그리고 변동·갈등의 소산물이다.
12) "종파", 「조선말 대사전」(평양: 사회과학출판사, 1992), p.271.
개인이나 분파의 이익을 노리면서 노동계급의 수령인 유일적 영도를 거부하고 당과 혁명운동을 분열 파괴하려는 반당적이며 반혁명적인 집단이나 분자.
13) 신정현, 「정치학」(서울: 법문사, 1996), pp.433-437. 徒黨은 명사 집안의 결합에서 쉽게 볼 수 있는 것처럼 가족 관계나 인물, 또는 개인적인 친분관계를 중심으로 이루어지는 집단, 도당을 파벌보다는 조직적 취약성을 가진 집단으로 본다. 이들은 power faction, spoils faction으로 구분되기도 한다.

지금까지의 파벌에 관한 연구에서 보면 정당과 비교하여 파벌은 정당 조직 내의 소규모적이고, 비공식 집단으로 보는 입장과,[14) 잘 조직되지 못한 정당의 미조직집단격인 그의 '예비적 집단', '미성숙의 정당'으로 보는 견해로 나누어 볼 수 있다.[15) 전자 입장에서 대표적으로 니오마르키(Joseph L. Nyomarkay)는 "같은 정당 내에서 다른 집단에 반대하여 어떤 목표를 추구하기 위해 함께 협력하는 사람들의 집단"으로 정의한다.[16) 그리고 파벌 간의 갈등은 몇 개의 하위집단들이 권위의 근원과 자신들을 일체화시킴으로써 정통성을 획득할 때 발생한다는 견해가 제기되었다. 이와 같이 대부분 학자들은 파벌을 정당 내의 집단으로 정의하고 있다.

파벌을 정당내 조직으로 규정하는 견해에 따르면 파벌은 "정치체계나 또는 정치체계에 인접한 곳에 존재하는 배타적 성격을 갖는 집단으로서, 그것은 사회적인 친화력, 개인적인 충성심, 상호교환관계, 공통된 이념, 공통의 가치 및 목표 등에 기초를 둔 고도의 응집력을 갖

---

14) Min Jun-Kee, "Political Parties and Factionalism in Korea, 1945~1972." 「慶熙大學校 論文集 제12집, 인문 · 사회과학편」, (Seoul: Kyung Hee Univ. 1983)' Vol.12. p.131-133.

　　이러한 견해의 입장을 밝히는 학자로는 Joseph Nyomarkay, Richard Rose, Harold D. Lasswell, Yasumasa Kuroda 등의 학자들이 대표적이라 할 수 있다.

15) 한배호, "이론적 바탕으로 본 한국의 파벌정치", 「한국연구 총서①」, (고려대 아세아 연구소, 1973, 8), pp.315-318. 파벌은 한 공식적 조직체 내에서 비공식 집단으로 간주하려는 경향이 있으나 파벌은 정당과 같은 공식적인 조직 안에서만 존재하는 것이 아니라 정당과는 무관하게 형성될 수도 있고, 또는 어떤 기존의 정당에 대항해서 조직될 수도 있다. 특수한 상황에서는 기존 정당에서 분리되어 나온 한 파벌이 많은 추종세력을 규합함으로써 정당으로 변질되는 경우도 허다하다.

16) Joseph L. Nyomarkay, "Factionalism In The National Socialist German Workers Party", 1925~1926: The Myth And Realty Of The "Northern Faction", Political Science Quarterly, Vol.30, No.1, March, 1965. pp.22-24.

는 집단"으로 규정된다.(〈표 1-1〉 참조) 그리고 이런 집단은 자신이
속해 있는 정당에 대해 영향력을 행사함으로써 정치권력의 분배에 영
향을 미치려고 노력하는 집단"으로 정의할 수 있다.17)

〈표 1-1〉 정치적 파벌의 분류

구 분	개인주의적 파벌	공리주의적 파벌	이념적 파벌
주요규범	· 지도자에 대한 존경, 헌신, 경외 · 전통적 가치의 존중 · 책임	· 상호이익 · 세속주의(secularism)	· 구체적규율과 (principles) 가치체계
충원요인	귀속적 전통적 충원	가치분배의 충원	신념자와 공동체
갈등의 본질	· 개인적 적대감과 카리스마적 지도자의 경쟁자에 대한 적의감 · 카리스마와의 일체감 · 은총경쟁	다른 이익을 추구하는 구성원 간의 갈등	· 바람직한 상황에 대한 가치와 개념의 갈등 · 이데올로기적 갈등
갈등해결 유형과 지도자	· 최종적 권위로서의 카리스마 개입 · 집단규범적용 · 후계자 지명	· 협상과 타협 · 舊 규범의 교체 혹은 신규범의 도입	· 다른 정당 이데올로기의 적응 혹은 거부 · 거부된 이데올로기를 갖는 지도자의 도태

출처: Jun-Kee Min, op. cit., p.133. 인용

반면, 파벌을 정당의 예비적 집단으로 보는 견해가 있다.18) 앱터
(David E. Apter) 교수는 파벌은 정당 발전과정의 초기 단계에서 볼
수 있는 정치세력의 연합형태(political coalition)라고 주장한다.19)

---

17) 閔俊基, 「한국의 민주화와 정치 발전」(서울: 조선일보사, 1988), p.156.
18) 챔버스(william C. Chambers)와 헌팅턴(Samuel P. Huntington) 그리고
밸러와 벨로니(F. P. Belloni, D. C. Beller), 앱터(David Apter), 사르토
리(Goivanni Sartori) 등이 대표적 입장이라고 할 수 있다. Giovanni
Sartori, *Parties and Party System: A framework for analysis, Vol.1,*
(Lodon: Cambridge University Press 1976), pp.21-22.

또한 파벌은 "타 집단과 갈등 관계에 있는 경우 제한된 지속성을 가지며, 노선을 같이하는 추종자들을 가진 입법자, 정치엘리트 및 선거민의 집단"으로 규정되기도 한다.[20] 이 경우 파벌들은 개인적인 친분관계 중심으로 이루어진 집단이며, 중심인물이 죽거나 은퇴하면 해체된다. 이런 이유 때문에 파벌은 미약하고 일시적인 동맹 내지는 집합체 내에서 경쟁하는 소수의 사람들로 이루어지는 지속성이 없고 구조도 확고하지 못한 정치집단으로 규정된다.

한편 파벌은 정당 발전의 초기 단계에서 나타나는 특수한 도당의 성격을 갖는 것으로 규정되기도 한다. 즉 파벌은 파벌주의 단계, 양극화 단계, 확장 단계 및 제도화 단계를 거쳐 출현하는 정당 발전의 초기단계에 해당된다. 첫 단계는 정당정치 이전의 파벌의 형태로서 혁명적인 도당의 성격을 가진다고 하였다. 정당발전의 초기에 나타나는 제1단계 파벌주의(factionalism), 제2단계 양극화(polarization), 제3단계 확장(expansion), 제4단계 제도화(institutionalization)를 거치면서 파벌은 "미숙한 정당"으로 간주된다. 이 견해에 의하면 파벌을 질서와 안정적인 절차가 결여된 집단으로 보는 것이다. 그리고 이러한 파벌이 어느 단계에서는 정당으로 성장 발전된다는 것이다.[21]

그리고 파벌은 정당과 구별하여 그 특성이 규별된다. 정당은 잘 조직되고, 공식적인 조직으로서 가시적이고 · 규칙적이며 · 안정적으로 구조화된 관계와 절차를 가진 유기체인 데 비하여 파벌은 분명성 · 질서 ·

---

19) Apter David E., *The Politics of Modernization*, (Chicago: Univ. of Chicago Press, 1965), pp.179 – 222.

20) William N. Chambers, *Political Parties in a New Nation*(New York: Oxford University Press, 1963), p.26.

21) Samuel P. Huntington, *Political Order in Changing Societies*, (New Haven University, 1968), 민준기, 배성동 譯, 「정치발전론」(서울: 을유문화사, 1971), pp.489 – 498.

안정적 절차가 결핍되어 있는 집단이라는 것이다. 즉 파벌은 정당으로 성장하는 집단으로 규정한다.[22] 같은 맥락에서 파벌의 성격을 특정 지도자를 중심으로 모여 있는 집단(Leader-follower group)의 구성원들 즉, 추종자들은 지도자에 의하여 개인적으로 충원되며, 그에 따라 지도자와 추종자 간의 관계 때문에 존재하거나, 정책·이념 또는 집단을 구성하는 이익 때문에 존재하는 것으로 규정한다.

또한 파벌은 후원자와 고객관계(patron-client)에 기반을 두고 그 특성이 규정되기도 한다.[23] 즉 보다 높은 사회 경제적 신분의 개인은 보다 낮은 신분에 있는 그들로부터 개인적 봉사를 포함하여 일반적인 지지와 보조를 받음으로써 그 보답으로 보호나 이익 또는 이 두 가지 모두를 제공하기 위하여 그 자신의 영향력과 자원들을 사용하는 도구적 관계를 포함하는 상호 특별한 사례라고 규정하고 있다. 따라서 이들의 관계는 상대적인 부·권력·신분적 불균형을 반영하고 표현하는 두 상대 간의 교환에 있어서 불균형관계와 또한 대면적(face to face) 관계를 유지하며 개인적 관계의 특성을 가지며 계약관계보다는 인간적인 관계를 갖는다.[24]

한편 공산주의 국가들에서는 파벌의 발생이 필연적일 수밖에 없다는 주장도 있다.[25] 그들 국가에서는 일당체제를 유지하고 있기 때문에 양당체제 혹은 다당체제하의 서구 민주주의 국가들에서처럼 권력

---

22) Frank. P. Belloni & Dennis. C. Beller, "The Study of Party Factions as Competitive Political organization", *The Western Political Quarterly*, Vol.29, No.1 March, 1976. pp.535-536.

23) James C. Scott, "Patron-Client Politics and Political Change in Southeast Asia", *American Political Science Review*, *Vol.66, No.1*(1972.5), p.92-93.

24) 최한수, 前揭書, pp.326-333.

25) Franz Shurmann, *Ideology and Organization in Communist China* (Berkeley, California: University of California Press, 1970), pp.118-128.

변동이 정당 간 합법적인 경쟁을 통해서 이루어지지 않고 있으며, 따라서 권력 장악을 위한 당내 세력들 간의 권력투쟁이 불가피하게 발생하게 된다. 이 경우 권력투쟁은 특정한 개인들이나 이들을 둘러싼 파벌 또는 당파들 간에 일어나게 된다. 결국 공산주의 국가에서는 경쟁적 정당 체계가 허용되어 있지 않기 때문에 권력투쟁이 1인의 지도자를 중심으로 이루어질 수밖에 없으며 이때 지도자들은 일정수의 추종자들과 결합하여 파벌을 형성하게 되는 것이다.[26]

이러한 예는 공산권의 대표적인 국가라고 할 수 있는 소련과 중국의 경우에 잘 나타나고 있다.

소련의 경우는 레닌 사망 후 당권장악을 위한 좌파인 트로츠키(Leon D. Trotsky)파와 우파인 스탈린파(I. Stalin)가 대두하게 되었다. 그러나 트로츠키는 당내의 지지가 약하다는 결정적인 결함을 가지고 있었던 반면 스탈린은 지노비예프(Geregory E. Zinoviev), 카메네프(Lev B. Kamenev), 부하린(Nicolai I. Bukharin), 톰스키(Mikhail Tomsky) 류코프(A. I. Rykov) 등의 지지를 확보함으로써 1925년 1월 쉽게 트로츠키를 국방상의 지위에서 제거하였다. 이들의 표면적인 논쟁은 트로츠키의 세계혁명론과 스탈린의 일국사회주의론이었다. 그러나 이렇게 쉽게 당권을 장악한 스탈린은 정치국의 우파인 류코프와, 톰스키, 부하린과 제휴하였다. 한편 이를 견제하기 위하여 지노비예프와 카메네프는 트로츠키 및 좌파와 손을 잡았다.[27] 스탈린을 중심으로 하는 우파는 급속적 공업화와 기계제 집단농업제(kolkhoz)를 반대

---

26) Andrew J. Nathan, "A Factionalism Model For CCP Politics", *The China Quarterly*(Jan-March, 1973), pp.37-39.
   파벌을 顧客과의 紐帶關係로 槪念化하고 상호 양해된 권리와 의무가 수반되는 교환에 기초한 非歸屬的 兩者關係라고 정의하고 있다.
27) 김학준, 「소련정치론」(서울: 일지사, 1976), pp.125-126.

하는 좌파들을 1927년 11월 제15차 당 대회에서 비판하고 알마아타 (Alma Ata)로 추방하였다.

그들이 추방된 후 사회주의 선결조건을 위해 농업우선 정책을 지지하는 부하린, 톰스키, 류코프 등 우파들에 대해 스탈린은 공업우선 정책을 지지하는 좌파 칼리닌(Mikhail I. Kalinin)과 보로시프(K. E. Voloshsilov)를 동원하여 우파를 추방하였다.[28]

그러나 스탈린의 농업 집단화와 공업화 정책은 농민뿐만 아니라 당내에서 반발을 불러일으켰으며 이를 계기로 1934년 정치국원 키로프 (Sergei Kirov)의 암살을 시작으로 1937년 투하체프스키 적군 고위장성까지 숙청되었다.[29] 이러한 숙청과정은 1940년 8월 20일 멕시코에 망명 중인 트로츠키까지 암살함으로써 막을 내렸다.

이로써 소련에서 혁명 이전의 세대는 몰락하고 혁명 이후 세대가 등장하게 되었다.[30]

1953년 3월 스탈린 사망 후의 과정은 레닌 사후 5년간의 당권경쟁과 비슷한 경로를 밟았다. 흐루시초프는 자파 세력으로 이루어진 중앙위원회를 1957년 6월에 개최하고 평화공존론과 지방분권화를 반대하는 말렌코프, 카가노비치, 몰로토프, 보로실로프, 볼가닌, 샤브로프(M. Z. Saburov), 페르부킨 등을 반당분자로 지목하고 추방하였다. 그러나 흐루시초프는 1964년 10월 14일 그의 충복이던 브레즈네프와 당 서기 수슬로프 및 셸레핀(Alexander Shelepin)의 궁중혁명으로 실각되었다.

---

28) Alexander Erlich, The Soviet Industrialization Debate, 1924~1928 (Cambridge, Mass: Harvard University Press, 1960), pp.16−18.
29) 김학준, 前揭書, p.139.
1933~1938년까지 숙청된 당원의 수는 160만 명에 이른다.
30) 몰로토프(Vyacheslav M. Molotov), 베리아(Laventi Beria), 말렌코프 (Georgi Malenkov), 카가노비치(Lazar Kaganovich), 보즈네젠스키(N.A. Voznesensky), 미코얀(Anastas I. Mikoyan) 등이다.

브레즈네프는 1970년부터 서기국과 정치국을 自派 위주로 재편하면서 레닌, 스탈린, 흐루시초프와 같은 전철을 밟았다.[31]

중국의 경우도 파벌 간의 마찰과 갈등은 마지막에 숙청으로 일관되었다. 중국 인민공화국 수립 후 당권 경쟁은 모택동파와 유소기파 간의 경쟁이 그 시발점이라 할 수 있다. 모택동파는 주평, 주은래와 주덕, 진의, 진백달, 강생 등이며 유소기파는 진운, 팽진, 등소평, 이부춘, 팽덕회, 이선념, 장문천, 육정일, 박일파, 담진림, 황극성 등으로 구성되었다. 주로 경제관료와 당 실무자로 구성되었던 유소기 일파는 1958년 삼면홍기운동[32]이 전개되기 직전 당내에 비교적 광범위한 세력을 구축하고 있었으나 당의 실질적인 권한은 모택동 일파가 지니고 있었다.[33] 양파의 권력투쟁은 1959년 8월 2일부터 16일까지 진행된 려산회의(8기 8중전회의)에서 대약진운동을 비판한 유소기 일파 중의 팽덕회, 황극성, 장문천 등을 비롯한 군고위 간부 40여 명을 우경기회주의 반당집단으로 단죄하고 먼저 숙청하였다. 이것은 유소기 일파와 모택동 일파의 본격적인 투쟁의 시발점이 되었던 문화혁명의 발생 원인이기도 하였다.[34] 문화대혁명 기간 중 숙청된 팽덕회에 대해 복권이

---

31) Thornton Anderson, *Master Of Russian Marxism* (New York: appleton
   -century crofts, 1963), pp.320-325.
   흐루시초프의 측근은 그리신(V. V. Grishin), 쿠나예프(D. A. Kunaev),
   슈체르비스키(V. V. Schcherbitsisky), 포노마레프(B. N. Ponomarev),
   안드로포프(Iu. V. Andropov), 그레체코(A. A. Grecheko), 그로미코
   (Andrei Gromyko) 등이다.
32) 大躍進運動, 社會主義 建設의 總路線, 人民公社運動 이다.
33) 李谷城, 「中共黨政軍結構」(香港: 明報出版社, 1989), pp.115-116.
   그러나 유소기파의 강점은 黨性보다는 능률과 전문성을 중시하는 실용
   주의 노선을 중시하고 있었다.
34) 강석찬, "중국의 파벌 투쟁과 외교정책 노선의 변화", 「서울: 건국대학교
   박사학위논문, 1991), p.61.

이루어져야 한다는 내용의 오함의 경극이 시초가 되어 유소기 일파에 대한 대숙청이 이루어졌다.[35]

문화대혁명 당시 유소기파의 숙청에 앞장섰던 임표의 군부파는 그 이후 주은래파와 대립하면서, 1969년 4월 1일부터 24일까지 개최된 중국공산당 9전 대회에서 문화대혁명의 정당성을 추인하고 임표를 모택동의 후계자로 명기하기도 하였다.[36]

그러나 임표는 진백달과 제휴하여 모택동의 당권에 도전함으로써 모택동과 주은래파에 의해 1970년 12월 21일에 열린 당정치국 확대회의에서 임표 일파를 비판하고 쿠데타 발생가능성을 제거하였다.[37] 이와 함께 인민해방군 총참모장 황영승, 공군사령관 오법헌, 해군부상령과 이작붕 등 고위군부 40여 명이 연루되어 숙청되었다. 그러나 주은래 일파는 임표사건 이후 그 지위와 권력이 상당히 강화되었다.[38]

한편 모택동 사망 이후 1978년 12월의 중공당 11기 3중전회의를 계

文化大革命 기간은 1966년 5월부터 江淸 등 4人幇이 체포된 1976년까지를 포함한다.

35) 김하룡, 「중국정치사」(서울: 박영사, 1989) pp.224-228.
   吳晗은 史學者, 京劇作家로서 북경의 副市長으로서 정치성이 농후한 지식인이었다. 그는 명조의 청렴한 관리 海瑞硏究의 권위자였다. 名官 海瑞는 억눌린 농민의 편에서 악덕지주로부터 토지를 농민에게 되돌려 준다. 이러한 海瑞는 明朝의 조정에서 그를 시기하는 사람들로부터 질시의 대상이 되고 결국 물의를 일으켜 파직을 당한다는 내용이다. 이 내용을 吳晗이 京劇으로 꾸민 것이다. 그러나 이것은 1957년의 反右派鬪爭에서 제거된 우파분자, 반당분자, 반혁명분자들은 冤罪를 쓴 사람이며, 때문에 이들은 복권되어야 한다는 풍자극이었던 것이다. 이것을 姚文元이 吳晗 批判論文을 써서 上海의 市黨機關紙에 게재함으로써 정치쟁점이 되었다.
36) 박두복 외, 「중국의 정치와 경제」(서울: 집문당. 1993), pp.74-76.
37) 중국은 1971년 9월 13일 몽고의 운더한(Under Khan)에서는 임표를 비롯한 그의 부인과 아들이 탑승한 중공민항 256기가 추락하였다고 보도하였다.
38) 김정계, 「중국의 권력구조와 파워 엘리트」(서울: 평민사, 1993), pp.26-27.

기로 수립된 등소평의 체제에서는 등소평 중심의 세력과, 모택동의 후
계자인 화국봉의 세력과, 이선념과 엽검영이 주도하는 보수 세력 등,
세 부류의 주요 정치적 경쟁세력이 존재하였다. 그러나 이들 세력 중
에서 등소평의 개혁세력은 1978년 말에서 1979년 초 사이 보수 세력
의 핵심인물인 엽검영과 이선념의 적극적인 도움을 받아 화국봉의 지
지세력을 물리치고 정치적인 실권을 장악할 수 있었다.[39]

　위에서 살펴본 공산주의 국가에서는 정당 간의 경쟁체계가 아닌 파
벌 간의 권력투쟁의 역사라고 할 수 있다. 그리고 이러한 파벌들의 기
원이나 형성 배경 및 유형들은 일정하지 않다. 그리고 정당 내의 조
직, 역사적 경험, 지도자와의 관계, 이데올로기, 조직적 특성에 따라
여러 가지로 구분될 수 있다.

　이런 맥락에서 이 책은 북한의 초기 정권형성 과정에 나타난 파벌
은 제도화된 정당 내 조직이나 집단이 아니라 정당의 조직 이전에 이
미 형성되었으며, 공통적 이데올로기의 실현을 목표로 한 이념적 성향
의 파벌로서 후원자와 추종자(patron-client)의 관계에 기반을 둔 것
으로 그 특성을 갖는다.

　좀더 구체적으로 북한정권 내에서 존재했던 파벌들의 특성을 살펴
보면 다음과 같다.

　① 그들은 이미 식민지 시대에 항일투쟁을 전개하는 과정에서 형성
되었다.

　② 이데올로기적으로 사회주의 노선을 택했으며 그러한 노선 선택
은 독립투쟁과 밀접한 관계를 가졌다. 즉, 그들은 민족독립투쟁을 전
개하는 데 있어 중국공산당과 구소련을 포함한 공산주의로부터 지원

---

39) Edmund Lee, "Beijing's Balancing Act", *Foreign Policy*, No.51(summer
　　1983), pp.29-30.

을 얻으려는 데 관심을 갖고 있었다.

③ 또한 각기 상이한 지역들에서 조직되었으며 서로 분리된 상태에서 활동했다. 그 결과 그들의 지리적 특수성은 파벌들의 성격 규정에 많은 영향을 미쳤다.

④ 조직의 성격상 특정한 지도자와 이를 추종하는 사람들로 구성되었으며 조직의 활동에서는 개인적 리더십에 전적으로 의존하였다.

⑤ 처음부터 정당을 조직하기 위한 미숙한 정당이나 정당 내에서 서로 반대하고 대립하는 세력들로 형성된 것이 아니었다. 그들은 일정한 집단 목적인 독립투쟁과 동시에 사회주의 이념을 공유한 조직체였다. 그러나 이들은 북한에서 공산주의 정권수립 과정에 어떤 형태로든 참여했으며, 또한 정도의 차이는 있었지만 정권 내 권력을 분배받은 지배적 정치세력이 되었다.

한편 본 연구와 관련하여 아직까지도 학계에서 북한정권 수립 전 존재했던 파벌의 호칭에 관하여 표준화되지 못하고 있는 실정이다. 각 파벌의 호칭에 대해서 가치중립적인 객관화와 일반화를 시도하고자 한다.

하나의 파벌에 대하여 두 개 이상의 호칭으로 사용되고 있는데 4가지의 준거의 틀(frame of reference)에 따라 4개의 범주(category)로 구분하여 분류하여 보았다.[40]

첫째, 해방 이전 활동한 지역과 공동의 경험을 기준으로 호칭을 부여하여 사용하는 경우이다.[41]

---

40) 유세희, "중공·북한의 권력투쟁 비교", 「국제논총」 제16집, 1976, pp.112-127. 파벌형성에 작용하는 주요 요소로서 혈연, 지연, 공동의 경험, 조직체 등이 있다.
41) 和田春樹, 「金日成と滿洲抗日戰爭」(東京: 平凡社, 1992) 국내파, 소련파, 연안파, 만주파, 갑산계(朴達, 李悌淳 中心)
이종석, 「조선노동당 연구」(서울: 역사비평사, 1997)는 국내파, 소련파,

둘째, 활동지역을 동일하지만 김일성을 중심으로 한 파벌을 빨치산파(갑산계 포함)로 구분하여 호칭하는 경우이다.[42]

셋째, 빨치산파를 김일성파, 그리고 국내파를 남로당계와 북로당계로 구분하여 사용하는 경우이다.[43]

넷째, 지도자를 중심으로 하여 김일성파, 박헌영파, 심지어 북한에서 오기섭파라고 지칭하는 경우도 있다.[44]

이와 같이 하나의 파벌에 대해 명칭이 일반화되지 못하였기 때문에 정확한 개념의 전달을 저해하고 있는 것이다.

다만 국내파와 연안파의 호칭에 대해서는 대부분 이견이 없으나[45] 중국의 동북지역을 중심으로 활동을 했던 사람들과 소련에서 행정 관료로서 근무하다가 소련 군정의 필요에 의해서 입북한 사람들과 혜

연안파, 만주파(갑산계 포함)로 구분한다.

김창순, 「북한15년사」(서울: 지문각, 1961), pp.92-94.

허동찬, 「김일성 평전」(서울: 북한연구소, 1987) 등은 국내파, 소련파, 연안파, 갑산파로 구분한다.

42) 林隱, 「북조선 창설 주역이 쓴 김일성 正傳」(서울: 沃村文化社, 1989)

장준익, 「북한인민군대사」(서울: 서문당, 1991)

이상우, 「북한40년」(서울: 을유문화사, 1992)

김학준, 「북한50년」(서울: 동아출판사, 1995)

국내파, 빨치산파, 연안파, 소련파로 구분한다.

Dae Sook Suh, Korean Communism, 1945~1980, (Hawaii: University of Hawaii Press, 1976) pp.162-163.

국내 그룹, 빨치산 그룹, 연안 그룹, 소련 조선인 그룹으로 구분한다.

43) R. A. Scalapino & Chong-Sik Lee, op. cit., pp.58-70.

배원달, 「북한권력투쟁론」(서울: 학문사, 1988)

44) 이명영, 「권력의 역사」, (서울: 종로출판사, 1993)

남로당계, 소련파, 북한출신 국내파, 연안파, 빨치산파, 갑산계로 구분한다.

김일성, "근로 단체들의 역할을 높일 데 대하여", (1968년 10월 11일) 「김일성 저작집 23」 p.80. 박헌영파, 오기섭파, 연안파, 일크츠크파로 구분하였다.

45) 김학준, 「한국전쟁」(서울: 박영사, 1989) p.38. 국내파에 대해서는 남로당파와 북로당파를 구분 짓기도 한다.

산·갑산지역에서 활동했던 사람들에 대해서는 〈표 1-2〉와 같이 이견을 보이고 있다.

〈표 1-2〉 파벌의 호칭 분류

구분	국내지역	중국동북지역	중국본토지역	소련행정 관료출신
호칭	국내파, 남로당파, 북로당파, 북한출신국내파, 박헌영파	만주파, 빨치산파, 김일성파, 소련파, 항일빨치산파, 갑산파, 동북빨치산파	연안파	소련파, 소련 제2세파, 소련계 한인, 소련계, 소련 조선인그룹

〈표 1-2〉에서와 같이 중국 동북지역에서 활동했던 공산주의자들은 빨치산파, 만주파, 소련파 등으로 호칭되고 있다. 이러한 이유는 이들 공산주의자들이 일정한 한곳에서 활동한 것이 아니라 적정의 상황에 따라서 여러 지역으로 옮기면서 활동하였기 때문이다. 즉 그들의 활동 중심지가 중국 동북부의 통화성, 길림성, 장백, 연길, 안도와 함경북도 갑산지역, 소련령 하바로프스크까지를 무대로 하였다는 점과, 이들이 소속되었던 부대는 처음 중국공산당(이하 중공당) 소속의 만주성위원회 동북항일연군에서 활동하다가 해방 직전에는 소련군에 편입되어 활동하였기 때문이라고 할 수 있다.

또한 해방과 동시에 북한에 입북한 소련계 한인들에 대해서 소련파, 소련계 한인 그룹 등의 여러 이름으로 호칭하는 이유는 그 중심인물들의 연령이 차이가 있기 때문이라고 할 수 있다. 한인들이 露領으로 이주한 시기는 조선 중기부터 시작하여 해방직전까지 진행되었다. 그런데 소련군과 함께 입북한 사람들은 한인 2세들이 대부분이었기 때문이다.[46)]

이와 같이 하나의 파벌에 대해 두 개 이상의 호칭으로 사용되기 때문에 본 연구에서 용어의 혼란을 피하게 하기 위해서 국내파, 연안파, 빨치산파, 빨치산파 갑산계,[47] 소련파로 통일(uniformity)하였다.

중국 동북지역에서 활동했던 공산주의자들을 빨치산파로 지칭하는 이유는 이들이 어떤 일정 지역을 중심으로 활동한 것이 아니라 여러 지역으로 나누어 활동하였기 때문에 이들에게 일정 지역의 이름으로 호칭한다는 것은 무리가 있으며, 이들이 활동했던 부대 이름도 2개 이상이므로 동북항일연군파라고 지칭하는 것도 무리가 따른다. 그러나 이들에게 공통적으로 적용될 수 있는 것은 이들이 처음부터 일관되게 유격대(partisan)활동을 하였다는 점이다.

소련파 역시 좁은 의미로 본다면 여러 가지로 구분될 수 있으나 이들의 공통점은 소련에서 학교 교육을 받았으며 소련공산당원으로 활동하였다는 점이다. 그러므로 이들이 다른 파벌과 특이한 점은 소련을 처음부터 소련을 배경으로 하였다는 점이다.

빨치산파 갑산계는 이들의 활동이 처음부터 독자적으로 활동한 것이 아니라 동북항일연군과 밀접하게 관련되었다. 그렇다고 해서 이들을 빨치산파의 범주에 포함한다면 이들의 특성이 부각될 수 없다고 할 것이다. 갑산계는 함경북도 갑산과 혜산 일대에 독자적 조직으로 활동하던 갑산 공작위원회를 1937년 1월에 동북항일연군 제6사장 김일성 부대와 조국광복회 국내 조직으로 결합하게 되었다. 다시 이들은 항일민족 해방동맹으로 개편하여 활동 중 그해 혜산사건을[48] 계기로

---

46) 허가이, 남일, 박창옥, 박의완, 기석복 등이다.
47) 동북항일연군 제1로군 제6사 부대를 위해 정보를 제공하던 함경북도 혜산 지방에서 조직되었던 공산주의자들을 말한다. 이들 대부분은 1937년 6월 4일 보천보 사건과 관련되어 옥고를 치르고 해방과 동시에 출옥하였다.
48) 이명영, 전게서, pp.24-25.

모두 투옥되었으며 해방 후 출옥하였다.

이와 같이 빨치산파와는 역할과 활동이 서로 달랐다는 점이며, 또한 해방 후 이들이 정치 세력화되어 활동하지 못하고 빨치산파와 연계되어 정치과정에 참여하였기 때문에 빨치산파 갑산계라고 호칭하는 것이 바람직할 것이다.

3. 연구 방법 및 범위

북한공산주의 체제에 있어서 파벌의 형성과 소멸에 관한 체계적 분석을 통해 지금까지 간과되어 온 파벌의 역할과 기능, 각 파벌의 특징, 입북후의 권력 배분과정과 헤게모니 장악을 위한 합종연횡을 분석하기 위하여 다음과 같은 연구방법을 활용하고자 한다.

그들 중 하나는 엘리트 접근법이다.[49] 엘리트들의 심층 분석을 통해 정책의 결과나 결정의 방향, 성격, 내용을 유추할 수 있기 때문이다. 또한 엘리트의 구성배경과 성향들은 파벌을 분석하고 이해하는 데 중요한 준거의 틀(Frame of reference)이 되기 때문이다. 헤롤드 라스웰(Harold Lasswell)의 중국공산당의 엘리트 분석은 본 연구를 위한 주요한 선행 연구로서 활용될 수 있다.[50] 그리고 칼백(Frederic J. Carl

---

일제는 조국광복회 조직을 파괴하기 위해 혜산, 장백 일대에 경찰을 동원하여 1937년 10월부터 공산주의자들을 대규모로 검거하여 李悌淳, 權永壁, 朴達, 朴金喆, 馬東熙, 池泰俊 등을 비롯하여 약 2,000여 명을 검거한 사건이다.

49) 양성철, 『북한정치론』(서울: 박영사, 1991), pp.34 - 36.
엘리트는 권력이라는 영향력을 가장 많이 행사하는 소수로 정의된다. 따라서 엘리트의 개인적 특성, 경력의 특성과 이들의 가치 및 이슈의 정향 그리고 이들이 처한 체제 또는 하부체제의 특성, 정책의 결과물 그리고 지도자 집단의 결정 등이 포괄적으로 포함된다.

Beck)은 공산권 국가에서 엘리트의 개인적 특성, 엘리트의 경력 특성과 이들의 가치 및 이슈 정향, 그리고 이들이 처한 체제 또는 하부체제의 특성, 체제의 정책결과물, 지도자와 집단의 결정 등의 상호관계를 포괄적으로 포함한다고 하였다.[51]

　다른 하나는 역사적 연구방법이다.[52] 이 방법은 과거에 일어났던 역사적 사실들을 수집하고 이들을 체계적으로 정리하며, 나아가 그들에 관한 인과적 관계를 발견하는데 초점을 두기 때문이다.

　세 번째는 내용분석방법(contents analysis)을 활용하였다. 이러한 분석방법을 활용한 이유는 이 연구에 필요한 1차적 자료나 지식(information)을 제공받기 위해 현지조사나 현지실험을 할 수 없기 때문이다. 북한에서 발간되었던 발간물을 중심으로 분석할 수밖에 없다는 제약성과 또한 본 주제와 관련된 1차적 자료들은 대부분이 소실되었거나 각국으로 분산되어 자료를 통제하고 있기 때문이다. 그러나 중국과 러시아에서 유출되는 자료일지라도 정치적 입장을 반영한 자료이기 때문에 타당성(validity)이 문제된다. 따라서 그 자료들 속에 내재하는 공통점을 발견하여 사실(fact)을 여하히 유추하기 위해서는 이 방법이

---

50) Lasswell, Harold D. & Kaplan, Abraham, *The Chinse Revolutionary Elite*, (New Haven: Yale University Press, 1950) pp.65－68.

51) Carl Beck, *Comparative Communist Political Leadership* (New York: David Mckey Co.1973), pp.3－42.

52) 김광웅, 「사회과학연구방법론」(서울: 박영사, 1995), pp.52－53. 역사적 방법(historical method)은 역사상에 나타난 정치현상을 비교, 분석하는 가운데 현상의 실제적인 변화를 고찰하고 분류하는 데 유용성을 갖는다. 방법은 특정사회, 특정 역사적 시점에 나타나는 독특한 현상을 분석한다는 이점을 갖고 있으며, 과거를 객관적이고 정확하게 재현하기 위한 연구로서 가설을 파악(tenability)하기 위한 연구방법이다. 따라서 특정현상에 대하여, 그 현상을 설명하고 이해를 통해서 한층 더 일반화할 수 있는 이론에 도달하고자 하는 유용한 방법이라 할 수 있다.

유용하기 때문이다.

끝으로 본 연구에 필요한 자료를 수집하고 정리하여 주제에 대한 체계적 분석을 함에 있어 기본적으로 문헌조사에 의존하고자 한다. 주제와 관련된 제반 문헌자료들을 조사하여 사실들을 규명하고 이들을 체계적으로 정리하여 북한정권의 체제적 변질과정에서의 정치적 세력들(파벌)의 활동과 소멸에 관한 문제를 연구하는 데 활용하고자 한다. 이 책에서 사용될 문헌자료에는 여러 가지 사료들과 문서 그리고 그동안 주제와 연관해서 연구되어 온 전문적인 저서들과 논문들이 포함된다.

이 책의 분석 범위는 시기적으로 한인에게 공산주의가 처음 유입되는 과정부터 파벌이 소멸되는 1969년 반당종파사건까지를 포함한다. 그 이유는 공산주의 이데올로기를 공유한 파벌들의 기원과 형성 그리고 그들의 종국적인 소멸에 초점을 두기 때문이다. 한인이 공산주의 이데올로기를 수용하게 된 역사적 배경은 한말 국권이 상실되면서부터 국권회복을 위한 독립운동의 한 방편으로 공산주의를 지역적으로 또는 개인적으로 수용하게 되면서 시작되었다.[53] 처음부터 어떤 단일 정치세력이 집단적으로 공산주의를 수용하고 그것을 독립운동에 활용한 것은 아니었으며 일본이나 중국처럼 지식을 탐구하면서 시작된 것도 아니었다.

한국공산주의 연원은 각기 다른 지역에서 공산주의 이데올로기를 수용하고 이를 기치로 내걸고 활동함으로써 각기 다른 집단들이 조직되었고 이들이 해방 후에는 정치적 파벌들로 등장했던 것이다. 따라서 본 연구는 한인 공산주의 운동의 태동기였던 1920년대로부터 해방 후

---

53) 이명영, "한인의 공산주의 운동 70년", (서울: 성균관대학교 사회과학 제 28호 제1권), pp.28-30.

북한에서 공산정권을 창출하는 과정과 최종적으로 빨치산파가 하나의 정치세력으로 등장한 시기라고 할 수 있는 1969년의 반당종파사건[54] 까지를 그 범위로 하였다.

따라서 이 기간 중 대두되었던 북한정치체제 내의 파벌 가운데 국내파, 빨치산파, 연안파, 소련파, 빨치산파 갑산계를 중심으로 하였다.

이 책은 상기 범위에 한정하여 몇 가지 측면들에 중점을 두고자 한다. 첫째는 파벌형성의 배경과 특징을 탐구하는 데 중점을 둔다. 이를 위해서 1920년대의 공산주의 사상의 유입배경과 지역적으로 형성된 파벌의 종류와 특성을 탐구하고자 한다. 둘째는 해방 직후 공산주의를 표방하면서 활동하던 파벌들이 북한지역에 입국하는 과정과 소련의 소비에트화에 따른 권력의 배분 그리고 갈등 양상, 특히 국내파와 빨치산파 간의 합종연횡의 문제와 노동당의 창당과 관련한 파벌 간의 권력의 배분문제를 분석한다. 셋째는 조선노동당으로 합당 이후 김일성의 정치노선과 성격을 달리한 타 파벌들을 제거하는 과정과 김일성의 권력유지 단계에서 권력의 공고화를 위한 경쟁적 세력들의 제거과정을 분석한다. 넷째는 파벌 간의 상호관계와 정권수립과의 관계 즉, 정권수립과 파벌의 합종연횡 과정이 파벌 간의 역동적인 갈등구조 속에서 어떻게 전개되었는가를 분석하여 정리하였다.

---

54) 김학준, 「북한50년사」(서울: 동아출판사, 1995), pp.245-257. 빨치산파 내부의 노선 갈등으로 1969년에 김광협, 김창봉, 최광, 리영호, 석산, 허봉학 등을 숙청함으로써 빨치산파는 하나의 정치세력으로는 붕괴되고 말았으며 이로써 북한정치체제 내의 파벌은 소멸되었다고 할 수 있다.

제2장 한인공산주의 기원과 파벌형성 과정

제1절 공산주의 사상의 유입

1. 민족독립운동의 분열

역사적으로 진화된 사회제도가 인간의 외적 환경까지도 통제할 수 있는 과학적 혁명을 수반하고, 유례없는 인간 지식을 반영하는 급진적 변화기능의 수용과정을 근대화라고 정의한다면,[1] 이러한 수용과정의 기원과 기본적인 영향력은 서구 유럽사회에 근거를 두고 있다. 이들 유럽사회는 근대화의 도전 자체가 내부로부터 그리고 몇 백 년을 두고 점차적으로 일어난 반면, 근대화가 비교적 늦게 추진된 동양 사회는 근대화의 도전이 외부로부터 행해졌고 변혁 그 자체는 보다 급속하고 급격할 수밖에 없었다.

근대화 과정을 성공적으로 수행한 국가들은 과학과 기술혁명 때문에 노동의 기계화를 통하여 생산의 증대라는 현상으로 상품과 용역이 점차 확장되었고 국가 간 교역이나 교통에 장애가 되는 모든 요소들은 점차로 제거되기 시작하였다. 결국 이들은 근대화 과정을 통하여

---

1) Cyril E. Black, *The Dynamics of Modernization: A Study in Comparative History*, (New York: Harper & Row, 1966), 진덕규 역, 「근대화와 사회변동」(서울: 삼영사 1983), pp.22 - 25. 근대화의 의미 속에는 서구화, 유럽화, 산업화, 진보라는 이외에도 더욱 광범위한 의미를 가지고 있다.

기술의 발달과 함께 산업혁명을 수반하게 되고 효율적인 분업체계에 따라 국가 자체내에서 잉여생산이 되고, 이러한 잉여생산물을 처분할 식민지 경쟁에 자본의 집중화를 가져왔다.

그러나 원시적 생산방식과 아시아적 전제체제 아래에 있던 동방국가들은 서구 열강의 서세동점의 시대적 추세를 막아낼 수 없었으며, 자본주의 열강들은 중국과 한국의 연해지방을 점차적으로 침식하게 되었다. 중국과 한국민중들은 부패한 정부의 힘과 반민주적인 국가의 권력으로서 외세의 침식을 막는다는 것은 어려웠으며[2] 또한 정복당한 민족의 운명과 장래에 대해 수수방관하던 위정자들의 활동에 비분강개만 하던 일반 하층민들에게 반일 감정이 하나의 뚜렷한 의식으로 발전되었으나 주체성과 핵심역량이 결여된 자연발생적인 군중운동에 머물러 있었다.[3]

한편 일본은 변모해 가는 국제정세에 능동적으로 대처하기 위하여 서구 열강들이 중국에서 태평천국의 난을 진압하기 위해 분망하고 있는 동안 명치유신의 개혁운동을 위로부터 단행함으로써 극동에서 가장 먼저 근대화의 과정을 걷게 되고 서구 열강의 식민지화 대상에서 빠져나오면서, 오히려 자본의 축적을 위한 식민지 확보가 그들의 과제로 대두되었다.

그러나 한국의 지배층은 몇 백 년 이래의 왕실의 비정 아래 무능해졌으며 일반 국민 역시 사회개혁의 의지가 부재한 상태였다. 대원군의

---

2) 金炳日, "중공의 민족주의에 관한 연구", (박사학위논문, 경희대학교대학원, 1977), pp.52－95.
   태평천국의 난(1850~1864), 의화단 사건(1900), 신해혁명(1911), 5·4운동(1919) 등이다.
3) 도재숙, "조선 개항기 외세침투에 대한 지배층의 인식과 대응에 관한 연구", (박사학위논문, 경희대학교 대학원, 2000), pp.25－26.

쇄국정책으로 전통사회를 유지하려 했지만 열강의 서세동점이라고 상
징되는 자본주의의 공세에 그 한계성을 노정하였고 서양인들의 물질
문명과 그 침략 방식까지도 모방한 일본은 그들이 조작한 운양호사건
의 무력시위 앞에 무너지고 말았다.[4]

이와 같은 여세로 일본은 청·일전쟁과 露·日전쟁을 거치면서 淸
國과 러시아가 퇴각한 한반도에서는 영국과 미국의 비호 아래 일본만
이 오직 독무대를 이루고 있었다.

1905년 11월 을사늑약의 체결로 사실상의 주권이 상실당하자 민족
진영 내에서는 다양한 양태의 국권회복운동론이 대두되었고, 그중 대
표적인 것이 애국계몽운동과[5] 무장의병투쟁이었다. 전자는 주권상실

---

4) Edwin O. Reischauer, The Japanes, (Massachusetts: Havard University
   Press, 1977), pp.78-86, John Whitney Hall 지음, 박영재 譯, 「일본사」
   (서울: 역민사, 1992), pp.313-332.
   일본은 藩閥勢力과 봉건지주세력이 주동이 되어 자본주의적 생산양식과
   이에 적응하는 정치제도를 발전시켜 명치유신을 성공한 후 일부 몰락한
   봉건주 무사계급을 이용하여 외국정복을 시도하였다. 이는 자신의 불리
   한 지위를 복구해 보려는 호전적인 무리들의 반정부적인 불평을 해소하
   기 위해 외국정복이라는 선택과, 국제적으로는 당시 미국이 중남미 정책
   을 완전히 해결하지 못한 상태와 극동 이외의 지역에서 식민지 분할 문
   제로 奔忙하였기에 미국이 극동에까지 신경 쓸 만한 여유를 가지지 못한
   틈을 이용했다고 할 수 있다.
5) 愼鏞廈, 「한국민족독립운동의 연구」(서울: 을유문화사, 1985), pp.17-32.
   애국계몽운동은 크게 大韓自强會와 신민회였다. 이 두 단체 모두 1896년도
   의 독립협회와 만민공동회를 계승한 개화파계열의 단체로서 大韓自强會는
   (1906. 3. 31~1907. 8. 19) 합법적인 단체이고 신민회는(1907~1911.9) 비
   밀결사이다. 당시의 개화파 계통의 인사들은 을사조약에 의한 국권의 근본
   적인 변동에 의해 종래의 개화운동을 국권회복운동으로 전환시킴으로써 먼
   저 합법단체로서 헌정연구회(1905)를 조직하였다가 대한자강회를 조직하
   고 뒤이어 서우학회(1906. 3)를 한북흥학회(1906. 10)를 조직하였다. 1년
   뒤 비밀결사로서 安昌浩, 梁起澤, 金德基, 李東輝, 李東寧, 柳東說 등의 발기
   에 따라 盧白麟, 李昇薰, 安泰國, 崔光玉, 李會榮, 李商在, 尹致昊, 李剛, 曹

의 원인을 민족 내부의 역량부족에서 비롯되었다는 인식하의 내재적
자성론으로 민족 실력 양성을 우선 목표로 하였고, 후자는 그 원인을
기만적인 제국주의에 침략정책에 있다는 대외적 책임론의 입장으로
즉각적으로 죽음을 각오하고 일제에 대항해야 한다는 주장이었다.[6)
그러나 애국계몽계열의 민족운동은 반봉건성에는 비교적 강하였으나
반외세에 대해서는 극히 편향적이며, 무장투쟁계열은 대외적 모순을
척결하는 데는 강했던 반면 대내적 모순 즉 봉건체제를 극복하는 데
는 사상적인 한계점을 가지고 있었다.

이상과 같은 두 줄기의 민족운동이 상호 보완책으로 무장투쟁을 등
장시켰으나 운동의 진행과정에서 노선 갈등이 없지 않았다. 그 대표적
인 것이 신민회 내부에서 야기되었던 독립 전쟁론에서 볼 수 있다.

신민회의 설립 목적은 민족독립의 회복과 조선에서 일본인들을 축
출하기 위한 조직이었다. 1911년 조선합병 이후 일본인들은 신민회의
활동에 관한 강령을 발견하여 이 단체의 회원에 대한 대대적인 체포
를 시작하였다. 만주에서도 일본인들의 요구에 따라 체포가 진행되었
다. 체포된 운동가들은 일본인 고위 관리들을 살해할 음모를 꾸몄다는
혐의로 기소되었다. 1912년 6월에 있은 예심에서 신민회의 지지자들을
파악했을 때 10만여 명에 달하였다.[7)] 신민회의 지도자들 중 양기탁,
임치전, 김구, 안태국, 이승훈 등이 형을 선고받았으며, 체포를 면한

成煥, 金九, 申采浩, 林蚩正, 李鍾浩, 李鎭洙 등이 신민회(1907. 4)를 조직하
  였다. 그러나 자강회는 고종 양위에 대한 반대시위를 주도했다는 이유로
  1907년 8월 19일에 강제 해산되었다.
6) 김준엽·김창순, 「한국공산주의 운동사 Vol. Ⅰ」(서울: 청계사, 1986), pp.14-21.
7) 이기백, 「한국사 신론」(서울: 일조각 1974), pp.358-359.
  1918년 안명근의 사내총독 암살 미수사건으로 이듬해 신민회의 尹致鎬,
  梁起錫, 李昇薰 등을 포함하여 600여 명이 검거되었다. 이들 중 105명만이
  검거되었기 때문에 105인 사건이라 한다.

단체의 회원들은 만주로 망명하였다.

이 당시 신민회의 지도부에서는 차후 투쟁방법에 대한 문제로 심각한 갈등이 나타났다. 이동휘와 이갑이 지도하던 급진파는 항일무장시위의 빠른 전개와 간도와 연해주에 사는 조선인들의 물적·인적 자원의 규합을 지지했다. 안창호를 수반으로 하는 점진파는 이러한 행동이 시기상조라고 여기면서 우선 충분한 역량을 결집시켜야 한다고 주장하였다. 안창호는 미국의 도움을 염두에 둔 조선해방안을 구상하였다.

이와 같이 투쟁방법론상의 차이로 양분되었다. 점진론은 이후 임시정부의 외교론파와 연계되었고 무장투쟁론은 만주와 연해주 지역의 무장투쟁파로 이어졌다.

무장투쟁의 지역은 한·소접경지역인 연해주 지역이 중심이 되었으며 이 지역은 많은 한인들이 거주하고 있었다.

이때 러시아에서 발생한 볼셰비키혁명의 여파는 계속 東進하고 있었다. 그러므로 한인들이 많이 거주하고 있는 러시아령 연해주 지역에 공산주의 사상은 자연스럽게 유입되게 되었다.

러시아령 연해주에는 1863년 대흉년을 만나 함경도의 농민 13가구가 최초로 두만강을 건너 이주 정착을 시작한 이래 해마다 이주 한인의 인구가 증가하여 1900년에는 10만 명에 접근하게 되었다. 1917년 2월혁명 무렵에 러시아령 극동지역 한국인의 수는 약 22만 5천 명에 달했는데, 그중에서 약 19만 명이 연해주에 살았으며, 나머지는 아무르강 유역의 다른 지방에 살고 있었다.[8]

연해주 지역에 이주한 한인들은 한인촌을 이루어 집단적으로 거주

8) M.T. KИM, КОРЕЙСИЕ ИНТЕРНАЦИОНАЛИСТЫ В ЬБЕ ЗА ВЛАСТЬ СОВЕТОВ НА ЦАЛЬНЕМ ВОСТОКЕ (1918~1922) 이준형(역) 『일제하 극동시베리아의 한인사회주의자들』(역사비평, 1990), pp.14-20.

하면서 1905년 일제가 을사늑약을 강요하여 국권을 침탈하자 본격적으로 국권회복운동·독립운동을 전개하기 시작하였다.

이들은 연해주의 블라디보스토크에서 처음에는 도시 중심가에 개척리(카레이스카야 스라보카: 고려거리)라고 하는 한인마을을 건설하였다. 이어서 러시아 당국이 블라디보스토크 중심가에 위치한 개척리를 러시아 군대의 병영지로 접수하고 한인마을의 이동을 강요하자 블라디보스토크의 변두리인 신개척리와 석막리를 건설하였는데 이것이 유명한 新韓村이 되었다. 이 신한촌은 한국인의 인구가 증가함에 따라 그 주변으로 더욱 확대되었다.

처음의 개척리와 다음의 신한촌에는 한인학교를 비롯하여 학교들이 세워지고 海朝新聞에 뒤를 이은 大東共報 등 신문사들이 설립됨과 동시에 한국민족의 독립운동·민족운동의 유력한 근거지가 되었다.[9]

러시아령 연해주 지역의 다른 도시들과 지방에서도 규모는 각각 다르지만 다수의 신한촌들이 건설되어 모두 한민족독립운동의 근거지 역할을 담당하였다.

당시 만주의 북간도와 서간도는 청국과 만주 군벌들이 일본과의 충돌을 염려하여 만주에서의 한민족의 독립운동을 견제하고 있었다. 반면 1904~1905년 러·일 전쟁에서 패배한 러시아 측은 일본과의 적대행동을 자유롭게 용인하고 있었다. 한인 독립 운동가들에게는 만주지역보다 러시아령 연해주가 더 자유로운 지역이었다. 이 때문에 한인 독립 운동가들은 초기에 서·북간도 보다도 블라디보스토크나 니콜리스크 등 러시아 연해주 지역이 해외 독립운동의 자유로운 근거지로 생각하였다.

그리하여 1905년 11월 17일 을사늑약 이후 1906년부터 본격적으로

---

9) 愼鏞廈, 전게서, pp.42-54.

전개된 국권회복운동·독립운동에서 블라디보스토크 등 연해주 지역
은 한국민족독립운동의 가장 중요한 해외 근거지가 되었다.

1906년부터 1917년 10월 러시아 볼셰비키혁명 직전까지 한인들이
연해주 지역에서 활동한 여러 가지 중에서 대표적인 것을 열거하면
〈표 2-1〉에서 보는 바와 같다.

〈표 2-1〉 연해주지역의 독립운동 현황(1905~1917)

연 도	활 동 내 용
1908	이범윤·안중근이 중심이 되어 해외에서 처음 조직한 의병부대인 안중근·이범윤 의병부대 (연해주 의병) 국내진입작전 실행
1909	블라디보스토크 대동공보사 내에서 기획하여 성공한 안중근 의사의 이등박문처단 의거
1910	연해주 의병인 십삼도의군의 편성
1910	일제의 병탄을 성토하고 항일무장투쟁을 선언하는 聲明會의 선언과 활동
1911	블라디보스토크에서의 勸業會의 조직과 민족운동
1911	치타에서의 대한인국민회 시베리아지방 총회의 조직과 민족운동
1911	국내로부터 러시아아령으로 망명한 新民會의 독립운동
1914	대한광복군정부의 수립과 독립운동
1917. 6	우수리스크에서의 '제1차 전 러시아 한인대표자회의' 개최를 통한 「全露韓族會」(회장 문창범, 부회장 한명서)의 결성 및 그 기관지 「靑丘新報」(주필 윤해)의 발행과 민족운동

출처 : 이재화(역), 「한국근대 민족해방운동사」,(백산서당, 1986), pp.22-26.

그러나 이러한 활동 중에 러시아에서 1917년 2월 이른바 '2월 혁
명'[10]이 일어난 직후에 케렌스키(Alexander F. Kerensky)의 임시정

---

10) 김학준, 「소련정치론」,(서울: 일지사, 1976), pp.99-101.
1917년 3월 16일(러시아의 율리우스曆 2월) 두마의원과 페트로그라드의
노동자, 농민, 병사들의 소비에트가 러시아 짜르 니콜라이 2세를 축출하

부는11) 일본 측의 모략정보에 속아서 러시아령에서 활동하고 있던 한인 독립 운동가 이동휘를 체포, 구속하였다.

1917년 6월 우수리스크에서 개최된 제1차 全러시아 한인대표자회의에 참석했던 신민회 계통의 한인 독립 운동가들은 이 대회에서 이동휘의 석방을 달성하고자 하였다.

그러나 러시아 국적을 가진 한인(통칭 원호인) 대표들의 충분한 찬동을 얻지 못하였기 때문에 그 목적을 달성하지 못했다. 이에 불만을 품은 신민회 계통의 대표들은 이 대회에서 퇴장하였다. 그 결과 전로한족회는 문창범을 중심으로 한 원호인 대표들 중심으로 조직되었다.

신민회 계통의 러시아령 한인대표들은 러시아 국적을 취득하지 않은 한인(통칭 餘戶人 또는 漏戶人)의 지지를 받으며 블라디보스토크 한인촌에서 1917년 7월 8일부터 한인신보를 발행하며 독자적 민족운동을 전개하였다. 그들은 멘셰비키 정부에 의해 독일 스파이 혐의로 구속되어 있는 이동휘의 석방을 요구하며 독자적 정치세력을 확대해 나갔다.

그러나 러시아의 멘셰비키 임시정부는 이동휘를 석방하지 않았을 뿐 아니라 한인신보 그룹이 볼셰비키 지지파라고 간주하여 한인신보

였다. 이로서 케렌스키 임시정부를 수립하였다.
11) 상게서, p.89.
임시정부는 1917년 3월 2일 발족하여 1917년 10월 15일까지다. 이것을 구분하면 제1기(3. 2~5. 5)까지 르보프 및 카데츠, 제2기는 (5. 5~7. 7)르보프, 제3기는 (7. 7~10. 25) 케렌스키의 임정으로 구분된다. 또한 이들은 1918년 3월 민스크에서 9명의 대표가 모여 러시아 사회민주당(Russian Social Domicratic Party)을 발기하고 2차 대회에서 당 조직과 행동원칙의 견해차로 당내에서 레닌의 볼셰비키(Bolsheciky 다수당)와 마르노프의 (Menshevik)로 분열되었다.

를 정간시켰다.

1917년 10월 러시아에서 볼셰비키혁명이[12] 발생하고 그 세력이 시베리아에도 확대되기 시작하자 그 영향은 연해주 지역의 한인사회에도 직접 심대한 영향을 끼쳤다.

이때 한인신보그룹은 즉각 볼셰비키 정부와 적극 교섭하여 이동휘를 석방시키는 데 성공하였다.

이어서 한인신보그룹은 1918년 1월 18일~21일 하바로프스크에서 露領한인대표자대회를 개최하였다. 러시아 국적을 가진 한인(原戶人)이든 갖지 않은 한인(餘戶人)이든 가리지 않고 모두 재정 러시아령 한인들을 포함한 전체 한인단체를 결성하기 위한 것이었다. 이 회의에는 6개월 전에 결성된 전로한족회 중앙총회 측도 참석하였다. 이 노령한인대표자회의에서는 한인신보계통과 전로한족회 중앙총회 계통의 한인대표들이 타협하여 한민족 단결을 위한 사항을 합의하였다.[13]

노령한인대표자회의에서는 헌장회의가 소집될 때까지 중앙기관의 역할을 수행할 7인의 의원으로 구성되는 중앙총회를 조직하였다. 그리고 중앙총회의 회장에는 전로한족회 중앙총회계통의 문창범, 부회장에는 한인신보 계통의 김립과 김주프로프가 선임되었다. 이동휘는 가석방 상태에서 이 회의에서는 직책을 맡지 않았다.[14]

---

12) 1917년 11월 7일(율리우스력 10월 25일) 알렉산더 케렌스키 임시정부를 볼셰비키혁명파들이 권력을 장악함.

13) 高麗學術文化財團, "沿海州 韓人 獨立運動과 上海大韓民國臨時政府." 大韓民國 臨時政府 樹立 80周年 記念, 제11회 國際學術심포지엄 pp.135-136.
① 韓族會는 러시아 내의 모든 한인으로 조직하며, 러시아 국적 취득의 구별 없이 모든 한인이 대동단결할 것
② 한족회는 地方會, 地方聯會, 中央會의 3단계로 조직할 것
③ 금후 5개월 내에 憲章會議를 소집할 것 등이다.

14) 반병률, "이동휘와 한말민족운동", 「한국사연구」(한국사연구회, 1994) pp.30-35.

그러나 전체 한족단체의 헌장회의가 개최되기 전에 연해주 지방의 한인사회에는 또 큰 변화가 일어나게 되었다.

그 하나는 1918년 4월 5일을 기하여 러시아 제정 짜르 정부를 지원하기 위해 일본군 3개 사단이 볼셰비키혁명 견제를 목적으로 연해주에 상륙한 것이었다. 이어서 미국, 영국, 프랑스도 약간의 병력을 파견하였다. 이 중에서 일본군은 파견병력을 계속 증강시키면서 연해주와 시베리아 및 만주 일대에 대한 영향력을 과시하기 시작하였다.[15]

다른 하나는 1918년 6월 26일 이동휘를 중심으로 한 한인신보 계통의 일부가 '한인사회당'을 창당하였다.[16]

한인사회당의 창당배경은 1918년 1월 '露領한인대표자회의'가 개최되었을 때 참석대표들 사이에서는 러시아의 볼셰비키혁명에 대한 한인 독립 운동가들의 대응 문제를 놓고 볼셰비키혁명을 지지하면서 가담하자는 이동휘 등의 주장과 볼셰비키혁명 등에는 전혀 관여하지 말고 한국독립에만 열중하자는 이기탁, 이동영 등의 주장 사이에서 의견 차이가 나타났다.

---

15) 김학준, 前揭書, pp.161－218.
　　10월 혁명 직후부터 부분적으로 나타났던 반볼셰비키 운동은 제헌의회의 해산과 특히 대독강화조약의 체결 이후 더욱 본격화되었다. 짜르 시대의 장군 및 귀족 즉 예컨대 알렉시예프(M. I. Denikin), 데니킨(A. I. Denikin), 유데니치(N. N. Yudenich), 콜쟈크(A. V. Kolchak), 랭젤(P. n. Wrangel) 등은 남 러시아, 볼가 강, 시베리아 지역에서 각각 백군을 조직하여 여러 개의 임시정부를 선언하였고 사회혁명 등 좌파세력도 시베리아에 두 개의 임시정부를 세웠다. 그뿐 아니라 볼셰비키정부를 타도하고 독일과 전쟁을 재개할 새 정부를 수립할 목적으로 美・英・佛・日・伊 등 연합국의 제한된 규모의 무력개입 및 각종 임정에 대한 지원이 뒤따랐다. 더욱 코사크족, 폴란드, 우크라이나, 체코 등도 반볼셰비키 전쟁에 참여했다. 이로써 볼셰비키 정부는 내란 및 외국의 무력간섭에 직면하였다.
16) 金俊燁・金昌順, 前揭書, Vol.1, pp.89－95.

그 후 볼셰비키혁명에 찬동 지지할 것을 주장한 이동휘를 중심으로 한 세력이 1918년 6월 '한인사회당'을 창당한 것이었다. 이것은 아시아 최초의 사회주의 정당이었다. 한인사회당의 발기자는 이동휘, 김알렉산드라, 박애, 유동열, 이한영, 김립, 오성묵, 오하묵, 이인섭, 유스테탄, 오와실리, 임호, 전일, 박이반 등이었다. 한인사회당은 이동휘를 중앙위원회 위원장(당수)으로 선출하였다.[17]

이와 같이 1917년 러시아의 10월 혁명을 지지하며 한인사회당을 창당하였던 배경에는 당시 한국의 독립 운동가들이 헤이그의 만국평화회의, 파리국제회의와, 워싱턴회의 등에서 한국의 독립을 요구하였으나 서구의 열강들은 일본 제국주의에 편승하여 한국의 요구를 외면하였기 때문에 그 반동으로 러시아의 혁명을 지지하였던 것이다.[18] 더구나 러시아의 볼셰비키혁명을 성공시킨 레닌의 "약소민족 해방"구호는 피압박민족에게 희망을 주었으며, 이에 시베리아 및 만주에서 활동하는 민족주의 독립운동계의 일부가 러시아의 혁명을 지지하고 공산주의 사상을 받아들이게 되었던 것이다.[19]

---

17) 상게서, pp.261-218.
18) 양동주, 『20세기와 한국』(서울: 북태평양 연구소, 1999), p.73.
　　1905년 7월 29일 미육군 장관 W.H. Taft와 일본 수상 桂太郎은 동경에서 비밀리에 회동하여 일본의 조선에 대한 지배권과 미국의 필리핀에 대한 지배권을 상호 인정하는 비밀협약을 체결하여 한국을 실망케 하였으며, 친일미외교관 스티븐슨이 을사조약은 조선인을 위해 취해진 당연한 조치이며, 조선인은 독립할 자격이 없는 무지한 민족이라는 망언을 하던 친일 미국의 외교관 R. Stevens를 세프란시스코에서 일본 영사와 함께 워싱턴으로 가던 중 1908년 3월 23일 오클랜드역에서 대한제국의 애국지사 전명운의 총격을 받았으나 불발되어 격투 중에 다른 조선청년 장인환의 총격을 받고 사망하였다. 이준 열사의 헤이그 밀사 사건 등은 독립 운동가들에게 서구제국이 실망을 안겨준 사건이었다.
19) 정용주, 『레닌과 아시아 민족해방운동』(광주: 도서출판 남풍, 1988), pp.207-209.
　　평화에 관한 법령(Decree on Peace)과 러시아 인민 권리선언(The Decl-

그러나 이들 러시아 혁명 지지파들은 계급혁명에 초점을 둔 사상운동보다는 구국의 일환으로 독립투쟁에 있어서 소련의 지원을 받기 위한 것이었다.[20]

이러한 점에서 한국공산주의[21] 이데올로기 수용과정은 중국이나

---

aration of right of the peoples of Russia)

20) 김한길, 「현대조선역사」, (평양: 사회과학원 역사연구소, 1983), pp.15 -
李羅英, 「조선민족해방투쟁사」(평양: 사회과학원, 1958), p.57.
이와 반대되는 입장은 대체로 북한에서 주장되는 것으로서 한국은 식민지 봉건사회에서 공산주의를 접하게 된다는 것이다. 즉, 한국에서 자본주의는 18세기 말에서 19세기 초에 시작된 화폐자본을 축적한 상인들이 그 경영 과정에서 자본주의적 방법이 적용되면서 나타나기 시작한다. 그러나 이러한 자본주의적 요소를 방해하는 봉건 지배층의 강한 반발에도 불구하고 봉건제도를 반대하며 자본주의 제도를 실현하려는 사회정치적 운동이 전개된 1884년의 개화파에 의한 부르주아 개혁운동을 비롯하여 각종 형태의 반봉건투쟁이 벌어지게 되었다. 그러나 이러한 순조로운 자본주의 발전은 외래침략으로 결정적 장애를 받게 되어 한국은 식민지 반봉건 사회로 전락하게 되며, 이때 계급적으로는 일제와 예속자본가인 지주 친일파, 민족반역자, 지주와 예속자본가, 이를 제외한 대다수의 노동자, 농민계급이 형성된다. 3.1운동은 부르주아 민족주의자들의 통일적인 지도부족으로 실패하고 이를 계기로 민족주의 세력은 와해되었다. 이때 러시아의 10월 혁명의 영향을 받아 마르크스 - 레닌주의 사상 즉 공산주의 사상을 접하게 되는 계기가 된다는 것이다.
21) 金漢植, "社會主義와 共產主義 比較硏究", (서울: 국방대학원 국방연구, 제27권 2호 1984. 12), pp.271 - 283.
공산주의는 사회주의의 한 분파며, 사회주의 사상이 나타나게 되는 배경은 산업혁명에서 비롯된 생산수단의 사적 소유와 관리, 자본에 의한 임금노동의 착취와 그에 따른 경제적 불평등, 자본주의적 시장생산의 무정부성 등에 반대하여 생산수단의 공동소유와 관리, 계획적인 생산과 평등한 분배를 주장하면서 1827년 영국 오언파의 출판물에서 처음 쓰였다. 한편 공산주의 사상은 Marx에 의해 영국에서 일어났으나 그 사상이 꽃을 피운 것은 러시아였다. 이는 러시아교개혁의 낙후한 봉건체제와 관련이 있다고 할 수 있다. 서부 유럽은 종과 르네상스 등을 겪으면서 나름대로 중세봉건 사회를 극복하고 있었다. 동유럽은 그렇지 못했기 때문에 가장 극

일본의 수용과정과 다른 면을 발견할 수 있다. 중국이나 일본에서는
공산주의를 지식인들이 학문적으로 연구하는 데서 출발하였다. 중국의
경우는 북경대학의 이대조 등이 주도하는 'Marx주의 연구회'였으며,
일본의 경우는 사가이 도시히고(堺利彦) 야마가와 히도시(山川均) 등
'사회주의 연구회' 사람들이 시작했으나[22] 한국의 경우는 그들과 두
가지 점이 다르다고 할 수 있다. 첫째는 독립운동의 목적으로 시작하
고 구성된 항일투사 이동휘나 김립 같은 사람들과 러시아로 귀화한
이민 2세 문창범, 남만춘, 김철훈 같은 환경에 적응하기 위해 공산주
의 운동을 시작하였다. 둘째는 중국이나 일본에서는 공산주의 운동이
그들 국내에서 발생하였으나 한국의 경우는 만주나 러시아, 연해주 등
지의 국외 지역에서 발생하였다는 점이다.

2. 레닌의 극동전략

시베리아 지역에는 일제의 침략에 항거하거나 생존을 위해 이 지역
으로 이주하는 한인들이 많았다. 또한 1917년 러시아에서 발생한 볼셰
비키혁명은 한국 본토에는 영향을 줄 수가 없었지만 동부 시베리아와
만주에 산재하는 많은 한인 이주자들과 함께 독립 운동가들에게는 고

단적인 공산주의 혁명이라는 방법으로 중세봉건 사회를 극복하였다.

22) 金炳日, "중공의 민족주의에 관한 연구" (박사학위논문, 경희대학교 대학
원, 1977) p.96. 北京大學 教授 李大釗에 의해 1918년 창립한 Marx 연구회
가 최초이다.
John Whitney Hall 지음, 박영재 譯 「일본사」(서울: 역민사, 1992), pp.360-363.
일본의 경우는 2~3명의 활동적인 지식인들에 의해 천황제의 폐지와 전통
적인 국가기관인 「國體」의 폐지를 주장하면서 사회주의 연구회 이후 1922
년 德田球一(1894~1953), 大杉榮(1885~1923), 荒田寒村(1887~1981) 등
이 설립한 일본 공산당이 그 최초라고 할 수 있다.

무적인 사건이었다.[23] 이때 시베리아에서 고전하며 동맹군을 절실히 필요했던 볼셰비키혁명파의 입장에서 일본에 대해 적개심에 불타는 한인들이야말로 일본에 맞서 싸울 수 있는 더없는 동맹세력이었다. 이 때문에 볼셰비키혁명파는 한인들의 민족주의를 자극하여 시베리아 거주 한인들을 동원했고 이들의 독립운동은 사상 처음으로 붉은 깃발 아래 움직이게 되었다.

그런데 볼셰비키 10월 혁명[24]이 발생된지 얼마 안되어 중앙에서 지역적으로 멀리 떨어진 시베리아 지방에서는 제정(帝政) 짜르군이 왕정복고를 위한 내란이 발생하였다. 이때 美·日·체코軍 등의 연합군이 시베리아에서 출동하여 짜르 황제군대 즉 백군을 지원하고 있었다. 그러나 사상으로 무장된 볼셰비키군의 공격으로 백군이 후퇴만을 거듭하자 미군과 체코슬로바키아군은 철수를 하였다. 그런데 일본군만은 1905년 露日전에서 획득한 사할린 영토권을 비롯한 소련 영해내의 어업권, 시베리아 내의 삼림 채벌권 및 광업 체관 등의 기득권을 확보

---

23) М.Т. КИМ, *op. cit.*, p.257.

〈1919년 7월 26일 조선노동자들에게 보내는 소비에크 정부의 메시지〉
조선인민은 15년 동안 일본침략자들과 싸우고 있다. 그들은 조선인의 주권을 탈취하였으며, 일본은 미국·불란서·영국 등과 협정을 맺고 조선인 해외 망명가들의 은신처를 빼앗았다. 이제 조선인의 유일한 안식처는 모스크바가 되었다. 조선혁명가들은 우리 적군의 대열에 끼었고 그들의 부서를 형성했는데 이제 우리들은 그대들을 돕기 위해 간다.
적군과 조선인 병사들이 우랄지방에서 일본군과 싸우게 될 때 조선인민은 자기 나라에서 궐기하고 러시아 勞農政府와의 관계를 갖기 위해 모든 노력을 기울여야만 한다. 우리는 결합된 힘으로 블라디보스토크와 조용한 아침의 나라에서 일본인들을 축출할 수 있을 것이다.
24) 양동주, (편), 「20세기와 한국」(서울: 북태평양 연구소, 1999), p.204.
독일의 히틀러는 세계 제1차 대전 중 연합국 측을 지원하는 帝政러시아를 약화시키기 위해 오스트리아에서 반체제 활동 중인 레닌에게 막대한 자금과 함께 러시아 내로 잠입시켰다.

하기 위해 끝내 백군을 지원하며 시베리아에 주둔하고 있었다. 이에 레닌은 시베리아에서 일본군을 축출하기 위해 일본군과 접전하고 있는 이동휘 산하의 항일군을 이용하려고 하였다. 따라서 레닌은 이동휘 산하의 항일군에게 공산주의 활동을 할 것과 소련을 위해 협력한다는 조건하에 많은 자금과 무기 지원을 약속하였던 것이다. 특히 이동휘가 상해 임시정부의 국무총리가 되자 자금 200만 루블 지원을 약속했으며 그 약속의 일환으로 먼저 60만 루블을 지불하여 임정까지도 공산주의화하여 이용하려 하였던 것이다.

한편 코민테른[25] 제2차 회의에서 중동과 극동지방 공산혁명에 대해 관심을 갖고 있던 레닌은 식민지와 반식민지에서는 어떻게 공산혁명을 해야 할 것인가에 대해서 혁명 전략을 발표하였다. 이것을 처음 천명한 것은 1920년 9월에 열린 바쿠(Baku) 회의에서였다. 여기에서 레닌은 약소민족과 피압박민족 정책을 발표하면서 두 단계의 혁명 전략을 주장하였다. 첫 단계에서는 식민지와 반식민지에서는 그 나라의 모든 혁명세력 즉 민족주의와 공산주의 진영의 투사들이 합세하여 먼저 제국주의 세력과 투쟁하여 그들을 물리치는 것이라고 하였으며 이혁명이 승리한 후 그다음 단계에 들어가 그 국가의 민족 자산계급과 부르주아 진영을 물리치고 프롤레타리아혁명 즉 공산혁명을 해야 한다는 전략이다. 이러한 전략은 식민지나 반식민지에서 압박을 받고 있는 민족들은 그 국가의 부르주아 자산계급과 프롤레타리아 무산계급이 힘을 모아 우선적으로 제국주의자와 투쟁해야 한다는 것이다. 여기

---

25) 동녘, 「코민테른 자료선집」(서울: 동녘선서, 1989), pp.10-25.
Comintern(Communist International) 1919년 3월 4일 모스크바에서 세계 공산주의 혁명을 지원하기 위해 각국의 공산주의 대표 19단체 35명이 창립하게 된 국제공산당 본부이다. 제1차대회는 1920년 7~8월, 3차대회는 1921년 6~7월에 각각 개최되었다.

에 대해 인도의 공산주의 대표 로이(M.N. Roy)는 식민지에서 무산자
계급을 착취하고 있는 자산계급과는 임시라도 손을 잡을 수 없고 그
들은 무산자들의 장래의 적이라고 하면서 계급투쟁을 주장하고 반론
을 제기하였다. 그러나 레닌의 약소민족과 피압박민족의 2단계 투쟁
전략은 코민테른에서 여러 차례 강조되었고 때로는 합동전선 내지는
연합전선 형태로 전개되었다.

이 회의에 한국에서는 허신봉, 박기영 등이 참가하였다. 그러나 공
산주의 이데올로기에 대한 이론적 연찬이 부족한 연해주 독립 운동가
는 레닌의 전략을 제대로 이해하지 못했다. 레닌의 기본 전략은 코민
테른을 통해 약소민족을 포섭하려 한 것이고 그가 생각했던 무산자
운동은 마르크스가 주장한 순수한 착취계급과 피착취계급의 투쟁이
아니라 세계의 노동자 농민이 단결하여 자본주의 국가와 그들의 제국
주의와 투쟁하려는 것이었다. 이러한 생각은 한국의 독립운동에 있어
민족진영이나 공산진영 그리고 러시아에 있는 모든 한인의 항일운동
단체를 포섭하려는 데 있었다.[26]

결국 레닌 정부는 한인사회당과 러시아에 거주하는 모든 한인 단체
들을 러시아 혁명에서 볼셰비키 진영으로 포섭하여 1917년부터 1922년
까지 5년간 시베리아에서 일본군을 포함한 국제군 진압에 이용하였으
며 혁명이 끝난 후에는 이들을 러시아 사람으로 시베리아에 정착시키
고 계속해서 한인 독립 운동가들을 지원하여 그들을 사주함으로써 일
본 제국주의와 싸우게 하려는 것이었다. 즉 볼셰비키의 전방위 부대로
한인 독립 운동가들을 이용하려는 전략이었다. 즉, 1921년 5월 일본군

---

26) 윤병석, "러시아 연해주에서 한국민족운동의 동향" 「한국독립운동의 지역
  적 성격」, 광복절 48주년 및 독립기념관 개관 6주년 기념 제7회 독립운동
  사 학술심포지엄 요지문(독립기념관 독립운동사연구소 주최), 1993년 8월.

의 지원하에 쿠데타로 정권을 장악한 백군은 하바로프스크를 점령하는 등 (1921년 12월 22일) 일시적으로 연해주 지역을 석권하게 되자 적·백군간의 치열한 공방전이 전개되었고, 고려혁명군 부대들은 적군측에서 백군과 싸웠다. 러시아 적군 내에는 김하석, 홍범도, 오하묵, 문창범 등이 이끄는 조선인 부대들이 섞여 있었고 이중집, 최경천, 한경서, 강국모, 임병극, 신우여, 김규식, 김응천, 김규면, 이용, 최진동 등의 고려혁명군 부대들이 연해주의 남부지역을 중심으로 맹렬한 군사 활동을 전개하고 있었으며, 일부는 국경지대인 간도지역까지 넘나들고 있었다. 더구나 일본군의 시베리아 철병이 임박하고 있었던 1922년 여름 이후에는 이들 고려혁명군 지도자들은 빈번한 회합을 갖고 지휘체계의 통일과 블라디보스토크와 만주 한인사회의 재정비 등 일본군 철병 이후의 대책을 논의하였던 것이다. 그러나 소비에트 당국은 연해주 지역의 치안확보와 일본과의 외교적 마찰의 소지를 없애기 위해 그동안 독자적 활동을 허용해 주던 빨치산 부대와 마적단과 함께 고려혁명군 부대에 대한 무장해제를 단행하기 시작하였다. 이것은 한편으로 고려혁명군이 러시아 볼셰비키 세력의 지원으로 조선 국경으로 진입할 것을 우려한 일본의 외교적 항의에 대한 반응으로 나타났다.27) 볼셰비키 군은 기본적으로 백군의 제거와 국경의 안전 확보, 외국인의 규제, 내전으로부터 복구 등 시베리아 지역에서의 소비에트 권력의 공고화가 되었기 때문이다.28)

1922년 말 시베리아는 소비에트 권력이 연해주 지역에까지 확립되

---

27) 반병율, "대한국민의회와 상해임시정부의 통합정부 수립운동" 「한국민족운동사연구 Ⅱ」, (손보기교수 정년기념호), 지식산업사, 1988년 3월. pp.122-127.
28) R. A. Scalapino & Chong-Sik Lee, op. cit., pp.20-25.
코민테른의 초대 극동선전 위원으로 임명된 쿠레콜노프(Kurekonov)의 지도하에 1918년 6월 28일 하바로프스크에서 창립되었다.

어 가고 있던 시기에 있었다. 즉 1918년 6월의 체코군의 봉기와 곧 이
은 미·영·불·일 등 연합국의 출병으로 시작되어 4년 동안 간섭이
지속되어 오던 시베리아 내전은 1920년 이후로 서방국가의 군대는 철
수하고 홀로 철병하지 않고 있던 일본군이 마지막으로 블라디보스토
크를 떠나게 되었다. 이 때문에 완충국으로 존속하여 오던 원동정부
(극동공화국)가 소비에트정권에 통합됨으로써(1922년 11월 15일) 사
실상 시베리아의 혼란은 종결되었다. 이러한 상황에서 볼셰비키 정권
과 코민테른은 해외 공산당 건설에 있어서 그 방침을 조선 내의 공산
주의 운동으로 방향을 전환하게 된다. 따라서 연해주 지역에서 활동하
던 한인 공산주의자들은 연해주 지역 러시아 공산당이나 코민테른 동
양부 극동위원회의 고려부에 소속되어 활동하게 되었다. 이 결과 한인
공산주의 운동의 중심무대는 만주지역과 한국 지역내로 이동하게 되
었다. 한편 연해주 지역의 고려혁명군대도 이러한 시베리아의 정세변
화에 커다란 영향을 받게 되었다.

　이렇게 극동에서의 일본군이 블라디보스토크에서 철수하게 되고 적
군이 지배하게 되자 시베리아에서 일군의 위협이 제거되었기 때문에
사실상 한인 혁명군의 이용 가치가 줄어들게 되었다. 이에 레닌은 한
국의 독립군에 대해서 정치적, 군사적인 제약을 가했다. 따라서 한인
군대에 대한 해산의 구실을 찾기 위해서 레닌은 한국 본토내에 공산
주의 운동을 종용하였다. 이에 따라서 시베리아에서 활동하는 고려공
산당을 강력하게 지원할 명분이 없어졌으며, 고려공산당에 대해서는
한국내에서 활동할 것을 권장하게 되었다. 이러한 그들의 본심은 1925년
1월 日露조약[29] 이후 재확인되었으며 한인들의 소련에 대한 기대는

---

29) 1925년 1월 Karakhan-芳澤謙吉 간의 협약 이후 소련정부는 소련에 귀
　　화하지 않는 모든 한국의 민족주의자들을 추방하였다.

무산되고 말았다.

레닌의 전략에 따라 1922년 11월 14~20일에 걸쳐 임병극, 최경천, 신우여, 강국모 등의 부대가 그리고 12월 중순에는 허근 부대가 각기 무장해제를 당하였고 이중집, 김규식 부대는 이 소식을 접하고 중국령으로 이동하였다. 이리하여 연해주 지역을 중심으로 한 露領內의 고려혁명군은 러시아 정규군에 편입되는 경우도 있었고 해산군인어업조합을 결성하거나 소비에트 당국으로부터 금광채굴권을 부여받아 생활상의 안정을 도모하기도 하였다. 경우에 따라서는 탄광, 금광, 어장 등의 노동자로 전향하기도 하였다.

이에 모스크바에 모인 이동휘, 정재달, 남만춘 등이 새로운 감독기관인 오르규브로(조직국)에 가담하였다.[30]

결국 연해주와 흑룡주 지역을 중심으로 시베리아내전 전기에 러시아 혁명군 측에 가담하여 백군과 싸웠던 고려혁명군의 무장활동은 1923년 이후 시베리아에서 소비에트체제의 건설이 시작되면서 독자적 활동을 지속할 수 없게 되고 일부는 만주로 이동하였다. 따라서 연해주 지역의 한인 혁명세력은 한편으로는 이 지역의 볼셰비키 건설과정에 참여하고 다른 한편으로는 국내와 만주지역의 공산주의 운동에 대해서 교육, 선전, 조직의 측면에서 후원하는 배후역할을 담당하였다.[31]

결국 소련군에 소속되어 있는 한인들을 제외하고는 소련 내의 모든 한인군대는 무장해제가 되었다. 일부 러시아 공산당에 소속된 사람 이외의 모든 한인 혁명가들은 추방당했다. 공산주의는 민족을 초월한 전 세계적인 사상이었지만 국제사회주의 모국인 소련의 이익이 우선 보

---

30) R. A. Scalapino & Chong-Sik Lee, op. cit., pp.40-50.
31) 이동휘 역시 1925년 1월 일·노기본협정에 분격하여 그해 늦봄 블라디보스토크의 소성근처의 작은 마을에 은둔하게 된다.

호되어야 했기 때문이다. 이를 계기로 대부분의 한국인 공산주의자들
이 소련의 공산당으로 흡수됨으로써 소련 영토내에서 순수한 한인들
만의 독립운동은 사라지게 되었다.[32]

제2절 한인공산당의 조직과 파벌형성

1. 한인사회당의 조직

이미 앞 절에서 논의한 바와 같이 시베리아 연해주 일대와 옴스크
및 일크스크 등지의 항일운동단체는 볼셰비키의 도움으로 시베리아
항일운동의 근거지가 되었으며, 때문에 이 지역에 있어서 운동의 성격
은 공산주의 운동으로 바뀌어 가고 있었으며, 한민족 사회주의 운동의
중심지가 되었다. 이 과정에서 블라디보스토크(海參威)와 모스크바에
이르는 각 도시에는 사회주의당 또는 지역적인 공산당의 한국지부들
이 통일 없이 조직적이 못되고 산재해 있었다.

1917년 5월에 조직되었던 전로한족회중앙총회는 1919년 2월 대한국
민의회라는 명칭으로 변경하고 볼셰비키와 손잡고 보다 광범위하게
활동하였다. 이들은 130명의 대의원을 확보하고 1918년 5월 니콜스크-

---

32) 박영석, 「재만한인독립운동사연구」(서울: 일조각, 1988), pp.12-16.
러시아 공산당중앙위원회 극동국은 지령을 내려 고려혁명군정의회를 조
직하였다. 동부 시베리아와 바이칼호수 연안에서 빨치산 운동으로 유명
한 활동가인 N.A. 가란다리 시빌 리가 고려군정의회 의장 겸 총사령으
로 임명되었다. 그의 대리는 오하묵, 조선인 전시혁명위원회위원은 최고
려, 참모장은 유수현 정치부장은 채동순, 제1연대장은 천희세, 제2연대장
은 메포디아최, 제3연대장은 황하일 등으로 구성되었다.

우수리스크에서 제2차 대회를 소집하기도 하였으며, 1918년 7월에는 100여 명으로 구성된 최초의 한인적군부대를 조직하기도 하였다.[33]

1918년 2월에는 소련이 후원한 혁명가들의 회의가 하바로프스크에서 열렸다. 이 대회에는 김립, 박애, 이동휘 등이 참석하였으며,[34] 이 대회 직후 순수 한인들이 조직한 한인사회당이 1918년 6월 28일 하바로프스크에서 창립되어 그 위원장에 이동휘가 선출되었으며[35] 부위원장에 마트베이 박(Matvei Pak), 선전부장에 전일, 비서부장에 박진순, 정치부장에 이한업, 교통부장 김립이 각각 선출되었다. 이들은 무력투

---

33) 金俊燁·金昌順 전게서, Vol.1, pp.118-119.
34) Chung-Sik Lee, *The Politics of Korean Nationalism*, (Bekeley & L.A., University of California Press, 1963) pp.51-59.
35) 김방, "李東輝의 抗日獨立運動 研究", (박사학위논문: 건국대학교 대학원, 1996), pp.4-9.
창당의 주역은 이동휘였다. 그는 1873년 함경도 단천군에 태어나서 하급 관리인 通人을 거쳐 무관학교를 졸업하고, 직업군인으로서 1907년 구한 국군 해산 당시 참령이었으며 평양, 대구, 강화 등지의 부대장으로 활동하다 1907년 한국군의 해산과 동시에 만주로 건너가 만주 및 시베리아 연해주 일대에서 항일무력투쟁을 하고 있던 단체들을 망라하여 지휘하고 있었다. 또한 교육과 종교 활동을 통한 계몽운동가로 1913년까지 활동하였으며, 1913년에서 1916년에 이르는 시기에는 만주·노령지역에서 계몽운동을 벌이는 한편, 독립전쟁론에 바탕을 둔 무장투쟁을 전개하였다. 이동휘는 독립전쟁론에 입각하여 북간도에 무관학교를 세우고 연해주에서는 권업회, 대한광복군 정부, 신한 혁명당에 참여하여 독립전쟁을 일으키려 하였다.
1908년 신민회 창립에 참여, 1915년 박은식과 함께 군사 활동단체인 고려혁명단을 조직, 1917년 러시아 혁명 이후 1935년까지는 독립운동의 한 방략으로 사회주의를 수용하고, 사회주의를 통한 항일독립운동을 전개한 시기이다. 이 시기에 이동휘는 한인사회당을 조직하고 상해임시정부 국무총리가 된 후 상해파 고려공산당을 창당하여 초기 한국공산주의 운동의 지도자로 부상하였다. 그의 기본관점은 이념투쟁이 아니라 공산주의가 독립운동을 지원하고 독립투사들에게 은신처를 제공해 주어 독립을 쟁취한다는 민족독립에 있었다고 할 수 있다.

쟁으로 독립운동을 전개하고 있던 일부 민족주의자들과 합세하여 공산주의 운동을 하게 되었으며, 러시아의 볼셰비키혁명과 조직적 형태로 등장한 것이다.

이들은 유동열, 전일, 오성묵, 김진, 김하석, 전하밀, 김하룡 등이 참석하였으며 이들 모두가 망명 세력들이었다.[36] 이들이 조직한 당은 소비에트의 모델을 따라 조직되었으나 주요 당직자들이 국내에서 망명한 사람들이어서 이 지역에 살고 있는 많은 사람들과의 연계가 부족하다는 취약점을 안고 있었다. 또한 레닌 정부로부터 지원을 기대하고 편의상 사회주의를 표방하였던 것이다. 그러나 시간이 지남에 따라 서서히 공산주의자로 변질되었다. 또한 이 당은 일선에서 일본군과 싸우는 항일무력단체라는 점에서 소련의 레닌으로부터 물심양면으로 지원을 받았다. 한인사회당은 본부를 블라디보스토크 신한촌에 두는 한편 윤해, 고창일 등을 프랑스 파리강화회의에 파견하여 한국 자주독립을 주장하게 하는 한편 동년 3.1독립운동에는 대한독립을 선언하기도 하였다.

이 한인사회당의 주축이 된 露領大韓國民會議는 동회원 김하석이 소련혁명 군사부의 부회장 겸 서기인 우라긴(Uragin)과 군사동맹을 체결하여 소련혁명군에서 대한국민회의에 대하여 무기를 원조해 주는 대신 대한국민회의는 일본군과 싸울 것을 약속하고 조약을 체결하여 원조를 받아 일본군과 항전하였다.

이 밖에도 한인사회당은 1919년 4월 블라디보스토크 본부에서 제1차 당 대회를 소집하고 당명을 고려공산당으로 개칭하는 한편 동년 3월 모스크바에서 결성된 코민테른과 제휴하여 후원을 얻기로 결정하고 당 조직에 대한 코민테른의 승인을 요청하기 위해 박진순 등 3인을

---

36) R. A. Scalapino & Chong-Sik Lee, op. cit., pp.48-51.

모스크바로 파견하였다. 레닌은 이들이 제1선에서 일군과 싸우는 강력한 항일무력집단체라는 점에서 이들을 크게 환영하고 이들을 포섭하기 위해 요구되는 활동자금에 대한 원조 약속을 하는 한편 그 일부를 동년 9월에 지불하였다.[37]

이 시기에 연해주, 흑룡주의 한인사회를 대상으로 조직, 교육, 선전활동에 진력하던 한인사회당 세력은 1918년 8월 이후 일본 등 연합국간섭군이 시베리아에 출병하고 곧이어 반혁명적 백군의 정권이 시베리아에 대한 지배권을 장악함에 따라 조직이 붕괴되고 사실상 활동을 정지하기에 이른다. 우수리 전선에 참전하여 백군과의 전투에서 성과를 거두지 못한 유동렬, 전일, 홍범도, 이동휘 등은 북만주로 도피하였다.

이들이 본격적인 활동을 하게 된 것은 3.1운동 직후 1919년 4월 말에 개최된 한인사회당 대표자대회였다. 이 대회에서 그들은 식민지 재분할을 목적으로 한 파리강화회의 반대 운동과 또한 상해 임정과 대한국민회의에 대한 헤게모니 쟁탈전에 대한 비판 및 국제공산당 회의에 대표 박진순·박애·이한영을 파견하는 등의 활동을 하였다.

한편 1919년 6월 파리강화회의에 대한 기대에 대한 무산과 이를 배경으로 제독립운동 세력의 통일을 요구하는 여론이 고조됨에 따라 상해 임정과 대한국민회의 통합과정에서 공산주의자들은 주도적으로 참여하기 위해 국무총리 이동휘, 국무원 비서장 김립 등 간부 당원을 상해 임정에 참여하게 된다. 이러한 한인사회당의 임정 참여 결정은 상해 임정을 민족혁명기관으로 활용하려는 획기적인 노선전환이었다.

결국 이러한 결정은 만주와 노령지역 운동의 연합조직이었던 국민회의와 결별을 의미하는 것이었다.

---

37) 이기하, 『한국공산주의 운동사』(서울: 동일문화사. 1969) p.30.
　　이 자금을 "붉은 자금"이라고도 하며, 200만 루블을 약속받았다.

이때 한인사회당의 주요 인물은 이동휘, 김립, 박진순, 김하구, 박애, 한형권, 장도정, 김진. 계봉우, 김아빠니스, 박밀양, 장기영, 오자강, 주영섭, 박원섭, 박일리아, 박그레고리아, 이용, 김규면, 박영, 안태국, 박영춘, 김동한 최계립, 채영, 최성우, 최니꼴라이, 박창은, 한운용, 김민선, 윤자영, 김철수, 홍도, 현정건, 이봉수, 김덕, 주종건, 이증림 등이다.[38]

2. 일크츠크 공산당의 등장

극동지방에 거주하던 한인들이 청의 통치에서 러시아령 시베리아 국민으로 국적이 바뀌게 되는데, 그 배경은 1858년 청과 러시아가 맺은 아이훈 조약(Aigun Treaty)과 1860년 청로북경조약에 의하여 아므르강 이북의 땅과 우수리강 동쪽에서 태평양 연안에 이르는 이른바 연해주 지역을 각각 중국으로부터 러시아가 획득함으로써 이 지역에 거주하던 한인들은 자연 러시아령으로 소속이 바뀌게 되었던 것이다.

또한 러시아는 1861년 동부 시베리아의 아무르와 프리모르스카야 지방의 러시아인과 이국인의 이민에 대한 규칙을 공포하여 극동지방으로 러시아 농민을 이주시키기 위해서 이민 사업을 적극 추진하였으나 극동시베리아의 혹독한 추위와 교통사정으로 이민자의 수는 저조한 형편에 놓여 있었다. 이와 같이 러시아 제국은 연해주에 자국인의 식민을 적극 추진하였으나 미미하게 되자 이곳 황무지 개척에 이주 한인을 이용하고자 하였다. 그리하여 러시아 당국은 한인 이주 초기부터 한인들의 집단적 이주에 대한 정책을 강구하였으며 한인들은 1863년부터 처음으로 노령지역에 가족 단위로 이주하였고 정착지는 티진헤(地新墟)를 중심으로 포시에트 지방이었다.[39] 블라디보스토크에 카레이스

---

38) М.Т. КИМ, op. cit., pp.101-256.

카야 슬라보트카(고려인촌 개척리)라는 한인 거주지가 형성되었다.

초기에 러시아 당국은 한인들의 이주에 대해 극동지역 개척을 위하여 도움이 되겠다고 하여 환영하였지만 1860년 후반에 조선에서 대흉작으로 이주해 오는 한인이 급증하자 한인 증가에 따른 대응책을 강구하기 시작하였으며 때로는 조선으로 돌아갈 것을 종용하였고 1879년에는 한인들이 러시아 영토로 이주하는 것을 금지시키기도 하였다.[40]

그러나 1905년에 이르면서 노령으로 이주하는 유민의 성격은 종래의 생활고를 이기지 못한 경제적인 이유보다는 일제의 침략에 항거하는 정치적인 유민이 대부분이었다. 당시 조선은 일본의 보호령이 되었으며 민족적 독립을 완전히 상실하게 될 위험에 처해 있었다. 한인의 각계각층은 일본의 침략에 저항하기 시작하였고 그러한 저항의 형태는 두 가지 형태로 나타났다. 앞 절에서 살펴본 바와 같이 첫째는 문화교육운동과 둘째는 무장투쟁이었다. 이러한 두 가지 형태의 운동 중에서 러시아 혁명이 발발되면서 무장투쟁의 방향으로 집중되었다.

더욱 정치적 이민의 목적으로 러시아에 거주하고 있는 한인들의 뚜렷한 목적은 독립을 수호하기 위한 투쟁이었다. 그러나 그 방법에서 의견을 달리하는 주장이 제기되었다. 하나는 러시아와 일본 간의 적대관계를 이용하고자 하는 측과 또한 다른 부류는 러시아의 혁명에 진지한 관심을 보이고 그것의 목표와 의도를 이해하고 그 경험에서 실천하자는 주장이었다.[41]

---

39) 강주진, 「한국과 소련」, (서울: 중앙출판사, 1979), p.39
프리모르스카야 州 인구 상황은 1882년 러시아인 8,385명, 한인은 45,397
명으로 한인이 더 많이 거주하고 있으나 러시아인에 대한 강력한 이주
정책으로 1908년에는 한인이 45,397명이었으나, 러시아인이 383,083명으
로 증가하여 총인구수의 73%를 차지하고 있다.
40) DR. Zvihaleyy, 역, 「소련 내의 한국 교민 및 한국 이민」, (외무부 극동
과 982, 1981)

경제적, 정치적인 이유로 이민을 하게 된 한인들의 수는 계속 증가하게 되는데 이들은 블라디보스토크(Vladivostok), 일크스크(Irkutsk), 치타(Chita), 하바로프스크(Khabarovsk) 등지에 거주하였고 한인들의 농장이 산재해 있었다. 1910년에는 한국에서 이민을 하게 된 우수리 강 남쪽지역에만도 5만 명 이상의 한인들이 거주하는 부락이 104개나 되었다.

1917년경에는 시베리아 극동지방에 약 50만 명의 한인들이 산재해서 살고 있었으며 이들은 1912년의 국내 의병으로서 일본군과의 전투에서 퇴각하여 그곳에 이주하여 온 자들도 있었다. 당시 시베리아의 상황은 볼셰비키의 혁명 직후 수년 동안 볼셰비키혁명파들이 시베리아를 완전 평정하지 못하였으므로 정치적으로나 군사적으로 극도로 혼란스러웠다. 구제정 러시아의 백군과 이를 지원하는 미국군, 체코군, 일본군이 여러 지역을 점령하고 있었다. 이때 한인들은 일본군과의 전면적인 대항전에서 레닌 정부가 지원해 주리라 믿었으며 서구의 여러 나라들에 대한 기대는 희박하였다. 그러므로 베르사유 조약과(1919), 워싱턴 회의(1921~1922) 등은 기대를 포기해야 했던 것이다. 서구 제국에 한국독립을 호소하였지만 허사였기 때문이다. 앞절에서 살펴본 바와 같이 이에 반해 볼셰비키혁명파는 강력한 반제국주의 노선과 극동의 피압박민족의 해방을 주장하면서 그들의 후원자처럼 비쳤다. 볼셰비키혁명파 측에서도 일본 출정군에 대해 그들을 저지할 동맹군이 필요함에 따라 1918~1920년 한로동맹이 이루어졌다.

이렇게 하여 러시아령에서 거주하고 활동하는 한인들은 두 유형으로 구분되었다. 첫째 유형은 노령에 이주한 지 오래되어 러시아화된

---

41) 정용주, 「레닌과 아시아 민족해방운동」(광주: 도서출판 남풍 편집부 1988), pp.201-205.

사람들과 이들과는 달리 정치적 망명자로 구성되는 두 집단으로 구분되었다. 전자의 대표자는 짜르정권 타도 직후 한인과의 관계를 맺기 위해 1917년 중엽에 러시아화한 알렉산드라 김(Alexandra Petrovna Kim)이었다.[42] 그녀는 적극적으로 볼셰비키 활동을 하였다.

이들이 활동한 지역은 한국과 거리가 먼 지역이었으므로 문화적·풍토적으로 소련생활에 익숙해져 있었고, 따라서 이들이 공산당을 조직한 사실상의 목적은 한국의 독립보다는 자신들의 생존권 문제가 우선되었기 때문이다. 그러므로 러시아 공산혁명을 우선 지지할 수밖에 없었으며, 때문에 이들의 조직은 출발부터 소련의 볼셰비키당 일원으로 출발하였다.

이미 러시아화한 이들은 볼셰비키 혁명사회에서 생존을 위해 김철훈, 오하묵 등이 일크츠크 공산당 한인지부를 조직하여 볼셰비키당 일크츠크 동양비서부 직속하에 소련에 충성하고 있었다.[43] 이 계열은 후에 소련 볼셰비키당과 협력한다는 조건하에 고려당으로 개편하고 일크츠크 동양비서부로부터 분리 독립하였다. 또한 일크츠크 당(이들의 활동지역이 일크츠크지역)은 당세 확장차 민족진영까지 침투하여 니코리스크에서 활동하던 민족운동단체인 대한국민회의 수뇌인 문창범, 한명서(일명 한명세), 김하석 등과 합작하여 러시아 혁명군 제5군 단장이며, 1919년 3월에 조직된 코민테른 초대 극동지구 대표인 보리

---

42) R. A. Scalapino & Chong-Sik Lee, op. cit., pp.51-55.
그녀는 1885년 2월 22일 생으로 Nickol'sk-ussrisk에 거주하면서 1917년 볼셰비키당에 입당하여 동부시베리아의 한인들에게 당 사업 수행의 명령을 받고 시베리아로 파견되어 1917년 10월 블라디보스토크에서 열린 제2차 볼셰비키 지역회의에 참석하였으며, 그해 2월 하바로프스크에서 개최된 제3차 소비에트 극동회의에서 지역소비에트 집행위원회의 위원으로 선출되었다.
43) 金俊燁·金昌順, 전게서, Vol.2, p.418.

스 슈미아스키(Boris Shumiatsky) 지도하에 1919년 4월 고려공산당을 조직하고 소련에 협력한 결과 그 대가로 소련공산당에서 분리되어 독립하였다. 이 고려공산당은 슈미아스키 후원하에 1919년 9월 '전로한 인공산당'으로 개편하였다.

일크스크 공산당의 인적구성은 한국의 지역과 가까운 대부분 함경도 출신이 많았으며 김철훈, 김만겸, 남만춘 등과 함께 일크츠크 소련 공산당 한국지부를 조직하고 강령과 규약을 제정 · 통과시키고 간부진을 편성하였다.

중앙집행위원 남만춘, 당위원장 김철훈, 선전부장 최고려, 비서장 한명서, 교통부장 박이노겐치로, 기타 위원으로 오하묵, 박승만, 윤협, 조훈 등을 선정하였다.

이후 연해주와 옴스크-일크츠크(Omsk-Irkutsk)의 두 지방에서 1920년 1월 22일 한인들이 일크츠크 공산당 한인 지부를 조직하였다. 이 때 남만춘, 김철훈, 오하묵, 박승만, 윤협, 조훈 등이 핵심인물이었다.[44]

이즈음 시베리아의 백군은 붕괴되고 볼셰비키 세력이 주도권을 잡게 되자 시베리아의 한인 민족운동 단체들은 러시아 공산당에 가입하여 한족부(고려부)를 조직하거나 또는 독자적으로 한족공산당을 결성하는 조직상의 변화가 진행되었다. 대체로 한인들의 수가 적고 볼셰비키 세력이 상대적으로 강세를 보이고 있던 시베리아에서는 전자의 형태가 나타났고, 한인사회가 광범하게 형성되어 있던 흑룡주와 연해주에서는 후자의 형태가 일반적이었다. 전자의 경우에는 강상주, 한규선, 이다물, 한승만, 이성실, 이대덕 등 시베리아 횡단철도를 연하는 노선의 주요

---

44) R. A. Scalapino & Chong-Sik Lee, op. cit., pp.55-56.
이와 때를 같이하여 모스크바에서 코민테른이 출범하였다. 또한 이들은 본부의 위치, 활동 목적 지휘체제, 선전활동, 대한국민의회 등을 부정한 다는 내용의 결의를 하였다.

도시에서 활동하던 이들은 군대까지도 조직하였다. 또한 이들은 다른 지역의 조선인 볼셰비키 세력과 연합하여 세력을 확장하게 되었다.

이와 같이 러시아화된 이들은 생존권과 관계되기 때문에 볼셰비키 혁명을 적극 지지하고 그들의 명에 따를 수밖에 없었다.

1920년 7월 러시아 공산당 내의 고려공산당 제1회 대표자대회가 개최되었을 때 전로한인공산당은 고려공산당 중앙간부라고 하는 중앙지도부를 조직하게 됨으로써 이른바 일크츠크파 고려공산당이 조직 되게 된다.

이로써 한인사회는 이동휘를 중심으로 한 계열과 일크츠크에서 고려공산당이란 이름을 표방한 두 개의 세력이 대두하게 되었다.

일크츠크파의 주요 구성원은 문창범, 김하석, 원세훈, 김기룡, 한명세, 김철훈, 이성, 김만겸, 남만춘, 최고려, 오하묵, 안병찬, 서초, 장건상, 최의수, 이인섭, 김응섭, 황하일, 채동순, 박창인, 이괄, 전희서, 오진형, 이벽초, 조훈, 최창식, 김원경, 조동우, 김 알렉산드라(A.P. 김), 유스테판, 오와실리 등 귀화한 조선인 청년세력이었다.

3. 양파벌간의 파쟁

이동휘의 한인사회당과 일크츠크파 간의 파쟁 시작은 볼셰비키혁명 이후 소련공산당 지지파와 코민테른 지지파 사이의 알력이 발단이 되었다고 할 수 있다. 코민테른이 중국이나 일본의 경우에는 모국의 본토에서 그 나라의 공산주의 운동을 직접 지도할 수 있었으나, 한국의 경우에는 러시아로 이민 간 사람 즉 귀화해서 영주하는 한인들과 때로는 그들과 다른 목적을 가진 독립 운동가로 구성된 두 부류가 존재하였다. 그중에는 공산주의를 신봉하는 사람도 있었고 반대하는 사람도 있었다. 또한 러시아 혁명이 1917년에 시작해서 한인들이 많이 살고 있는 연해주 지방에까지 와서 완료될 때까지는 5년이라는 오랜 세월이 걸렸다. 그동안 볼셰비키의 적군과 백군이 내전에 처해 있을 때 한인들은 러시아 볼셰비키혁명에 가입해서 싸워야 했고 체코군의 반란으로 국제군이 난입할 때 한민족의 적인 일본군이 포함되어 있었기 때문에 시베리아나 연해주 지방에 거주하는 한인들과 그곳을 기지로 독립운동을 하는 한인들은 큰 혼란을 겪어야만 했다.

또한 러시아 혁명에서 한인들이 구별하지 못한 것은 러시아 정부를 지도하는 소련공산당의 역할과 국제공산당의 역할이었다. 이것은 한인 독립 운동가들이 이 두 개 단체의 역할을 잘 이해하지 못한 점도 있으나 소련공산당과 코민테른의 복잡한 관계에도 기인한다. 러시아 전체 혁명을 모스크바에서 연해주까지 끝마치고 러시아 전체를 다스리는 정부를 완전히 수립할 때까지 혁명을 주도한 것은 소련공산당이고 세계의 공산혁명을 주도한 것은 코민테른이다. 한인들에게 혼란을 가져온 가장 큰 이유는 한인으로 러시아에 거주하는 사람들은 소련 정부와 소련공산당 치하에 있어야 했고 한국의 공산혁명과 독립운동에 대해서는 코민테른의 지시를 받아야 했다. 특히 이주민과 독립 운동가들 사이에는 공산주의 수용에 대한 이견도 있었으나 소련공산당 예하에서 생계를 유지해야 했던 주민들의 사정도 있었다. 유랑민같이 보이는 독립 운동가들이 한국의 공산혁명을 주장하면서 중국과 한국, 노령의 항일무장운동을 코민테른과 연결한 것도 이러한 복잡한 관계를 만들어낸 요인이 된다.

결국 한인의 공산주의운동 과정에서 연해주에 거주하는 이주민들과 독립 운동가들 사이에 일어난 파쟁의 근본 원인 중의 하나는 소련공산당의 역할과 국제공산당의 역할과 그들의 정책을 확실하게 구분하지 못했다는 점이다.

소련공산당은 시베리아와 연해주 전역의 소련공산당을 수립하고 질
서를 유지할 때까지 국내의 모든 정책을 담당했다. 때문에 러시아로
가서 정착한 이주민들은 러시아의 국민으로서 소련공산당의 지도를
받았다. 그러나 러시아 공산당이 연해주를 다스리지 못하고 일본군과
국제군이 들어와 질서를 유지하려고 할 때 이주민에게는 적군과 백군
어느 것을 선택해야 할지 혼란이 발생하였다. 러시아의 공산혁명을 이
용하여 한인 독립운동을 하려고 한 사람들은 주로 국제공산당의 지도
를 받았다. 그러나 소련공산당의 지도자와 국제공산당 지도자가 잘 구
분이 되어 있지 않았고 특히 한인 독립 운동가들에게는 이 두 단체의
계열과 목적도 같은 것으로 이해되어 있었기 때문에 혼란이 왔다.45)

한편 3.1독립만세 사건 이후 상해에서 좌우연립내각형태의 합작체
인 대한민국 임시정부가 출범할 때 한인사회당의 수령인 이동휘는 국

45) 김학준, 「소련정치론」(서울: 일지사, 1976), pp.118 - 121.
엄격하게 분석해 보면 이 두 단체는 그 조직과 인맥이나 목적에 있어서
많은 차이가 있는 단체이다. 국제공산당은 세계 공산혁명을 목적으로 각
나라 공산당 대표들이 뭉쳐 만든 조직이고 처음에는 공산혁명에 성공한
러시아의 수도 모스크바에서 발기는 하였으나 궁극적으로 독일로 옮겨
유럽 공산혁명을 꿈꾸었다. 레닌이 사망한 1924년까지 코민테른 총회를
네 번이나 개최하고 중앙아시아와 극동아시아에까지 공산혁명을 확장해
보려고 노력하였다. 이러한 국제공산당이 소련공산당의 전위단체로 전락
한 것은 레닌이 사망한 후 소련공산당 내의 권력투쟁에서 스탈린이(J.
Stalin) 승리한 후에 일이다. 스탈린은 국제공산당 제5차 당 대회에 처음
나타나 국제공산당이 소련공산당의 정책을 압도적으로 지지할 것을 요
구하고 코민테른이 세계 공산당이 뭉친 국제공산당 기구라기보다는 소
련공산당의 시녀임을 시사했다. 제5차 대회(1924년) 후에는 대회도 자주
열지 않고 지도자들도 스탈린이 자기 마음대로 바꾸었다. 궁극적으로 국
제공산당이 소련공산당의 예속 단체로 전락하지만 코민테른 초기 즉
1919년부터 1922년까지는 러시아 국내의 질서를 유지하려는 단체는 아
니었다. 국제공산당은 어디까지나 레닌 지도하에 유럽과 아시아의 공산
혁명을 일으키려고 노력한 단체이다.

무총리에 취임하였다. 이에 따라 한인사회당이 시베리아 연해주로부터 상해로 활동무대를 이동하였다. 이때부터 이동휘파를 상해파라고 하였다. 또한 상해파가 임정을 중심으로 상해로 집결하자 김철훈 계열의 일크츠크파도 상해로 본부를 옮기게 되었다.

임시정부의 구성을 계기로 집결된 이들 일크츠크파와 상해파는 1920년 5월 당명을 고려공산당으로 개정하고 통합하였다. 고려공산당 내의 양 파벌 간의 분포는 아래 〈표 2-2〉와 같다.

〈표 2-2〉 고려공산당내 양파간 주요 인물

상 해 파	일 크 츠 크 파
이동휘(책임비서), 김립, 신규식, 박용만, 이동영, 노백린, 안병조, 안정근, 김규식, 김철수, 현정근, 홍도, 박진순, 김경선, 이강희, 한형권, 정혜원(女)	여운형, 김만겸, 안병찬, 조동우, 장건상, 김두봉, 유동열, 원세훈, 최창식, 김원경(女), 권애라(女), 김태연, 박헌영, 박원근

※ 1920년 5월

임시정부내에서는 민족주의노선 계열과 공산주의노선 계열 간 또는 공산주의자 내의 상해파와 일크츠크파 간에 반목과 갈등이 계속되던 중 상해파에서 레닌의 지원금을 독점함으로서 갈등은 표면화되었다. 즉, 임시정부를 운용하는 자금은 민족주의 계열과 공산주의 계열이 나뉘어 두 방면에서 조달되었다. 민족계열에게는 국내의 부호들과 하와이 거주 동포들이 낸 기부금 모금과 공채발행 등을 통하여 성금 등으로 충당하였으며 다른 하나는 소련의 레닌 정부와 비밀외교를 통하여 공산주의 계열에서 자금을 유입하게 되었다.

공산주의자들은 소련의 소비에트 중앙으로부터 인정을 받기 위해 박진순, 박애, 이한업을 모스크바로 대표단을 파견하였다. 이들이 1919년 중반경 모스크바에 도착하여 환대를 받았으며, 선전비 명목으로 자금도 제공받았다.

한편 연해주 지방의 볼셰비키의 활동은 백군의 연합군에 의해 거점이 공략되었고 8월 28일에는 볼셰비키에서 파견되어 온 쿠레콜노프(Kurekornov)마저 백군에 체포되어 사형되었다. 이즈음 이동휘는 상해의 임시정부로부터 국무총리로 취임하기 위해 그의 당 본부도 함께 상해로 이동하였다. 그러나 쿠레콜노프의 후임으로 슈미아츠키가 극동국장으로 취임하면서 일크츠크 공산당을 적극 지원하였다. 9월 5일 일크츠크 당을 중심으로 전로한인공산당을 발족하였다.[46] 그런데 상해파 일행이 모스크바에서 돌아오는 도중 잠시 일크츠크를 경유했을 때 일크츠크파는 박진순에게 자신들이 한인사회당을 인계하였다고 주장하고 박진순이 소지하고 온 자금을 탈취하려 하였다.[47] 이 때문에 일크츠크파와 상해파 간의 갈등은 표면화되었다고 할 수 있다. 즉 소비에트연방 내의 공산주의 운동의 한 부분이 되려는 러시아화된 한인들과 한국의 독립을 하기 위해 소련의 도움을 얻고자 했던 민족주의자들 간의 갈등이 시작되었다. 또한 파벌 간의 갈등이 증폭 된 것은 극동공화국의 수상 스티코프(Shtikov)는 이동휘 그룹을 지원하고 슈미아츠키는 일크츠크파를 각각 지원함으로써 그 불화의 골이 깊어만 갔다.

앞서 살펴본 바와 같이 레닌 정부와 비밀외교를 맺은 이동휘는 한형권을 모스크바로 파견하여 레닌의 지불 약속금 200만 루블 중 1차로 60만 루블을 수령하여 이동휘 계열인 상해파에 전달하도록 하였다. 그러나 상해파는 이 자금 유입에 대해서 민족진영에게는 물론 좌파계

---

46) 金弘壹, "自由市事變前後", 「思想界」, 1965년 2월호 p.221.
　　한인의 2세들로 구성된 이들은 崔高麗, 韓明世, 金夏錫, 吳夏默 등이었다.
47) R. A. Scalapino & Chong-Sik Lee, op. cit., p.157.

열인 일크츠크파에게도 이 사실은 감추고 있다가 레닌으로부터 직접 동자금 유입설을 전해들은 일크츠크파의 김만겸, 안병찬 등이 문제를 제기하면서 자금에 대해서 회계감사를 요청하였다. 모스크바의 붉은 자금이 임정에 유입되지 못하고 다른 용도에 사용되었음이 확인되자 회계감사를 거부한 이동휘 계열의 상해파는 1921년 1월 이동휘가 국무총리직을 사임하고 상해 임시정부(이하 임정)를 이탈하게 됨으로써 임정내의 연합조직은 와해되었다.

이렇게 됨으로써 민족주의 계열과 공산주의 계열 연합전선은 붕괴되었다. 그러나 임정 역시 자체적으로 많은 문제점을 내포하고 있었다. 1920년대 말 임정으로서는 이른바 통합정부 수립 이후 최대의 위기를 맞고 있었다. 임정은 간도에서 4월에 있은 일본군의 한인 참살과, 또한 10월 이후 전개된 일본군의 무차별적인 한인의 학살에 대해서 미리 저지하지 못함은 물론 아무런 대응책도 세우지 못한 점에서 독립운동 최고기관을 자처하고 있던 임정에 대한 격렬한 비판을 불러 일으켰다. 우선 임정 밖으로부터 비판은 처음부터 상해 임정의 참여에 반대하고 있던 북경, 노령, 상해의 각 세력으로부터 일어났다. 즉, 연해주, 흑룡주와 만주의 독립군인 볼셰비키 세력의 지원을 받아 단일한 지휘체계로 통일하려는 목적으로 흑룡주에 집결하고 있던 대한국민의회가 자유대대를 조직하고 임정 예하 한인 무장세력을 휘하에 장악하려는 활동을 전개하고 있었다. 대한국민의회는 상해 임정과 대립관계에 있었다. 1920년 5월 각부 차장들과 함께 이승만 퇴진운동을 벌인 바 있는 상해 임정의 국무총리 이동휘는 상해 임정에 대한 내외의 격렬한 비판적 여론을 배경으로 소비에트 러시아와의 관계강화에 의한 무장투쟁론에 근거한 임정의 전면적 개편을 주장하였다. 이동휘는 임정의 주도권을 잡기 위해 시베리아로 임정을 이전할 것을 주장하였다.

그러나 미국에서 급거 돌아온 이승만과 그를 추종하는 신규식, 이동
령, 이시영, 안창호 등의 세력들에 의해 거부되어 이동휘는 1921년 1월
24일 임정탈퇴를 선언하였다.[48]

이처럼 모스크바의 자금을 받을 기관인 상해 임정이 내외로부터 그
권위를 상실해 가고 있었으며 모스크바 교섭의 주역이었던 한인사회
당 세력이 상해 임정으로부터 탈퇴하게 된 상황에서 두번째 자금이
상해에 도착하게 된 것이다. 이로써 자금 독점을 결정한 한인사회당에
대해 반기를 든 것은 자금이 일크츠크를 경과할 때 이를 탈취하려다
실패한 일크츠크파였다. 또한 김만겸, 최창식 등의 공산당내의 한인사
회당의 반대파도 한인사회당의 자금 독점을 북경의 국제공산당 파견
원에게 밀고하는 등 한인사회당 세력에 대한 반대공작에 나섰다.

이 사건을 계기로 상해 임정을 탈퇴한 이동휘 계열의 상해파는
1921년 2월 22일 시베리아 하바로프스크에 집결하여 이동휘, 김립, 문
창범, 신채호, 박용만, 김하석 등이 대한국민의회 간부와 합류하여 한
족공산당을 조직하고 동년 4월 25일 소련 극동공화국 수도인 치타로
본부를 이동하고 7월 3일 간부진을 상해의 임시정부와 같이 편성 운
용하였다.

대통령 이동휘, 사무장 문창범, 내무부장 신채호, 외무부장 박용만
을 각각 선임하고 세력 확장을 위해 각 지부를 설치하였다.

따라서 상해지부에는 김립, 김철수, 이봉수, 이춘숙 등을 임명하고
일크츠크 지부에는 박용만, 김용현, 이성 등을 임명하고, 블라디보스토
크 지부에는 홍종준, 김미하일, 이영선, 양성수 등을 임명하였다.

48) 愼鏞廈, 「일제하 민족운동사」(서울: 민중서관, 1971), pp.74-75.
이로써 1911년 11월에 한인사회당과의 통합정부였던 임정은 이동휘의
탈퇴에 이어 1921년 상반기에는 김규식, 남형우, 안창호 등마저 임정을
탈퇴함으로써 임정은 보수중심의 독립운동기관으로 전락하였다.

또한 한족 공산당에서는 여러 무력단체들의 통합된 항일무력단체를 산하에 두고 홍범도, 이청천 등의 장군이 활동하면서 북만 일대에서 항일무력투쟁을 전개하였다. 그러나 한족공산당은 붉은 자금 독점사건으로 인하여 레닌으로부터 신망을 잃고 점차 소외되었다가 자유 시 사건으로 적군에 의해 한족공산당의 소속 무력부대를 잃게 됨으로써 사실상 무장해제나 다름없는 상태가 되었다.[49]

일크츠크파는 상해에서 붉은 자금 독점사건으로 상해 고려공산당을 탈퇴하여 상해파와 결별하고 시베리아 일크츠크로 다시 돌아가 1921년 5월 6일 일크츠크 재건당을 조직하고 상해파에 대항하였다.

일크츠크파 중앙집행위원회 위원장 한명서(世), 위원 최고려, 유동열(悅), 김하석(夏錫), 김만춘, 이재복, 김철훈, 안병찬, 고창일, 한규선 등의 간부진으로 조직하였다.

일크츠크 재건당은 옴스크 소재 시베리아 혁명위원회로부터 1,500만 원의 지원금을 받아 당세확장에 전력한 결과 각처에 각 지부당과 고려공산청년회라는 당의 청년전위대를 조직하였다. 따라서 중앙당부를 7인의 정치위원회와 5인의 군사위원회로 구성하였고 정치위원회는 남만춘, 조직부장 장건상, 한규선 등을 임명하였다. 또한 군사위원회는 이청천, 김동삼, 유동열, 최고려 등을 임명하고, 그 예하 무력단체인 고려군정회의군을 조직하고 오하묵, 김하석, 유동열, 최고려 등이 중심으로 활동하였다. 지부당으로서는 상해 지부당에 김만겸, 조동우, 장건상, 여운형, 안병찬, 유동열 등이 중심이 되어 활동하였고 동 지부당 소속의 고려공산청년회 상해지부에는 최창식, 박헌영, 김단야, 임원근

---

49) 慎鏞廈, 「한국민족독립운동사 연구」(서울: 을유문화사, 1985), pp.504-508. 이 무장부대는 1920년 가을 청산리 전투와 봉오동 전투에서 승리를 하였으나, 일본군의 공격으로 露領의 자유시에 집결하였을 때 일크츠크파와 상해파의 주도권 싸움으로 인하여 볼셰비키 군대에 의해 와해되었다.

등의 청년당원들이 있었으며 이들이 향후 국내공산주의 운동의 중심 세력으로 등장하게 된다. 또 블라디보스토크 지부에는 최고려 等 당원 500여 명이 활동하였으며 동 공산청년회에는 김재봉 위원장하에 300여 명의 회원이 있었다. 그 밖에도 모스크바 지부당의 김용성 위원장을 비롯하여 일크츠크지부당 바리바시, 연추, 스라우얀카의 각 지부당들이 공산주의 운동의 중심세력이 되었다.

한편 붉은 자금 사건으로 고려공산당이 해체되자 김두봉을 비롯하여 김립, 박진순, 한형권 등은 1921년 초에 대한청년공산당을 조직하고 상해를 중심으로 별도 활동하였다. 때문에 김립 등이 한족 공산당 조직에 합류하자 대한청년공산당은 자연 소멸되고 이 청년당위원장인 김두봉은 중국 연안에서 독립동맹을 조직하게 되었다.

이와 같이 고려공산당이 분해되자 상해파와 일크츠크 양파는 자파 세력을 확장하면서 시기와 반목을 거듭하였다. 1921년 3월 코민테른에서는 시베리아, 만주, 중국 등에 산재한 한인 공산주의자들의 통합을 위해 회합을 지시했으나 5월에야 비로소 일크츠크에서 모이게 되는데 이때 일크츠크파는 슈미아츠키의 조정을 받아 상해파를 반당이라는 죄목으로 체포까지 하였다. 또한 일크츠크파는 고려공산당이라는 당명 까지도 차지하게 되었으며 모스크바의 지지를 얻기 위해 당의 대표로 한명세, 남만춘, 장건상을 선출하고 군사력을 지휘하기 위해 오하묵, 유동열을 러시아 고문과 함께 알렉세예브스크로 파견하였다.[50]

일크츠크에서의 패배에도 불구하고 이동휘는 1921년 2월 22일 하바로프스크에서 정통성을 주장하면서 한족공산당을 재건하고 당 간부로는 김립, 신채호, 박용만 등을 당 간부로 하여 발족하였다.[51]

---

50) 金弘壹, "自由市 事變 前後", 「사상계」, 1965년 2월호, p.221.
51) 상게서, pp.21 -22.

결국 이 두 파는 모스크바와 코민테른의 지지를 얻기 위해 가능한 많은 당원과 지원자들을 얻기 위해 필사적인 경쟁을 벌였다. 일크츠크 파는 중국의 북경에 본부를 두기로 결정하고 북경에서 안병찬, 이재복, 김철훈이 파견되어 선전물을 배포하고 당원을 모집하였다. 일크츠크파 김만겸의 주도로 여운형, 최창식, 박헌영, 조동호, 김태연 등과 함께 활동하게 되었다. 상해파는 모스크바의 자금을 가지고 운영하였기 때문에 다수의 공산당원을 확보하고 활발히 활동을 하였다.

이와 같은 경쟁 속에서도 통일전선을 구축하려는 운동이 일어났다. 이 운동은 1923년 1월 3일 상해에서 당시 중국의 국민당과 중국공산당 간에 합작이 진행되었던 그 시기에 개최된 국민대표대회로 나타났다. 그러나 그 계획은 무위로 돌아갔으며 분쟁은 계속 남게 되었다.[52]

일크츠크파와 상해파(한족공산당) 두 계파 간의 갈등은 국내공산주의 운동을 전파하는 데도 마찬가지였다. 상해파의 일부 자금이 1921년 7월에 김철수가 당시 동아일보 주간인 장덕수에게 전달됨으로써 국내 공산주의 운동이 시작되었던 것이다. 반면 일크츠크파의 김만겸은 경성서적회사 편집부원인 최팔용을 통해 서울 지부를 창설하려고 계획 중이었다. 상해파는 중국의 공산당 창당을 하는 데도 자금을 제공하였다. 또한 일본 공산주의 활동에도 관여하였다. 당시 임정의 군무차장을 역임한 이춘숙이 상해로부터 일본으로 돌아와서 일본의 무정부주

---

52) 1923년 1월 3일부터 6월 7일까지 상해에서 개최된 국민대표대회에서 대한민국임시정부의 존폐문제를 둘러싸고 주로 러시아령 만주 대표단은 이 정부의 폐지와 이 새 정부의 조직을 주장했고 중국 관내와 미주 및 국내 대표단은 대체로 이 정부의 개조에 의한 유지를 주장하여 마침내 결렬되고 말았는데 통상 전자를 창조파라 하고 후자를 개조파라고 한다. 이 대회는 모스크바의 자금으로 소집되었던 것이며, 모스크바 당국의 진정한 의도는 민족·공산의 통일전선을 실현하려는 것이었다. 이것은 상해 임시정부의 주도권을 공산주의 수중으로 넣으려 했던 것이다.

의자인 오자브로(大三榮)와 접촉을 하였으나 실패하였다. 그러나 이에
그치지 않고 곤도시데쿠라(近藤榮藏)을 선택하여 1921년 4월에 상해
에서 그를 포섭하고 자금 6,500엔의 비자금을 전달하였다. 그러나 그
는 일본 입국 시 세관에서 경찰에 발각되었다. 그는 돈의 목적을 개인
의 사비로 운용한다는 각서를 쓰고 석방되어 1921년 8월에 동경에있
는 비밀결사단이었던 효민공산당(曉民共産黨)을 후원하였다.[53]

이러한 와중에 양파 간의 당권 경쟁은 결국 무력으로 충돌하는 자
유시 사건이 발생하게 되었다.

자유시 사건의 발단은 1920년 말경 일본군이 간도지방의 한인 군사
단체에 대해서 파상적 공격을 하게 되자 상해파의 한인 독립군 부대들
은 불가피 노령의 시베리아로 퇴각하면서 부대를 재편성하게 되면서
시작되었다. 상해파는 1921년 4월 12일에 대한독립군단이 창설되어 그
본부를 치타에 두었다. 일크츠크파 역시 1921년 6월에 코민테른 동양비
서부의 지원을 받고 있는 오하묵, 최고려, 김하석을 중심으로 고려혁명
군정의회를 조직하고 시베리아의 모든 한인 부대들을 이 의회의 조직
하에 통합하려고 하였다. 당연히 대한독립군단 측에서는 "일크츠크파
는 한국독립군의 지배권을 장악하여 볼셰비키군과 통합하려는 음모를
꾸민다."고 비난하였으며 일크츠크파 역시 민족주의에만 집착하는 반
혁명집단이라고 비난하였다. 6월 28일에 일크츠크파와 볼셰비키동맹군
은 대한독립군단을 포위하고 무장해제를 요구하여 전투가 발생하여 수
백 명의 사상자가 발생하였고 수천 명의 대한독립군단 병사들이 체포
되어 일크츠크로 압송되어 감금되고 볼셰비키군에 편입되었다.[54]

---

53) R. A. Scalapino & Chong-Sik Lee, op. cit., p.44-45,
　　曉民共産黨은 早稻田대학의 급진적인 학생들의 모임이다.
54) 중앙일보, "사할린에서 타슈겐트까지", 1989년 8월 15일자,
　　자유시 사변은 1921년 6월 28일 한국독립군이 적군에게 공격당한 독립

이 사건은 볼셰비키 당국을 당혹하게 만들었으며 코민테른에서는 양파 동수로 임시 당중앙위원회를 만들라고 권고하였으나 결과적으로 상해파에게 치명적인 피해를 주었다.[55] 이것으로서 상해파는 볼셰비키를 이용하여 한국의 독립을 쟁취하려 했던 계획은 수포로 돌아갔다. 즉 상해파는 표면상으로는 공산주의였으나 궁극적 목표는 민족주의를

군 사상 최대의 희생을 당한 참변이었다. 당시 소보보트니시 주변에는 독립군 등 5,000명의 병력이 집결하였다.

각지에서 모인 독립군 중에서 일크츠크에서 온 오하묵의 자유대대와 박이라아의 니항군대가 심하게 주도권 싸움을 벌였는데 이는 사실상 일크츠크파 대 상해공산당의 대립이기도 하였다. 세력 간의 갈등은 심해지고 일본의 항의가 있자 볼셰비키군은 일크츠크파의 편을 들어 박이리아부대를 무장 해제시키려 하였다. 이에 박이리아의 사할린 부대가 거부하자 무참히 공격을 가하여 자유시 사변이 발생되었다. 이 전투에서 스보보트니의 현지 守備隊 赤軍 29연대가 동원되었는데 일크츠크파의 오하묵, 최고려의 자유대대도 참여하여 사할린 의용대를 공격하였다. 화력에서 열세일 수밖에 없었던 박이리아의 부대는 현장에서 72명이 사망하고 37명이 도망하다가 쩨야 강에서 익사하였으며 기병의 추격을 받아 산중에서 사망한 사람들이 200여 명에 달했다. 전투 후 행방불명된 자가 250여 명이 되었으며 917명이 포로로 잡혀 부대가 전멸되는 비운을 맞았다. 홍범도 부대 등은 제3자의 입장에서 큰 피해를 보지 않았으나 이들은 중부 시베리아의 일크츠크로 이동하여 赤軍의 길을 걷게 된다. 이를 계기로 일크츠크파가 득세하고 赤軍을 이용하여 항일독립을 이루려던 상해파의 몰락을 가져왔다.

55) *Ibid.*, 코민테른의 결정서에는 이 사건에 대해 통렬하게 비판하였다. 조선혁명군정의회의 의용군 측(상해파의 박이리아. 그래고리노프 부대)은 사령관 까란다리 시빌리와의 약정을 이행하지 않은 과실을 범했으며, 일크츠크파는 당쟁을 軍隊內에 끌어들였을 뿐만 아니라 박애 등 多數人을 투옥하여 충돌이 격심해진 때에 前國民議會의 任員 등을 高麗軍政議會에 참가시켜 대립, 알력을 더욱 격화시켰고 더구나 12시간 동안 대포와 소총을 난사하여 무장 해제하였다고 비난하였다. 결정서는 끝으로 박애와 자유시 참변으로 투옥된 80여 명을 석방할 것을 요구하고 조선 내의 제 단체 대표들로 소집되는 대의회가 소집될 때까지 양파는 당을 대표할 同數로 구성된 臨時中央幹部會를 소집해야 한다고 마무리 지었다.

지향하는 단체였기 때문이다.

양파는 1922년 1월 22일에 소련의 모스크바에서 개최하는 극동피압박인민대회가 열리는 장소에서도 갈등은 빚었다. 이때 참석한 각국의 대표 중에는 한인이 48명으로 가장 많이 참석했다. 이 중 37명이 공산당원이고 5명이 공산청년동맹이었다. 이때 중심인물은 김시현, 장건상, 여운형, 김규식 나용균, 김원경, 김단야. 박헌영, 박진순, 이동휘 등이었다.[56]

이 대회의 주요 주제는 민족주의와 공산주의 상호작용에 관한 것이었다. 그러나 민족주의는 과도적일 뿐 기본적인 목표가 될 수 없다는 것을 밝혔다. 즉, 공산주의와 민족주의 세력의 동맹이라는 것이 레닌주의 정책이었다.

당시 이동휘는 발언권을 얻어 슈미아츠키는 일크츠크파를 지지하고 자유시 사건의 배후 조종자로 지목하면서 이 대회에서 그를 성토하고 아직까지 일크츠크에 감금되어 있는 동지들을 석방하라고 요구하였으나 슈미아츠키는 코민테른 내의 러시아인 세력과 일크츠크 양자로부터 강력한 지지를 받고 있었기 때문에 뜻을 이루지 못했다. 또한 레닌이 약속했던 200만 루블의 잔여금 140만 루블은 소련인들이 한인들의 행동에 실망했기 때문에 지급할 의사가 없다고 말했다.[57]

또한 1922년 4월 22일 코민테른은 6개항에 달하는 통합지령을 내렸다.[58] 이러한 지령은 상해파에 상당히 불리한 조건이었다. 그러나 당시

---

56) R. A. Scalapino & Chong-Sik Lee, op. cit., p.55.
57) Ibid., pp.56-57.
58) 1. 일크츠크 당 대회 및 중앙간부로부터 退黨명령을 받은 모든 자는 복구한다.
　　2. 박진순, 朴愛. 崔高麗, 金圭極 등은 고려공산당이 연합할 때까지 당무에 복귀할 수 없다.
　　3. 3개월의 기한 내에 양당은 연합한다.
　　4. 원조 자금은 일체 중단하고 이미 수령한 자금은 제3국제공산당에 반납한다.

赤軍이 시베리아 전역을 장악하게 되면서 러시아化한 한인들의 입지가 강화되었기 때문에 하는 수 없이 받아들였다. 또 다른 화해를 위해 코민테른에서는 1922년 10월 20일 베르크노이딘스크(Verkhneudinsk)에서 각파 12명씩을 선발하여 파견해 줄 것을 요청하였다. 이때 주요한 한국의 공산주의자들은 대부분 참석하였는데 일크츠크파에서는 문창범, 한명세, 김만겸이 참석하였다. 이동휘의 상해파에서는 이동휘를 비롯하여 윤자영 등이 참석했으나 이 대회 역시 실패로 끝나고 말았다. 그러나 코민테른에서는 실패의 이유를 묻고자 각파에서 대표자들을 모스크바로 호출하였다. 상해파에서 이동휘, 윤자영, 일크츠크파에서 한명세, 김만겸, 중도파에서 정재달과, 정태신 등이 참석하여 부하린(Bukharin)에게 각기 자기파가 정통파임을 주장하였지만 이에 부하린은 주의·주장을 버리고 오직 일본 제국주의자와 싸우라는 독려를 하였다.[59]

1922년 9월에는 코민테른의 지시에 따라 고려중앙정부위원회를 조직하고 양파가 통합하여 위원장에 최코레스와 고문에 이동휘, 문창범이 선임이 되었으며 정무위원회에 오하범, 박일꾸야, 이청문, 박 꾸레꼴과 군사위원회에는 오하현, 홍범도, 안무, 허근 등이 선임되어 활동하였다.

그러나 이와 같은 통합도 끝내 이동휘와 한명서 간의 의견충돌과 세력다툼으로 일관하게 되자 코민테른으로부터 해체 지시를 받아 양파는 강제통합을 하게 되었다.

1923년 말 극동총국 내에 상해파의 이동휘, 윤자영 등과 일크츠크파의 한명세, 김만겸, 장건상 등이 보이친스키를 위원장으로 추대하고

---

5. 당중앙은 치타에 둔다.
6. 당중앙은 정강을 정하여 제3국제공산당 집행부에 제출한다.
59) 曺奉岩, 「내가 걸어온 길」, (서울: 희망, 1957), pp.25-30.

블라디보스토크에 본부를 둔 꼬류브로(Korburo 고려국)가 새로이 발족하게 된다.[60]

이때 본부는 블라디보스토크로 하고 위원장에는 보이친스키(Voitin-sky)가 되었으며, 위원으로 상해파의 이동휘, 윤자영, 일크츠크파 한명서, 김만겸, 장건상, 국내파 정재달, 일본인 편산잠, 소련인 위진스키로 조직하였다.

그러나 이와 같이 개편된 고려국 내에서도 역시 이동휘와 한명서 간의 치열한 알력다툼으로 갈등을 수습하기 어렵게 되자[61] 1922년 4월 4일 코민테른에서는 조직국(Orgbureau)으로 재개편하고 운동의 방향을 한국내 공산주의 운동으로 전환하게 되었다. 이 조직국에서는 위원장에 국제당본부인인 인데르슨(Inderson),[62] 중앙위원 이동휘, 정재달, 남만춘, 이성복(載馥) 등이고 그 예하에 이봉수, 김철훈, 박응칠, 김약수, 윤해, 김찬, 윤자영, 김단야, 임원근, 조봉암, 김재봉, 신용기, 원우관, 박헌영, 이승엽 등으로 조직되었다.

---

60) Chung-Sik Lee, op. cit., pp.94-95.
61) 고려국내에서 국내 사정을 잘 아는 정재달을 顧問으로 위촉하여 1923년 6월에 그를 국내에 잠입시킨다. 국내 잠입하여 김약수, 이봉수, 이영, 신백우 등과 접촉하였으나 국내인사들은 정재달을 일크츠크파의 앞잡이, 스파이라고 상해파 계열이 악선전을 했기 때문에 국내조직은 실패하고 말았다. 한편 국내에서는 김약수의 북풍회, 이영, 김사국의 서울청년회, 김찬, 조봉암의 신사상 연구회(화요회) 등이 상호 불신관계에 있으면서 해외파를 신뢰하지 않았다. 정재달은 이 사실을 일크츠크파의 한명세에게 보고함으로써 이동휘와의 갈등은 더욱 심화되었다.
62) 金俊燁·金昌順, 전게서, p.402.
고려국은 한국문제 코민테른 기관이다. 고려국은 코민테른의 극동총국의 소속이며 극동총국은 1921년 코민테른의 민족부내에 설치된 것이다. 극동총국은 일본, 중국, 한국문제를 전문적으로 관할하는 기관이었다. 위치는 모스크바이며 직원은 책임위원 보이친스키이며 그는 1923년 제1대로 블라디보스토크에 파견되었으며 2대는 파인베르 제3대는 인데르슨이었다.

4. 조선공산당의 주도권 분쟁

블라디보스토크에 본부를 두고 있는 고려 조직국에서는 국내 꼬르뷰로 사건 이후에도 계속해서 국내조직을 위해 공산주의자들을 침투시켰다. 그러나 이들 잠입자들은 통일된 조직이 아닌 각각 자파 중심의 조직 확장을 목적으로 행동하고 있었다.

해외에서 활동중인 조선 공산주의자들의 행동에 실망한 코민테른의 지도자들은 1922년경 한국의 국내운동으로 관심을 돌리게 되었을 때, 국내에서는 이미 사회주의에 대해서 관심이 증대되고 있었다. 당시의 국내사정은 일본의 무단통치에 대한 한국민들의 전국적인 시위가 있은 후 일본의 조선식민지 정책이 약간의 변화를 가져왔고, 그로 인하여 국내에는 언론, 출판, 집회, 결사 등 약간의 자유를 허용하는 문화정책을 실시하였기 때문이다. 1919년을 기점으로 국내정세는 상당히 달라졌다.[63]

특히 청년층은 3.1운동 이후 기대하였던 독립운동 지도자들에 대해서 그들의 기대치에 미치지 못하게 되자 젊은 세대들의 지식 욕구는 일본을 통해서 유입되는 새로운 사조에 대해서 매력을 느끼게 되었다. 따라서 청년들 사이에는 진보적 지식의 대명사처럼 되어 있는 급진적인 운동에 참여하는 것이 유행이 되었다.

이때 사회주의 사상을 연구하고 선전하는 수많은 서클이 조직되었다. 이러한 상황에서 민족진영 내부의 좌익운동이 갖는 전반적인 역량

---

63) 金圭煥, 「일제의 대한언론 선전정책」(서울: 二友出版社, 1978), pp.186-197. 1925년 3월 '국체를 변혁시키거나 사유재산제도를 부정하는 목적을 가진 단체와 관련된 활동을 모두 불법화시키는 治安維持法이 공표되기까지는 많은 자유가 허용되었다.

은 1921년에서 1925년 사이에 괄목할 만하게 증대 되었다. 1921년의 마르크스주의 지향 지식인은 20명 정도에 불과하였으나 1924년이 되면서 좌익운동이 민족진영내부에서 주류를 이루게 되었다.

자유주의적, 민족주의적, 진보적 단체들은 볼셰비키혁명 사상에 접근하기 시작하였다. 이들은 언론출판단체, 노동 · 농민 · 사회운동단체 그리고 지식인들의 연구 모임 등의 세 개의 부류로 나누어 진행되었다.

첫째, 언론과 관련하여 동아일보, 조선일보와 신생활, 신천지, 개벽 등의 잡지 등이 발간되었으며, 이동휘파의 자금이 동아일보 주간인 장덕수에게 전달된 것은 우연이 아니었다.[64]

둘째, 노동단체는 1920년 차금봉에 의해 창립된 조선노동공제회였다. 초기 이 단체는 순수하게 노동의 문제를 신의 뜻에 따라 해결한다는 입장이었으나 점차 좌경화되기 시작하였다.[65] 그러나 이 단체 역시 분열이 일어나게 되는데 장덕수계, 윤덕병계, 차금봉계 등으로 대립되던 중 1920년 10월 15일에 임시총회를 개최하고 해체를 결의하여 윤덕병, 신백우를 중심으로 조선노동연맹회를 결성하였으며 차금봉계는 계속 조선노동공제회를 유지하였다.[66]

1923년 9월부터 다양한 노동조합들이 통합하면서 1924년 4월에 장덕수가 이끄는 조선청년총동맹은 장덕수가 모스크바 자금을 사복하였다는 이유로 김사국, 김한, 박일병 등이 이끄는 서울청년회로 분리되었다.[67]

---

64) 李敬南, "風雲의 雪山 張德秀", 「新東亞」, 1981년 9월호. 당시의 조선청년 연합회 회원 집행위원장이었던 吳祥根, 朝鮮留學生學友會 간부였던 崔八鏞 등에게 당시 8만 엔이 전달되었다.

65) 역사문제연구소 민족해방운동연구반, 「민족해방운동사」(서울: 역사비평사, 1990), pp.329-371.

66) 尹德炳系는 후에 화요회와 북성회의 세력기반이 되었고 차금봉 세력은 서울청년회의 영향을 받게 된다.

한국 내에 공산당을 창당하려던 최초의 계획은 일본 유학생이었던 김찬[68]이 시도하였으나 실패한 바 있다. 따라서 국내조직이 형성되기 시작한 것은 본격적으로는 블라디보스토크에 꼬르류로가 설치되던 1923년이라고 할 수 있다. 그 조직의 일원이었던 정재달이 상해와 일본을 거쳐 국내에 6월 말에 잠입하여 노동운동과 청년운동의 지도자들과 만나 공산당 조직의 가능성을 타진하였다. 이때 노동과 청년 조직을 통합하려는 움직임은 결국 실패하고 서울청년회는 불참하였다. 그러나 김재봉, 원우관, 신백우, 김약수 등의 조선노농총동맹 회원들이 중심이 되어 꼬르뷰로국 내부가 서울에서 조직되었다.[69] 동년 7월 신용기는 블라디보스토크의 오르그뷰로(조직국)에 국내부와 청년뷰의 조직을 보고하기 위해 떠났다.

셋째, 청년 지식인들의 전위단체인 신사상연구회가 1923년 7월 4일 조직되었다. 이들은 마르크스의 생일인 11월 19일을 기해 화요회로 명명하였다. 여기에는 급진주의자인 김재봉, 김찬, 조봉암, 김단야, 박헌영, 임원근, 홍증식 등이 가담하였다. 재일본 동경지역의 동경 유학생 집단은 1923년 1월 사회주의를 신봉하는 김약수를 중심으로 북성회를 조직하였다.[70]

---

67) 이들은 서울파의 전신이 되었으며 박일병은 후에 화요회파의 핵심인물이 되었다.

68) 김찬의 아버지는 친일파 단체인 一進會의 책임자였으며, 1912년 의학 강습소에 입학하였다가 동경으로 가서 明治大學 전문부에 입학하였다. 그러나 1년 뒤에 만주의 간도로 갔다가 1915년에 다시 동경으로 돌아왔다. 동경에서 明治大學에 다니며 공산주의 문헌을 탐독하는 한편 잡역부로 일도 하였다. 1년 뒤에는 다시 中央大學校를 다녔으며, 1918년 8월에는 블라디보스토크를 여행했고 1921년 9월에는 일크츠크를 여행하기도 하였다.

69) 이외에도 具然欽, 洪增植, 洪命熹, 朴一秉, 洪惠裕, 李載誠, 尹德炳, 李載馥 등이 조직에 참여하였다.

70) R. A. Scalapino & Chong-Sik Lee, op. cit., pp.60-62.

이와 같이 재일 조선인 학생들이 급진사조에 접하게 된 배경은 당시 일본의 지성이 마르크스주의에 크게 고조되었기 때문이다. 특히 동경대학의 사회주의자인 유시노사꾸노(吉野作造), 아베이소오(安部磯雄)과 공산주의자인 사노마나부(佐野學), 무정부주의자인 이소사사쿠타로(岩佐作太郎), 오오스기시게루(大杉榮) 교수 등이 많은 영향을 주었다.71)

그러나 1923~1924년에 접어들면서 무정부주의 열풍은 점차 가시고 공산주의 운동이 고조되기 시작하였다.

국내에서의 초기 단계는 많은 계열의 노동단체, 독서회, 신문사를 중심으로 하여 130여 명의 당원들이 확보되었다.72) 모임의 장소는 주로 박헌영의 집이나 홍증식의 집에서 꼬르뷰로의 지령을 토의하는 세포회식으로 진행되었으며 신흥청년이라는 잡지도 발간하였다. 그러나 국내조직이 순조롭게 이루어지지 않은 것은 내부의 알력과 일제 관헌들의 방해공작과 상해파와 일크츠크파의 갈등 때문이었으며 이에 서울파 집단까지 가세하여 상황은 더욱 복잡하였다.

1924년 봄에 블라디보스토크에서 오르그뷰로가 조직되고 그 조직의 지령을 받고 국내로 잠입한 이재복과 정재달, 국내의 김찬과 조선공산

이 조직은 후에 국내에서 北風會로 발전하였다. 김약수는 조선의용군의 주역인 金元鳳(若山)과는 친척이며 그는 일본사관학교를 자퇴하고 중국으로 건너가 북경 사관학교에 입학 후 자금이 허락하지 않아 다시 李如星과 함께 일본으로 건너가 「大衆時代」 등을 발간하면서 학생들의 급진운동에 깊이 관여하였다.

71) 이 기간에는 러시아에서보다 일본에서 한인 공산주의자들이 더 많이 양성되었다. 1920년 1월에는 300여 명의 조선유학생들이 김찬, 김약수, 朴列, 宋德萬이 중심이 되어 東京朝鮮苦學生同友會의 발족과, 1921년 11월에는 김약수를 중심으로 20여 명의 학생들이 黑濤會를 조직하였다.

72) 이기하, 「한국공산주의 운동사 2권」(서울: 동일문화사, 1969), pp.79-84.

당 창당을 위해 협의하던 중 일제경찰에 발각 체포되어 3년의 선고를 받았다.

그럼에도 제1차 조선공산당이 발족하는 데는 오랜 시간이 걸리지 않았다.

오르그뷰로는 일크츠크파와 상해파의 지원을 받고 있었다. 해외에서와는 다른 양상으로 국내에서 당 조직을 하는 데 상호 협조적이었다. 즉 상해파는 조선청년동맹과 조선노동당을 점하고 일크츠크파는 화요회의 주도권을 잡고 있었다. 한편 서울파는 다른 노선을 고집하고 있었다. 마침내 조선공산당 제1차 당 대회는 화요회가 중심이 되어 1925년 4월 17일 명동의 중국음식점 아서원에서 정식으로 발족하였다.[73] 이 때문에 제1차 조선공산당 조직을 '화요회공산당'이라고 지칭하기도 한다. 제1차 공산당은 구조적으로 강력한 조직이 될 수 없는 결함을 가지고 있었다. 즉 각 파벌 간의 세력균형을 유지해야 하기 때문에 결속력 있는 당 조직을 구축하는 데 한계를 갖게 되었다. 전형위원이 된 김재봉, 조봉암, 김찬 등은 중앙집행위원 7인과 중앙검사위원 3인을 선정하며 각파별로 안배 하였다. 중앙집행위원에는 화요회원 3명 (김재봉, 조동호, 김찬)과 북풍회원 2명(김약수,[74] 정운해) 기타 2명

---

[73] 金俊燁·金昌順, 전게서, pp.285-286.
　　이미 4월 중으로 예정된 朝鮮記者大會를 이용하여 전국의 열성자들을 모집하였으며 4월 17일 13:00경 日警의 관심을 외부로 집중시키고 김약수, 김재봉, 조봉암, 김찬, 兪鎭熙, 金尙珠, 朱鐘建, 宋德滿, 趙東祜, 獨孤佺, 陳秉基, 鄭雲海, 崔元澤, 尹德炳, 洪德裕 등 15명이 정식으로 발족하였다.

[74] 김약수, "길림과 남경에서", 「삼천리」, 1932년 1월호 pp.32-34.
　　김약수는 1894년 서울에서 태어나 1915년 일본을 건너가 일본육군사관학교에 입학하려고 동경에 갔으나 입학을 거절당하자 북경에 있는 군관학교에 입학하려고 북경으로 갔다. 그러나 가는 도중에 여행 경비와 학자금을 모두 절도당하여 安東에 유숙하고 있을 때 그곳에서 한국의 독립운동에 동원될 무장농민 마을을 조직하려 하였으나 실패하고 1919년

(유진희, 주종건)을 각각 선출하였다. 3인의 중앙검사위원으로는 화요회 2명(윤덕병, 조봉암)과 북풍회원 1명(송봉우)을 각기 선출하였다. 중앙집행위원회는 첫 모임을 18일 저녁 김찬의 자택에서 개최하고 각 부서를 결정하고 인선에 착수하였다. 비서부 책임비서에 김재봉, 조직부에 조동호, 선전부에 김찬, 인사부에 김약수, 노동부에 정운해, 정치경제부에 유진희, 조사부에 주종건을 각각 선임하였다.[75]

또한 종전의 청년뷰로를 고려공산청년회로 개칭하여 정식으로 발족하였다.[76] 그리고 당일 저녁에는 조봉암, 박헌영, 김단야 등을 전형위원으로 하여 조직책을 인선하였는데 책임비서 박헌영, 조직부 권오설, 선전부 신철수, 교육 훈련부에 김단야, 조사부 홍증식, 연락부 조봉암 등을 각각 선임하였다.

조선공산당과 고려공산청년회는 여러 차례의 모임을 가지고 코민테른의 승인을 얻기 위해 조동호를 대표로 하고 조봉암을 부대표 및 공청 대표로 하여 모스크바로 파견하였다. 그 결과 1926년 5월에 코민테른으로부터 정식 승인이 이루어졌다. 그리고 고려공산청년회는 국제공

3.1운동의 국내 소식을 접하고 국내로 돌아왔다. 그는 다시 일본으로 건너가 '동경조선 고학생 동우회'라는 조직에 참가했다. 이 조직은 1920년 1월에 창설되었으며 창립총회에는 약 300여 명이 참석했다. 그곳에서 많은 한국인들과 마찬가지로 일본인 무정부주의자들과 관계를 가졌으며 그들의 영향을 받아 1921년 11월에 무정부주의적 공산주의 조직인 黑濤會를 조직했다. 그는 한 달 후에 無政府主義者들과 결별하고 1923년 1월에 약 60여 명의 동료들과 함께 마르크스주의 그룹인 北星會를 조직했다. 그의 동료들 대부분은 동경에서 대학 및 학교를 매개로 활동하는 한국인 古學生들이었다.

75) 이기하, 「韓國政黨發達史」(서울: 議會政治社, 1960), pp.112-115.
76) 「金燦豫審終結決定」, p.18-19.
    4월 18일 박헌영의 자택에서 개최되었으며 김찬, 박헌영, 權五高, 洪增植, 林元根, 金尚珠, 申哲洙, 張順明, 진병기, 曺利煥, 박길양, 김단야, 조봉암, 鄭敬昌, 金東明 등이 참석하였으며 공산당과 청년회 양쪽에 선정된 자도 있다.

산청년동맹과 제휴하여 한국의 청년 20명을 모스크바 공산대학에 유학할 수 있는 기회를 부여받고 1925년 10월 10일 제5차 중앙집행위원회를 열고 일단의 유학생을 선발하여 11월 중순 모스크바로 파견하였다. 이렇게 조선공산당은 당세를 확장하여 기관지를 발간하고, 만주총국 설치를 결정하는 등 활발하게 전개하였지만 11월 22일 신의주 사건으로[77] 100여 명이 체포되고 83명이 유죄판결을 받고 조직이 와해됨으로써 제1차 조선공산당은 해체되었다.

제1차 조선공산당 사건 이후 투옥되고 남은 당원들이 모여 조직한 것이 제2차 조선공산당이다. 이들은 1925년 12월 화요회 계열 중심으로 강달영, 이준태, 김찬, 김철수, 이봉수, 홍남표, 권오설, 박민영, 구연흠, 등이 중심이 되었고 책임비서에 강달영이 되었으며 같은 날 청년 전위대인 고려공산청년회를 조직하고 권오직이 책임비서가 되었으며 김경재, 이지역, 이병립, 김지숭, 박민영, 염창열, 김동명 등이 활동하였다. 제2차 조선공산당 조직은 국내는 물론 해외까지 조직을 확대하였는데 종래의 만주국을 만주총국으로 승격시키는 한편 상해부와 연해주 및 일본까지도 조직을 확대하여 나갔다. 따라서 만주총국에서는 조봉암, 김철수, 김철훈, 송봉우, 김하구, 윤자영, 박응칠 등이 활동

---

77) 金俊燁·金昌順, 전게서, Vol.2, pp.362-379.
　　11월 22일 朝鮮共產黨 新滿青年會의 회원 결혼식의 피로연에서 만취한 공산당원과 日警과 함께 온 한국인 변호사와 싸움이 발생되어 이에 격분한 한국인 변호사가 이들 중 獨孤佺과 金景瑞를 폭행혐의로 고발함에 따라 이들을 수색한 결과 많은 량의 공산주의 서적과 고려공산청년회의 중앙집행위원회 보고서와 모스크바로 보낸 학생의 명단 등이 발견되었고 이러한 문서들은 박헌영이 상해로 보내기 위해 맡긴 것이 판명되었다. 박헌영이 서울에서 검거되었을 때도 많은 양의 문서들이 발견되었으며 검거된 자들을 집중적으로 심문함으로써 조선공산당에 관한 모든 세부사항들이 드러나게 되었다.

했고, 상해부에는 김단야, 조동우, 최원택, 남만춘 등이 연해주에는 김
찬, 김낙수, 심해, 이병옥 등이 일본부에는 박문병, 한국진, 권기백 등
이 활동했으나 6.10 만세사건을 계기로 붕괴되었다.[78]

2차 조선공산당이 붕괴되자 일본 早稻田大學 정치학과를 졸업하고
인쇄업을 경영하던 박낙종이 그의 인쇄소를 중심으로, 조도전대학 졸
업생 김세연 등 재일 유학생들을 중심으로 1925년 1월 3일 이여생의
집에서 동지 20여 명과 구 북성회 후신으로 조직을 정비하고 있던 재 동
경 일월회파와, 국내의 서울청년회 신파, 북풍회계의 ML파(Marx Lenin
주의파) 및 상해파와 합세하여 제3차 조선공산당을 조직하였다.[79] 이
때 책임비서는 김준연이었으며, 1927년 11월부터 부서를 개편하여 김
세연이 책임비서가 되어 당을 주도해 갔다. ML당의 주요 인물들은
김준연, 김세연을 비롯하여 김성현, 최익한, 박낙종, 강병선, 정익현,
김병일, 김화곤, 김니콜라이, 강동주, 온낙중, 하필원, 임형일, 송언필,
백남표, 이낙수, 강대홍, 이낙영, 강수성 등이다. 제3차 조선공산당은
日本 지부확장에 치중하여 종래의 일본 지부를 일본 총국으로 승격

---

78) 上揭書, pp.458-472.
   조선왕조의 마지막 황제인 隆熙황제의 國葬인 因山日을 기해 공산주의
   자들이 또다시 독립운동을 계획한 사건이다. 공교롭게도 당시 대구에서
   발생한 중국인 僞幣 사건을 日警이 전국적으로 조사하며 수배하던 중
   서울 종로의 한 인쇄소를 검문 중에 6.10만세 사건에 사용할 檄文들이
   발각되고 연루자들을 체포·구금함으로써 제2차 조선공산당은 붕괴되었다.
79) 上揭書, pp.247-252.
   제3차 조선공산당은 ML당이라고도 하는데 ML계열은 주로 學問的 理論
   에 초점을 둔 이론파들로서 종래의 행동파인 1, 2차 조선공산당과는 달리
   이론투쟁에 역점을 두고 있다. ML당의 당수 金俊淵은 동경제국대학 법학
   과를 졸업하고 독일 베를린 대학의 법학을 유학하고 在蘇 조선일보 특파
   원으로 활동하였다. 그는 해방 후 한민당원으로 국회의원과 법무부장관을
   역임하였다.

확대시켜 총국책에 박낙종과 조직책 최익한, 선전책 한림 등이 활동하였으며 배후에는 안광천이 주 역할을 하며 일본 내의 조직을 크게 확대시켰다.

또한 고려공산청년회를 조직하여 하필원이 책임비서가 되어 당의 조직과 함께 국내 각 도별 지부는 물론 각 해외 지부까지도 그 활동은 확대하였다.

그러나 ML당 역시 김철수가 국제당으로부터 자금을 유입하고 조직을 재정비한다는 정보를 일경에서 입수하고 수사한 결과 박응칠이 체포됨으로써 김준연, 김세연, 하필원, 온낙중, 이운혁, 최창익, 최익한 등 36명이 체포되었다. 일본총국에서도 대부분 조도전(早稻田) 대학생들인 송창렴 외 39명이 명치절 행사직전 적색 문서를 살포하다가 체포되었다.

이로서 국내조직은 물론 일본조직까지도 발각되어 체포됨으로써 제3차 조선공산당은 붕괴되었다. 〈표 2-3 참조〉

결국 ML파가 중심이 된 제3차 조선공산당은 이론투쟁에만 급급하고 계급투쟁을 소홀하게 함으로써 국제당으로부터 불신을 당하는 한편, 당내 각파 간의 파쟁까지 겹쳐 결국 붕괴되고 말았다.

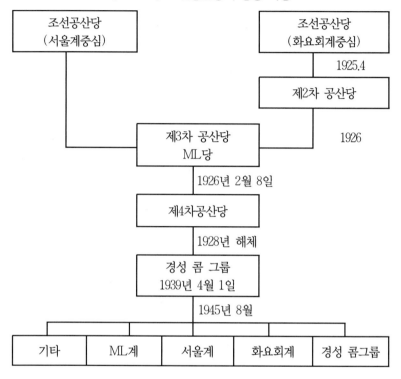

〈표 2-3〉 조선공산당의 창당 과정

3차대회까지 ML파의 독주에 불만을 품고 있던 서울청년회 내에서는 구파 중심으로 당 재건이 시도되었다. 이 재건운동은 은신 중이던 안광천이 한위건과 함께 서울청년회를 흡수 통합하는 데서 이루어졌다. 이에 서울 구파에 속한 인물들이 시베리아 블라디보스토크에 있는 이동휘 계열의 상해파 이영, 권태석 등 4명이 회합하여 1927년 12월 21일 서울 무교동 중국 음식점 춘경원에서 제4차 조선공산당을 발족하였다.

참석자로는 경기도 대표 이병의, 전남대표 서태철, 함남대표 장기욱, 함북대표 이운림, 강원대표 함연호, 평남대표 염영화, 그리고 충남대표와 경남대표 각 1명씩 모여 〈표 2-3〉과 같이 제4차 공산당을 조직하였다.

제4차 조선공산당은 종래의 비서부를 정치부로 개칭하고 12월 25일 구성된 간부진은 중앙집행위원장에 이영과 동위원에 이증림, 박형병, 서태석, 이병의, 홍도, 이운림(重赫), 홍진의, 한상희 등을 편성하였다. 부서에는 정치부위원으로 이영, 홍도, 박형병과 조직부 위원에 이동영, 이증림, 이운혁, 그리고 선전부위원에 한상희, 이병의, 서태석 등으로 구성되었다. 또한 동당의 고려공산청년회에는 중앙집행위원장 박형병과 동위원에 서재국, 이방, 홍보용, 김경태, 김재명 등이 있었다. 그리고 부서에는 정치부 책임비서 김재명, 위원에 박형병, 이방, 조직부장 김광수, 부원 홍보용, 김경태 그리고 선전부장 김광진과 부원 서재국 등으로 구성되었다.

제4차 조선공산당은 국내 각도 및 군 시지부당과 만주·상해 일본 등의 각 지부당조직은 물론 북경지부까지 조직하였다. 또한 서울의 학생과학연구회를 중심으로 각 중학교 학생의 후원회를 조직하여 고려공산청년회의 지시를 받아 동맹휴학과 시위를 지도하는 등 본격적인 적화운동을 전개하였다. 그러나 서울파와 상해파 간 대립 갈등이 심화되던 중 1928년 5월 신의주에서 동조직의 일체가 발각되어 전국 각지에서 중앙집행위원 22명이 체포됨으로써 제4차 조선공산당은 붕괴되고 말았다.[80]

이론파 중심으로 결속되었던 제4차 ML계는 극심한 내부투쟁으로 결국 서울파 중심의 집행부에 밀려 와해되었지만 ML계의 잔여당원 중심으로 ML계의 재건운동을 시작하였다. 그들은 1927년 평양에서 서울청년회파를 배제하고 화요회계 일부와 대부분 북풍회계열이 중심이 되어 ML파 평양 지부당부터 정비하기 시작하였다. 이들은 처음부터 전국 규모의 조직체계가 아닌 하향식 조직 방법 대신 상향식으로 조직

---

80) 金俊燁·金昌順, 전게서, Vol.5, pp.303-305.

하여 우선 지방당을 부활하기 시작하였던 것이다.

이 ML파 평양지부당 조직은 박원덕, 김구현, 서울 서대문 형무소에 수감 중인 김남수 등과 연결하여 1928년 3월 17일 평양시내 벽산석리 음식점에서 제5차 조선공산당 평양 지부당을 조직하였다.

이 지부당책은 박원덕, 조직부책 김구현, 선전부책 송국찬이 맡아 활동하였다. 제5차 조선공산당은 당시 서울에서 개최되는 조선박람회를 앞두고 모종의 운동을 시도하려다 평양에서 발각되어 1929년 8월 3일 조직부책 김구현을 비롯하여 노동연맹 간부 최제관, 평양지부당책 겸 청년동맹집행위원장인 박원덕 등 각종 사회단체 운동원들과 함께 제5차 조선공산당 평양 지부당 관계자들이 체포됨으로써 또다시 붕괴되었다.

평양 지부당이 붕괴되자 일본 동경에 있는 조선노동총동맹간부인 김태욱은 1929년 6월 상순 쯤에 서울에 잠입하여 경성제국대학 예과 2년생인 이정우와 전주사상단체 간부 최기동, 근우회(여성단체) 중앙집행위원 박경진 등을 비롯해 청년총동맹원들의 좌익 단체들과 협의하여 전국적인 ML당 후계당 조직에 착수하였다. 이 후계당 조직은 종래의 지식층 중심의 조직의 실패를 감안하여 이후로는 소부르주아적 지식층을 배제하고 노동자 농민들의 실천적 근로계급 중심으로 조직해 나갔다. 조직 활동은 국제당의 지시에 따라 종래와 같이 먼저 당의 중추기관부터 조직하는 것이 아니라 세포로부터 조직해 올라가는 상향식 방법을 구사하였던 것이다. 따라서 노농을 기층으로 하여 경기도, 함남, 충남, 경북, 전북 등의 6개도 20여 개 지부 조직을 완료하고 지주 및 자본가에 대하여 투쟁하였다. 그러나 1930년 7월 15일부터 시작된 일경의 검거 선풍으로 김태욱, 최기동, 이정우, 등 33명이 1차 검거되었으며 단천적색 농조원 60여 명 등의 계속되는 검거로 후계당의 조직은 이루지 못하였다. 이로서 국내당의 조직은 조직 내부의 파벌경쟁과 일제 경찰의 끈질긴 추적으로 모두 와해되고 말았다.[81]

결국 국내의 조선공산당이 붕괴된 직접적인 원인은 파벌 간 투쟁의 산물이었다. 당시 코민테른의 지시는 조선의 전투적 프롤레타리아의 가장 중요하고 긴급한 임무는 통일된 당의 실현이었다. 따라서 분파주의를 청산하고 모든 파벌의 즉각 해체와 아울러 당이 무조건 입당을 결정하였지만 소용이 없었다.[82]

그에 따라 코민테른 집행위원회 정치서기국은 1928년 12월 10일에 발표되는 '12월 테제'에서 조선에서 공산주의 운동은 실패한 공산주의 운동이었으며, 새로운 지도자, 새로운 정책, 새로운 조직원리하에 새로운 운동을 전개할 것을 요구하였다.[83] 코민테른에 의한 새로운 운동은 혁명적 민족 통일전선의 문제를 해결하기 위해서는 민족주의자와 공산주의 통일전선을 구축할 것을 권고하는 것이었다.

이와 같은 조치는 이미 1920년 초부터 레닌이 한형권을 통해 40만 루블을 지불할 때부터 강조되었다. 때문에 그 지원금은 민족주의자와 공산주의자의 연합체인 상해 임시정부에서 운용될 것을 기대하였고, 또한 조선의 혁명은 민족해방운동으로부터 시작해야 한다고 주장하였다. 이러한 권고는 우익을 혁명적으로 무장하여 좌익으로 전향시키려는 것이었다. 그러나 한국공산주의자들은 자체 내의 문제조차 해결할 수 없었으며 광범위한 연합전선을 형성한다는 것은 어려운 일이었다.

더구나 일제의 탄압으로 국내에서 활동을 하지 못하게 되자 대부분의 공산주의자들은 만주지방으로 탈출하고 나머지 국내 은신자들은

---

81) 상게서, pp.312-315.
82) R. A. Scalapino & Chong-Sik Lee, op. cit., pp.70-77.
83) Dea-Sook Suh, *Document of Korean Communism 1918~1945*, (New Jersey, Princeton University Press, 1967), pp.108-114.

당시 민족주의자들이 조직하고 있는 신간회와 근우회(여성단체)에 침투하여 은신하고 있었다.

이때 만주에서는 제1, 2차 조선공산당에서 조직하였던 조선공산당 만주총국당회가 조직되었고 일본에서도 일본 유학생파인 제3차 조선공산당에서 조직하였던 '조선공산당 일본총국당회'가 활동하고 있었다. 이 중에서도 국내 도피자들은 주로 만주로 많이 몰려서 만주 총국당회는 급격히 팽창하여 수천 명으로 확산되었다.

제3절 파벌간의 지역 및 노선상 특징

1. 지역적 특징

한인공산주의자들에게 있어서 일원화된 조직을 형성하지 못한 이유는 그들이 활동하는 지역이 일정 지역이 아니라 여러 지역으로 나뉘어 활동하였다는 점이다. 따라서 지역적으로 국내를 중심으로 하였던 국내파와 중국본토를 중심으로 하였던 연안파와 만주지역을 중심으로 하였던 빨치산파와 소련 지역을 중심으로 활동하였던 소련파와 기타 일본지역으로 각각 활동하였기 때문이다. 조선 총독부는 1932년 말 해외 거주 한국인의 수를 〈표 2-4〉과 같이 추정 하였다.[84]

---

84) Chong-Lee, Ki-Wan O, "The Russian Faction in North Korea." *Asian Survey*, (1968.4.) pp.270-288.

〈표 2-4〉 해외거주 한인 분포 현황(1932년 현재)

만주간지방	만주기타지역	시베리아	중국본토	하와이	미 국	멕시코
400,000명	250,000명	200,000명	3,500명	5,000명	100,000명	2,000명

〈표 2-4〉와 같이 만주지역이 가장 많은 한인들이 거주하고 있다. 공산주의 활동 역시 이 지역에서 가장 활발하게 진행되었는데 그 이유는 지리적으로 한국과 인접하여 있었기 때문이다.

그러나 러시아에서 활동하는 항일운동단체는 상황이 달랐다. 일본은 1925년에 소련 영토 내에서 어떠한 한인들도 항일운동을 하지 못하도록 하는 조약을 소련과 체결하였다.[85] 러시아정부는 일본과의 약속을 지켰을 뿐만 아니라 1937년에는 연해주 지방의 한국인들을 모두 우즈베키스탄과 카자흐스탄 등지로 이송했다. 따라서 일본에 저항하는 한인들의 도발 가능성에 대해 일본의 우려를 제거시켜 주었던 것이다.

한편 미국에 거주하는 한인들은 타지역에 비해서 일본의 위협이 덜했다. 일본에 대한 민족주의적 감정이 상당히 강했고 항일운동을 전개하는 조직도 있었지만 당시 일본이 미국과 상당히 우호적인 관계를 유지하고 있었기 때문에 한국인에게 위협을 가하지 못했다.

앞서 살펴본 바와 같이 만주에서 활동한 공산주의자들은 초기 시베

---

85) 金俊燁·金昌順, 전게서, Vol.1, pp.419-420.
  1925년 1월 21일 日·露 기본조약이 체결되면서 오르그뷰로는 해체되었고 이로서 두 나라의 치안을 해치는 행동금지에 고나한 상호규정이 발효되었다. 그리고 볼셰비키 沿海縣 집행위원회 내의 弱小民族部로 격하시키고 이 부에는 고려부, 중동부, 토인부를 설치하였다.
  부   장: 李永善
  지도자: 李義京, 朴英華, 朴基永, 朴泰鉉, 秦學鳳, 金致學, 朴君俊, 許愛培, 張在英, 李奎亨, 黃錫泰, 崔게오르기, 朴미하일, 金官學, 林虎 등이다.

리아에서 활동하였던 한인사회당과 일크츠크파에서 그 유래를 찾아볼
수 있다. 이들 대부분은 일제의 침략에 항거하여 이주한 사람들이었으
며, 항일운동의 근거지가 되었던 것이다. 이들이 초기에는 항일운동의
목적과 이상을 가지고 활동하였지만 볼셰비키와 전략적 관계를 유지
하면서 독립운동의 목적이 점차 공산주의 운동으로 변질되어 가기 시
작하였다. 이 때문에 시베리아 연해주 일대와 옴스크 및 일크츠크 등
한민족의 사회주의 운동의 중심지가 되었다. 이 과정에서 블라디보스
토크와 모스크바에 이르는 각 도시에는 사회주의당 또는 지역적인 공
산당의 한국지부들이 산발적으로 활동하게 되었다.

국내지역에서는 남쪽 지방보다 북쪽 지방에서 가장 활발하게 활동
하였는데 그중에서도 함경도 지방이 가장 왕성한 활동을 보였다. 그
원인은 함경도의 지리적 위치, 즉 지형지세의 양호함과 지도부의 유능
한 지도력이 결합되었기 때문이다. 함경북도는 소련 및 만주와 국경을
맞대고 있었고 함경남도는 만주와 국경을 맞대고 있다는 사실도 이
지역 주민들에게 큰 영향을 미쳤다. 이러한 지리적 조건 때문에 이 지
역 주민 중 많은 사람들이 소련과 만주로 이주했고 따라서 비공식적
인 통신망 및 교통망이 형성되어 있었다. 물론 소련 해안지방의 국경
선은 양국 모두에 의해서 엄격하게 봉쇄되어 있었다. 그러나 국경지방
주민들은 다른 지역의 보통 한인들보다 국경선 너머의 이념체제와 정
치체제에 대해서 훨씬 더 잘 알고 있었다.[86]

---

86) Robert A. Scalapiano, *The Japanese Communist Movement 1920~1966*,
   (Berkeley and Los Angeles, California press, 1967), pp.21-22.
   중국은 지리적으로 광범위하여 변방 산악지역에 있는 江西소비에트에
   힘을 집중함으로써 앞으로의 성장에 대비할 핵심세력을 再構築할 수 있
   었다. 한국 및 일본의 공산주의자들이 지니고 있던 문제점은 지리적으로
   협소하기 때문에 농민군을 조직하거나 長征을 전개할 안전한 은식처가

특히 북쪽 지방의 농민들에게 끈질긴 조직 활동의 씨를 뿌린 것은 1927년 만주의 조선공산당 지부의 간부로 잠시 근무했으며 모스크바 공산대학을 졸업한 현춘풍이란 사람이었다. 1928년 12월에서 1932년 8월까지 감옥에 있는 동안 자신이 앞으로 할 활동에 대해 면밀한 계획을 세우고 석방 후 곧 웅기, 나진, 청진, 경성, 성진 등지에서 동지를 규합하여 운동을 조직해 나갔다. 그는 도시지역에서는 실패하였지만 명천과 길주에서의 농민들에 대한 그의 노력은 상당한 성과를 거두었다.

중국지역에서 1919년 이래로 국내에서 조직적으로 독립운동을 하지 못하게 되자 중국본토의 북경, 상해, 남경 등지로 망명하게 되면서 공산주의 운동은 시작되었다고 할 수 있다. 당시 중국의 중소도시에 거주하고 있던 한인의 수는 그렇게 많지는 않았지만 1919년 임시정부가 수립된 이래 요인 암살활동 및 조직 활동을 하는 요원들이 일본과 한국에서 지속적으로 파견되었다. 이들 한인들 중에는 단순히 한국의 독립을 추구하는 자들과 무정부주의자와 공산주의자도 있었다. 그들 중 일부는 중국국민당과 밀접한 관계를 맺고 있었고 나머지는 중국공산당과도 연결되어 있었다.[87]

한편 만주의 간도지방은 한국인 민족주의자와 공산주의자에게 정치

없었다는 것이다. 또한 한국과 일본의 공산주의자들은 경찰의 탄압이라는 문제에 봉착하고 있었다. 그러므로 더 이상 발전할 수가 없었던 것이다. 일본의 공산당은 1922년에 결성되었다가 1923년 5월에 붕괴되었다. 이후 1926년 제2차 일본 공산당이 조직되었지만 1928년 3월에 약 1,200명이 검거됨으로써 마찬가지의 운명을 겪었다. 1928년에 재건된 당은 1929년 3월에서 6월 사이 붕괴되었다.

더구나 공산당 내의 파벌주의는 경찰의 첩자나 밀정에 대해서 취약하게 만들었고 대중 속에서 활동하는 데에 필요한 조직기반의 형성을 방해하였으며 마르크스·레닌주의적 규범을 완전히 위반하였던 것이다.

87) Chung-Sik Lee, *The Politics of Korean Nationalism*, (Bekeley, University of California Press, 1963), pp.150-164.

적 피난처의 역할을 해왔다. 1925년에 장작림 군벌정권이 '반항적인 한인들'을 탄압하기로 일본과 협정을[88] 맺었음에도 불구하고 또한 일본 영사관 경찰 및 군부대의 직접적인 탄압조치에도 불구하고 한인 민족주의자 그룹과 공산주의자 그룹은 이곳에서 계속 활동을 하였다.

이들 그룹들이 다른 지역 운동부분과 구별되는 특징은 이들이 모두 항일투쟁을 전개한 무장부대의 일부였다는 점이다. 또 하나의 특징은 이들이 중국군의 일부로서 중국 영토에서 활동했다는 점이다. 이들 사이에서는 조정이나 협력, 심지어는 접촉조차 없었다. 이들은 모스크바나 연안이나 서울에서와 같이 조직적이며 체계적이며 계획적이라기보다는 환경에 적응하기 위해서였다. 그러나 이동휘의 상해파가 모스크바에서 온 자금의 일부를 중국인 공산주의자들에게 할당했던 1921년부터 조금씩 중국공산주의자들과 연계를 맺었다. 이후 보이친스키(Gregory Voitinsky)가 상해에서 중국공산당을 결성했을 때 보이친스키는 중국공산주의 운동에 주로 노력을 기울였지만, 한국공산주의자들과도 접촉을 가졌다. 한편 여운형과 같은 일부 한국인 지도자들은 중국공산주의자들과 밀접한 관계를 유지하였다. 이즈음 황포군관학교는 한국인 청년들과 중국인 공산주의자들 사이의 접촉 장소가 되었다. 이 학교의 한국인 학생들의 교관으로는 주은래, 엽검영, 섭영진, 진의 등과 같은 저명한 공산주의자들이었다. 이러한 연계로 인하여 일부 한국인들은 중국공산당 활동에 참여하게 되었다. 중국공산당이 1927년 12월에 황동 봉기를 발발하였을 때 약 150명 내지 200여 명의 한인들이 참여했다.[89] 그 후 장정(長征)에 참여한 200여 명의 한인들 가운데 대표적인 무정이 있었다.

---

88) 1919년 6월 11일 미쓰야(三部)협약
89) R. A. Scalapino & Chong-Sik Lee, op. cit., p.115.

장정 이후 1937년 제2차 中·日전쟁이 발발 하였을때 연안의 중국
공산당과 무정은 더 많은 한인들을 끌어들이기 시작하였다. 이때 중국
공산당은 무정에게 약 300명 정도의 한국인 청년들을 모집하여 한인
군부대를 조직하도록 허용하였다. 이 부대는 1939년부터 전투에 참가
하기 시작하였다. 무정의 활동에 관한 소식이 널리 퍼져나가자 더 많
은 한인이 그의 주위에 모이기 시작하였다. 새로 모여든 사람들 중에
는 국민당의 지원 아래 1938년 10월에 조선의용대가 조직되었던 한구
에서 온 사람도 있었다. 조선의용대의 창설과정은 〈표 2-5〉와 같다.

〈표 2-5〉 조선의용대 창설과정

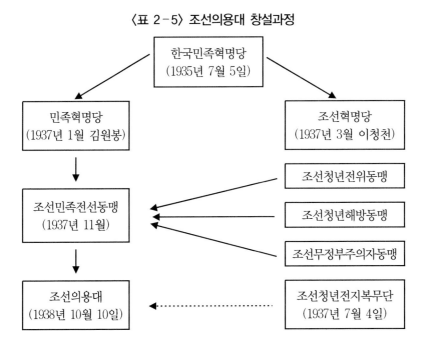

한인 부대의 인원이 700~800명 정도로 증가되자 1941년 1월에 무정을 의장으로 하는 화북조선인 청년동맹이 결성되었다. 동맹의 당면 목표는 화북에 유입되어 온 한인들을 흡수하는 일이었다. 창립 선언문은 남녀 모두에게 이 동맹에 참가할 것을 강력하게 촉구하였으며 조국에 대한 애국심에 호소했고 중·일 사이의 갈등으로 한국이 해방될 가능성이 있다는 점을 강조하였다. 모든 혁명적 생각을 가진 개인이나 그룹은 이데올로기와 종교에 관계없이 환영을 받았다.[90]

한인 공산주의자들이 1930년 중국공산당에 입당하기 전 중국 만주지방에서의 공산주의 활동은 미미하였다. 그러나 중국공산당에 입당후부터 활기를 띠기 시작하였으며 지부도 결성하였다. 따라서 제1로군 사령부가 설치된 남만주의 반석, 제3군이 창설된 하얼빈 동쪽의 주하, 제4군의 발상지인 흑룡강 부근의 밀산, 제5군의 발상지인 길림동쪽의 영안, 제6군 사령부가 있던 탕원, 제7군이 창설된 요하 등에는 한인 공산주의 지부들이 있었다. 이들 공산주의자들이 있음으로써 항일 결사가 생겼고 이 항일 결사는 다시 항일 게릴라 조직으로 편성되었으며 결국 이들 게릴라들은 대규모군대 조직으로 확대되었다.

또한 한인들은 조직에서 지도부의 직책까지 차지하고 있었다. 예를 들면 제1군에서 한인들이 전체의 4분의 1에 해당하기 때문에 이들을 지도하기 위해서는 일부 한인들에게 높은 직책을 부여했다.[91]

공산주의 게릴라들의 활동지역은 남만주 철도 및 한국과의 국경 방면과 중국 동부 지방 아래 러시아와의 국경 방면 지역에까지 확대되었다. 이들 지역은 한국과의 국경부근에 장백산맥이, 남동쪽에는 완달산맥이, 북쪽에는 소흥안산맥이 있었기 때문에 게릴라들이 활동하기에

---

90) *Ibid.*, pp.117-120.
91) 박 환, 「만주한인민족운동사연구」(서울: 일조각, 1991), pp.35-37.

이상적인 조건이었다. 또한 송화강과 흑룡강연안의 밀림과 습지도 게릴라들에게 이상적인 은신처를 마련해 주었다. 이로써 제1인민혁명군의 제1사단은 1933년 8월에 양정우가 반석에서 창설하여 한국과의 국경부근인 동변도로 이동하였으며, 제2사단은 1934년 11월에 반석에서 창설되었다.

제2혁명군 제1사단은 왕덕태에 의해 간도의 화룡과 연길에서 창설되었으며 제2사단은 1935년 5월에 혼춘과 왕청지방에서 창설되었다. 제3혁명군은 1935년 조상지가 주하에서 창설하였다.

제3인민혁명군 제1사단은 1935년 비공산주의자 이연록에 의해 흑룡강 부근의 밀산에서 창설하였다. 제2사단은 1936년 4월과 5월 정노암의 지휘하에 밀산과 요하에서 창설하였다.

또한 제5항일연합군은 1935년 2월에 주보중이 목단강의 남쪽 영안에서 창설하였으며 제6항일연합군은 1936년 초 하전개의 지휘하에 송화강 유역 탕원에서 창설되었다.

제7항일연합군은 1936년 흑룡강 부근의 호림 – 요하에서 창설되었으며, 초기에는 이보만이 지휘하였으나 나중에 최석천(본명: 최용건)이 지휘하였다.

제8항일연합군은 1936년 항일 농민들이 사문동의 지휘 아래 탕원 남쪽의 의란에서 창설되었다. 사문동은 1938년에 일본에 항복하였다. 제9연합군 1936년 이화당이 중국 길림군대 잔류자들을 이끌고 의란 – 발리 지방에서 창설하였다. 그러나 이화당은 1938년에 일본에 투항하였다. 제10항일연합군 1938년 왕아신이 길림의 동쪽 수란에서 창설하였으나 일본군에 의해 괴멸되었다.

제11항일연합군 지명산이 산림대원들과 의란 – 탕지 등을 중심으로 활동하였다.[92]

1937년 이후 이들 모든 부대들은 일본군의 집중적인 공세를 피하기 위해서 1로군, 2로군, 3로군으로 아래 〈표 2-6〉와 같이 재편되었다.

〈표 2-6〉 동북항일연군 지역별 편성

```
        ┌──────────────┐
        │  동북항일연군   │
        │  총사령 양정우  │
        └──────────────┘
      ↙         ↓         ↘
┌────────┐ ┌────────┐ ┌────────┐
│ 제1로군  │ │ 제2로군  │ │ 제3로군  │
│ 양정우   │ │ 주보중   │ │ 조상지   │
└────────┘ └────────┘ └────────┘
     ↓          ↓          ↓
┌─┬─┬─┬─┬──┐ ┌─┬─┐ ┌─┬─┬─┬──┐
│4군│5군│7군│8군│10군│ │1군│2군│ │3군│6군│9군│11군│
└─┴─┴─┴─┴──┘ └─┴─┘ └─┴─┴─┴──┘
  동만주 지역      북만주 지역      남만주 지역
```

또한 이들은 농민들과 연계하여 일본군과 그 괴뢰국인 만주국이 장악하고 있는 마을을 공격하여 게릴라전을 전개하였다. 이에 대해 일본군에서는 1936년 겨울에 대대적으로 소탕작전을 전개하였다.[93] 일본은 다시 1939년에 일본군, 만주국의 군대, 경찰병력을 동원하여 장백산맥(만주국의 행정체제하에 있던 길림, 간도, 통화 지방)에 남아 있

---

92) 상계서, pp.92-93.
93) 상계서, pp.94-95.
 이 작전에서 인민혁명군 사령관 왕덕태가 사망하고 그 후임자로 周樹東이 내정되었으며, 제1혁명군 제2사단장에 曺國安이 후임으로 활동하였다. 일본군은 1937년 겨울에 일본군 1개 사단을 포함하여 약 2,500명의 군대를 제3군~제10군(총병력 1,200~1,300여 명으로 추정)이 활동하고 있던 북만주에 파견하였다. 이로서 제3군, 6군, 11군 사령관 趙尙志와 河全溪는 사망하였다. 제8군, 9군, 43군 사령관 謝文東, 이화당, 정노암은 항복하였다.

던 게릴라들에 대해 대규모 군사적, 정치적 공세를 펼쳤다. 관동군 사령부가 작성한 계획에는 3천만 엔(약 1500만 달러)이 투입되었으며, 전투는 2년 6개월 동안 전개되었다. 전투 중에 1로군 사령관 양정우와 부사령관 위극민도 함께 1940년 2월 23일 전사하였다. 이로서 동북항일연군은 붕괴되었으며 나머지 잔여 인원들은 이들에게 지원을 아끼지 않던 소련 극동군 25군 점령지역인 하바로프스크와 일크츠크로 도주하였다.

2. 투쟁노선의 특징

초기 한인사회당과 일크츠크파의 투쟁노선이 확연하게 나타난 것은 1921년 고려공산당을 각기 창당하면서 그들의 당면 목표 설정에서부터 상이했다. 일크츠크파는 사회주의 혁명을 당면 목표로 하고, 상해파는 민족적 해방을 정강으로 하였던 것이다. 양파는 시베리아, 만주, 중국 내의 공산주의자들은 自派 대표를 확보하여 각각의 근거지인 치타와 일크츠크에서 동년 3월 1일 고려공산당 제1차 대표자대회를 추진하였다. 그러나 대회는 시베리아의 복잡한 상황으로 5월로 연기되고, 그 사이 슈미아츠키가 이끄는 동양비서부의 일방적 지원을 받는 일크츠크파는 1921년 3월 고려공산당 준비위를 자파일색으로 조직하고 대표자의 심사권을 장악하여 상해파를 배제한 채 임시 고려군정회를 조직하여 군권장악의 제도적 장치를 확보한 데 이어, 1921년 4월 30일에는 박애, 계봉우, 장도정, 김진 등 고려공산당대회를 준비하고 있던 상해파의 핵심간부들을 반혁명 반당분자로 체포하여 일크츠크로 압송하였다. 이러한 가운데 남만춘, 한명세, 이성, 채성룡, 김철훈 등이 중심이 되어 1921년 5월 4일에서 17일에 걸쳐 일크츠크에서 개최된 고려공산당 제1차 대회는 상해파를 출당 처분하고 일크츠크파만으로 고려공산당중앙간부를 조직하고 사회주의 혁명을 당면 목적으로 하는 정강을 채택하였다. 다음 날 18일에는 고려군정회의를 조직하였다.

한편 상해파는 자파 주도로 공산당대회와 군권장악을 위해 진력하던 박애, 장도정, 계봉우, 김진 등이 일크츠크파에 체포되어 이용, 김규면, 박일리아, 박그레로리, 등 군사 지도자들이 없는 불리한 여건에 빠져 있어서 사실상 시베리아에서의 대회가 불가능하게 된 상황에 처해 있었다. 결국 노령의 당원들이 참석을 하지 못하고 대표권을 위임한 상태로 상해파는 1921년 5월 23일 한인사회당(이동휘, 박진순), 국내 사회혁명세력(김철수, 이봉수, 홍도) 및 기타 공산당 노동자 각 단체의 대표들이 고려공산당 대표회의를 개최하여 별도의 고려공산당 대회를 결성하였다. 상해파는 민족적 해방이 사회혁명의 전제라고 하면서 일크츠크파와 민족해방 문제에 대립된 노선을 내세웠다.

그리고 양파는 국제공산당과 소비에트 정부를 상대로 외교활동을 전개하는 과정에서 일크츠크파는 "상해파 고려공산당이 조선의 독립에 전력을 기울일 뿐이고 공산주의는 편의상 가면에 불과하며 주의 선전에는 전혀 백해무익하다."라고 상해파를 애국주의적 민족주의 세력으로 몰아붙였고 "이들 민족주의자들은 2년 사이에 혁명투쟁의 지도자로 될 능력이 없음을 나타내고 파산했다."라고 비판하였다. 특히 상해파의 60만 루블을 독점적으로 사용한 것을 크게 문제 삼았다. 이에 대하여 상해파는 파리강화회의와 국제연맹에 대해 기대를 걸고 활동했던 '대한국민의회' 중심인물들이 일크츠크파에 가담한 것을 비판하였고 특히 자유시 사건에서 수백 명의 고려혁명군을 반혁명분자로 몰아 살육하고 우수문의 강제 노동소에 보낸 사실을 비판하였던 것이다. 레닌은 상해, 일크츠크파의 정강을 보고 "상해에서 세운 정강이

옳다"고 하고 "식민지의 당이 어찌 바로 사회혁명으로 들어갈 수 있는가."라고 하면서 일크츠크파의 좌경적 오류를 지적한 바 있다.[94] 이러한 레닌의 조선혁명에 대한 인식은 한형권과의 면담에서 "조선에는 무산계급적 사회혁명이 필요한 것이 아니라 이때는 오직 민족해방운동이 필요한 것이다."라고 한 발언에서도 뒷받침되었다.

이렇게 상해파와 일크츠크파가 공산당의 대표성과 서로의 노선 및 이데올로기 중심으로 주도권 싸움에서 상대방이 범한 오류들을 비판하면서 갈등이 계속되자 국제공산당은 검사위원회의결정서를 1921년 11월 15일과 1922년 4월 22일에 각각 양파에 전달하였다. 제1결정서는 우선 양파가 조선혁명분자를 대표한다고 할 수 없고 이는 오직 완전한 연합에 의해서만 가능하다고 지적하였다. 또한 양파 모두 자당만이 진정한 공산당이라고 주장하고 있는 것도 양자 모두 민족당의 맥락(일크츠크파는 대한국민의회, 상해파는 상해임정)에서 상호 분립한 것을 보면 충분히 짐작할 수 있는 것으로 "일크츠크파는 주로 해외 이주민을 연합하고 상해파는 조선민족운동과 긴밀한 관계를 맺고 있다."고 하였다. 결정서는 동양비서부가 일크츠크파를 편파적으로 원조한 것이 상호 충돌을 심화시켰다고 슈미아츠키를 비판하였다.

한편 국내공산주의자들은 그들이 직면한 사회의 현실에 대해 공산주의 혁명을 하기 위한 열악한 상황에 직면해 있었다. 그 주된 이유는 한국의 자본주의가 초기 자본주의 발전 상태에 있었기 때문이다. 공장들은 이제 설비되기 시작했으며 따라서 임금 노동자 역시 극히 수가 적었다.[95] 노동자에 의한 프롤레타리아혁명이 발생하기 위해서는 한

---

94) 金俊燁·金昌順, 전게서, Vol.2, pp.38-39.
95) 김윤환, "일제하 한국노동운동의 전개과정", (박사학위논문, 고려대학교 대학원, 1968), pp.20-30.

국의 공산주의자들이 절대적으로 필요한 지원이 있어야 했다. 그리고 그러한 노동자 세력들이 단결하여 봉건세력, 자본가, 일본 제국주의 등을 동시에 타도할 수 있는 혁명세력을 구축하는 방향으로 활동해야 한다는 것은 너무 힘든 일이었다.

그렇다면 그러한 혁명세력은 어떻게 형성해야 하는가? 농민의 협력은 얻어야 하는가? 아니면 프롤레타리아트가 독자적으로 해야 하는가? 조선공산당의 혁명 전략에서 한인들은 일본의 식민지라는 사실은 어떻게 설명되어야 하는가? 한국공산주의자들은 당시의 코민테른 노선에 따라 민족주의자들과 제휴하는 방향으로 활동해야 했는가? 아니면 1920년대 초에 대부분의 중국공산주의자들이 주장한 것처럼 독자노선을 견지하려고 했는가?

이러한 문제들 하나하나를 당시 공산주의자들은 세밀하게 검토하지 않고 바로 운동에 접근하였던 것이다.

그러한 것들이 당시로서는 위험한 문제들이었다. 또한 이런 의문들은 중요한 이념적 문제들을 제기한 것이었으므로 국내공산주의자들은 이러한 문제들을 심사숙고하여 조선공산당이 조직되기까지 테제를 만들어내야만 했었다. 그러한 테제는 장기적인 계획을 세우는 데 기초가 될 수 있었으며 그 후의 전략과 전술을 도출해 내는 원천이 될 수 있었다. 그러나 이러한 고민을 한 적이 없었으며 단지 코민테른과 일본의 좌파 지식인들에 의존하는 경향이 있었다.

따라서 의미 있는 토론이 없었던 것은 운동가들의 자질문제가 컸다고 할 수 있다. 고등교육을 마치기 전에 혁명대열에 참가하였으며, 그들은 자신들이 속한 그룹 내에서 이론적 토론만 열심히 했다 하더라도 그러한 이론을 한국의 구체적인 상황에 창조적으로 적용하려고 하기보다는 오히려 마르크스·레닌주의의 기본 교리만을 계속 연구하였다는 것이다.

특히 신사상연구회 같은 조직은 새로운 이데올로기에 의해서 영향을 받은 것은 분명한 사실이지만 그들이 이론을 충분히 섭렵하여 그 이론에 대해 창조적인 입장을 가졌을까 하는 점은 의심스러운 것이다. 따라서 그 사이 한국의 마르크스주의적 지식인들 중에는 사상가보다는 추종자, 행동주의자들이 더 많았다는 점이다. 한국의 공산주의자들은 일본의 후꾸모도 가즈오(福本和雄), 야마가와 히도시(山川均), 중국의 李立三, 毛澤東과 같은 이론가를 배출하지 못했다는 것이다.

코민테른이 공표했거나 일본 지식인들이 만들어낸 전략이 한국 상황에 맞지 않는 한 지식의 독자성 및 전략의 독자성 부족은 심각한 문제가 될 수밖에 없었다. 따라서 한국공산주의자들은 독자성의 결핍으로 말미암아 많은 대가를 치러야 했다.

한국에 있어서 농민혁명과 일본제국주의 타도는 밀접하게 연결되어 있었다. 정치적 혁명 없이는 농민혁명은 불가능했다. 코민테른이 12월 테제에서 지적한 것은 이러한 점을 확실하게 인식하고 있었기 때문이다. 따라서 제국주의 타도와 농업문제의 혁명적 해결은 한국에서의 혁명 발전단계 중 초기 단계에서는 중요한 객관적, 역사적 의미를 지니고 있다. 이러한 점에서 한국의 혁명은 부르주아 민주주의 혁명이 되어야 했다.[96] 그러나 코민테른은 이러한 2단계 혁명의 순서를 뒤바꿈으로써 정상적인 노선에서 이탈했다. 코민테른의 지도자들은 반제국주의 정치혁명에 우선순위를 두고 한국에서의 혁명은 부르주아 민주주의 혁명이어야 한다는 자신들의 분석요구를 공식화시키기보다는, 오히려 그들의 한국 정세분석과 전략 수립에 있어서 중국 및 기타 지역

---

96) Dae-Sook Suh, *The Korean Communist Movement 1918~1948*, (Princeton, New Jersey: Princeton University Press, 1967), pp.67-70.

사건들과 관련시켰다. 따라서 코민테른은 "제국주의적 굴레의 철폐는
농업문제의 혁명적 해결 및 프롤레타리아트와 농민의(소비에트 형태
에 의한) 민주적 독재체제의 확립을 그 전제로 하며 그것을 통해서
프롤레타리아 헤게모니하에서 부르주아 민주주의 혁명은 사회주의 혁
명으로 이행된다."라고 결론지었다. 코민테른은 이러한 애매한 논리를
통해서 대지주뿐만 아니라 민족 부르주아지와 지식인도 배척하기로
결정을 내렸다. 한국에서의 혁명은 빈약한 힘을 가진 프롤레타리아트
가 농민과 동맹을 맺고 임무를 수행할 수밖에 없었다.

　코민테른의 급진적인 경향은 해가 거듭될수록 강화되었다. 실례로
1930년 9월 프로핀테른(노동조합 적색인터내셔널: 코민테른의 하부조
직)은 한국공산주의자들에게 쁘띠 부르주아지 및 민족주의 분자들이
45,000명의 회원을 거느리고 있던 "개량주의"적 단체인 조선노동조합
총동맹과 "민족 개조주의적 조직"을 그 특성으로 하고 있던 통일전선
의 조직인 「新幹會」까지도 반동적인 속성을 낱낱이 폭로하도록 지시
하였다.[97] 따라서 한국의 공산주의자들은 이러한 결정을 그대로 받아
들여 온 힘을 다해 1931년 5월의 제2차 전국대회에서 新幹會를 해체
시켰다. 이것은 민족주의자와 공산주의자들이 분열됨으로서 일제가 바
라던 바이기도 했다. 민족주의자들은 해체에 대해서 반대하였지만, 공
산주의자와 일본당국의 이러한 상호 연합적 책략 앞에서는 무력할 수
밖에 없었다. 때문에 농민들의 급진적이고 폭력적인 운동은 이러한 맥
락에서 일어났던 것이다.

　이제 남은 문제는 코민테른의 급진적인 노선과 韓人共産主義者들의

---

97) R. A. Scalapino & Chong-Sik Lee, op. cit., p.60. "Task of the Revolu-
tionary Trade Union Movement in Korea." Red International of Unions
(Profintern)집행국이 1930년 9월 18일에 채택한 결의문 재인용.

급진적 활동이 반제국주의 혁명운동이나 농민혁명을 실제로 발전시켰는가가 문제다. 여기에서 폭력사태가 농민들의 좌절감을 덜어주고 자부심을 충족시켜 주었을지는 몰라도 그것은 반드시 일제의 탄압을 불러일으켰다. 이렇게 됨으로써 혁명세력들의 대열은 분산되었다.

코민테른의 급진주의는 민족진영 운동의 모체인 조직을 제거함으로써 민족진영을 더욱 약화시켰다. 코민테른의 1935년 제7차 회의에서 부르주아 지식인을 포함하는 전 세계의 모든 반파시스트 세력의 지원이 필요하다고 결정을 내렸을 당시 한국에는 공산주의 조직이건 민족주의 조직이건 코민테른에서 이용할 수 있는 조직은 전무한 상태였다. 코민테른의 급진주의는 한국공산주의 운동에 대해 직접적인 손해를 입혔을 뿐만 아니라 한국 민중의 일제에 대한 장기간에 걸친 투쟁의 맥도 끊어버렸다.

코민테른은 1935년에 전략 노선을 전환하였다. 여러 국가에서 반파시스트 통일전선을 결성해야 한다고 주장한 것이다. 때마침 보성전문의 최용달, 경성제대의 이강국과 정진태, 적색노조 출신의 이주하의 주도 아래 원산에서 일어난 반파시스트 통일전선운동은 1938년 말에 110명이 체포되면서 끝나버렸다.[98] 당시 국내지역에서 남아 활동했던 공산주의자들의 혁명노선은 프롤레타리아 혁명노선이었다.

한편 연안에서 활동하던 한인 공산주의자들의 이데올로기는 중국공산당의 양식을 그대로 모방한 신민주주의노선이었기 때문에, 이들 한인 그룹은 공공연하게 공산주의적 명칭을 내걸거나 체계화되지 않는 이념을 주장하는 일은 없었다. 따라서 중국공산당이 1942년 연안에서 정풍운동을 하였을 때 한인들도 그것을 그대로 모방하였다. 청년동맹은 1942년 명칭을 조선독립동맹으로 바꾸었고, 군부대는 조선의용군이

---

98) 朝鮮總督府警察局, 最近に於ける朝鮮治安狀況(1934.5), pp.77-80.

라고 개칭하였다. 이 시기에 저명한 한글 학자인 김두봉이 중경에서 연안으로 와서 독립동맹의 집행위원회 의장이 되었다. 무정은 의용군 사령관으로 임명되었다. 1942년 태행에서 화북조선 혁명학교가 문을 열었을 때 무정이 교장으로 취임하였다. 이 학교는 1943년 말에는 '화북조선혁명 군사정치학교'로 개칭되었다. 연안에서 발행되는 중국공산당기관지 해방일보의 1944년 2월 기사에는 점령지역에서 온 많은 한인 청년들이 학교에 입학하였다고 보도했다.

만주의 한인 공산주의자들의 무장투쟁은 연안파와는 상당히 다른 환경 속에서 진행되었다. 연안파는 기본적으로 중국 측의 보조역할을 하는 망명자그룹이었던 반면 만주의 한인 공산주의자들은 중국공산당의 지휘를 받으면서도 원거리에서 활동하고 있었음에도 불구하고 한인들이 공산주의 활동이 주류를 형성하고 있었다. 더구나 간도지방의 인구는 한인들이 대다수였기 때문에 한인 공산주의자들이 그곳에서 공산주의 활동을 주도하였던 것이다.

중국공산당은 내외적인 투쟁의 분위기 속에서 1932년 봄부터 지방 조직에 무장게릴라를 조직하도록 지시하였다. 초기에 중국공산당이 소규모 부대를 제압하기 위하여 항일 조직을 소규모화하려는 노력과 아울러 지주, 부농, 자본가 계급에 대한 급진적인 정책을 추구했으나, 이러한 것은 공산주의 게릴라들의 활동에 방해가 되었다. 그러나 1933년 2월에 코민테른이 모든 항일 세력들의 광범위한 동맹을 맺으라는 지시를 내리자 게릴라들의 세력 확장 과업은 상당히 용이해졌다. 대중노선을 지향할 항일운동을 전개하였던 것이며 이에 속한 한인들은 그들과 노선을 같이하였다.

이때 국내조직에 실패하고 만주로 피신한 한인 공산주의자들의 화요회파, ML파, 서울파와 상해파의 결합인 서·上파(서울파와 상해파는 노선을 같이하였다.)의 3개 파벌이 서로 당 재건을 위한 헤게모니 쟁탈전을 벌였다. 이들은 타국인 만주에서 당 창건을 위한 것이기 때문에 상대는 중국인이 아니고 한인들이었으며 결국 한인들 간의 주도권 싸움이 벌어졌던 것이다. 이런 이유 때문에 공산주의자들 간의 헤게모니 쟁탈은 물론이고 민족주의자들과도 잦은 마찰을 빚기도 하였다.[99]

또한 한인 공산주의자들은 제2, 3, 4, 5차에 걸쳐서 간도공산당사건을 일으켰다. 4차와 5차의 공산당 사건은 중국공산당 만주성위원회가 한인 공산주의자들에게 지시한 사건이었다고 할 수 있는데 4차 공산당 사건을 5.30간도 폭동사건이라고 할 정도로 극좌모험주의맹동로선의 대표적인 사건이라고 할 수 있다. 당시 중국공산당이 1928년 심양에서 만주성위원회를 설치하고 전 만주에 걸쳐 운동을 전개할 때, 코민테른의 일국일당 원칙의 지시에 따라 한인 공산주의자들은 중국공산주의자들과 합당이 불가피하였다. 또한 서울의 조선공산당이 붕괴되었기 때문에 한인들의 자체조직을 해체하고 1930년 봄부터 한인 공산주의자들이 중공당에 편입하게 되었다.[100] 이렇게 한인들이 중공당에 편입하는 과정에서 중공당은 한인들에게 열렬한 당성을 요구하였고 이에 응하여 한인들은 5.30 간도폭동사건[101]을 일으켰던 것이다. 이렇

---

99) 이명영, 「在滿韓人共產主義 運動研究」(서울: 성대출판부, 1975), pp.44-48. 1930년 북만주 山市站에 무장독립 운동가 김좌진장군이 공산주의자들의 손에 암살되었다.
100) 李命英, 전게서, "在滿韓人共產主義運動研究", (서울: 성균관대학교출판부, 1975), pp.65-87.
12월 테제는 1928년 12월 코민테른의 테제로서 하나의 국가에서 하나의 당만을 인정한다는 내용이었다. 중국 영토에서 활동하는 재만 한인 공산주의자들은 1930년 봄에 조선공산당의 승인취소와 동시에 이른바 「조선 연장적 조직과 운동」에서 손을 떼고 중국공산당 만주성 위원회에 강제 편입하라는 내용이었다. 따라서 조선공산당 만주총국 M·L파는 해체되고 중공당에 개별적으로 가입하였다.

게 제4차 간도공산당 사건은 10월의 추수폭동으로 이어졌다. 간도공산
당 제4, 5차 사건을 계기로 하여 1930년대의 공산주의자들은 대부분
구금되어 활동을 할 수 없게 되고 새로운 세대가 등장하게 되었다. 이
들의 등장은 한인의 공산주의 조직은 중공당에 흡수된 후의 중공당
만주성위원회의 각급 조직 속에서 그들의 일원이 됨으로써 그들은 조
국의 혁명을 위한 조선공산당원이 아니라 중국의 혁명을 위한 중국공
산당의 당원으로서 활동하였다.

위에서 살펴본 바와 같이 활동지역을 중심으로 볼 때 국내파, 연안
파, 빨치산파 간에 있어서 각기 다른 활동양상과 노선의 차이점을 보
여주고 있다. 또한 이들이 귀국 후에도 역시 노선의 차이를 보여주고
있다.

平壤民報에 귀국한 3대 지도자의 내용이 기사화되었을 때 당내에서
는 많은 문제가 발생하였을 정도로 계파 간의 갈등은 심각하였다.102)

북한에 입국한 여러 파벌 중 연안파가 북한 내의 지식층에게 많은
영향을 주었다. 그 주된 이유 중의 하나는 연안파가 제시한 프로그램
이 상대적으로 온건하다는 데 있었던 것이다. 1946년 3월 30일 조선신
민당103) 창당에 앞서 연안파는 조선독립동맹의 이름으로 상세한 정치

101) 이명영, "한인의 공산주의 운동 70년", (서울: 사회과학제28권 제1호,
　　 성균관대학교 사회과학연구소, 1988), pp.40 - 41.
102) 한재덕, 「김일성을 고발한다」(서울: 일문각 1966), pp.225 - 227.
　　 평양민보에 김일성, 김두봉, 최용건의 기사를 싣고 김일성에 대한 최고
　　 의 찬사 글을 실었다. 이때 편집장이었던 한재덕은 당에 호출되어 金鎔
　　 範에게 질책을 받았으며 김두봉과 최용건이 김일성과 동격이 될 수 없
　　 다는 것이었다. 만약 무정에 대해 글을 실었다면 더욱 혹독한 질책을
　　 받았을 것이라고 술회하고 있다. 왜냐하면 김일성의 빨치산파는 武亭의
　　 군사적 배경 때문에 그를 제일 위험한 강적으로 생각하고 있었기 때문
　　 이었다고 하였다.
103) 김창순, 前揭書, pp.97 - 99.

적 강령을 발표했다.[104] 이 강령은 공산당의 강령과 큰 차이가 있는 것은 아니었지만 보다 온건한 표현을 사용하였으며 마르크스주의적 용어보다 민족주의적 용어를 강조했다. 예를 들면 조선독립동맹의 강령은 일본 제국주의 세력의 물적 토대를 분쇄하기 위해 일본인과 민족반역자의 재산만을 철저히 몰수하도록 요구하고 있었다. 그와 함께 강령은 완전독립, 사회정의, 그리고 완전한 정치적 민주주의를 특징으로 하는 민주공화국의 건설을 위해서는 모든 계급의 통일과 협동이 필요하다는 점을 일관되게 강조하고 있다.

이러한 차이는 곧 비난의 초점이 되었다. 남조선 신민당의 위원장인 백남운은 사회민주주의적 입장을 취했다는 이유로 남한의 공산당으로부터 호된 비난을 받았다. 일본에서 교육받은 마르크스주의 경제학자인 그는 신민당 창당 직후인 1947년 초반에 그의 이론이 비과학적이고 반혁명적이라는 이유로 집중공격을 받았다.[105] 「조선민족의 진로」라는 소책자에서 백남운은 조선 내의 민족주의자와 공산주의자는 입장의 차이를 넘어서서 민족의 해방, 민주주의, 민주적 경제라는 기본목표를 공유해야 한다고 주장했다. 따라서 진정한 부르주아-프롤레타리아트의 연합인 연합성 신민주주의를 형성해야 할 것이며, 현 단

독립동맹의 後身이다. 이 당은 소부르주아 정당으로서 주로 소시민, 인텔리, 중산계급 등을 조직대상으로 삼았다. 공산당에 위압을 느낀 사람들은 정치적인 피신처를 찾기 위해 신민당에 모였다. 따라서 신민당은 유식층과 부유층에 속하는 사람들이 많았다. 특히 일제 시에 관공서에 복무한 사람들 대다수가 신민당에 모였다. 따라서 신민당과 공산당은 하부층에서는 마찰이 있었다.

104) 朝鮮獨立同盟 綱領「產業勞動時報」제1호 1946년 1월, p.80.
民戰 事務局,「朝鮮解放時報」, pp.148-149.
조선독립동맹의 幹部는 主席 金枓奉, 副主席 崔昌益, 韓斌 組織部長 李雄民, 宣傳部將 金民山, 秘書處長 邊東潤, 總務處長 張徹 등이었다.

105) 金南天 "白南運氏 朝鮮民族의 進路",「朝鮮人民報」, 1946년 5월 9일~14일자.

계에서 힘을 합해야 한다는 것이다.[106] 서울의 공산주의자들에게는 백남운이 공산주의의 헤게모니를 주장하기보다는 비공산계 단체들에게 대등한 위치를 부여하려는 것으로 비쳤다. 물론 이것은 한국뿐 아니라 다른 나라에서도 공산주의자들에게는 전혀 새로운 쟁점이 아니었다. 이 문제는 중국공산주의 운동에서도 20년 이상에 걸쳐 논의의 초점이 되어 온 과제였던 것이다.

그러나 신민당과 공산당 양당의 노선 사이에는 실제로 별다른 차이가 없었다. 연안파가 북한의 지식층에 호소력을 가질 수 있었던 것은 어떤 뚜렷한 근거가 있다기보다는 두 해외파 간의 외형적인 또는 사회적 구성상의 차이에 보다 큰 이유가 있었던 것이다.

당시 빨치산파에 대한 일반적인 인상은 무식한 게릴라 전투원 출신으로 소련의 세력에 크게 의존한 나머지 한국민족주의는 별로 고려하지 않는다고 인식되었다. 실제로 공산당이 불한당, 변변치 못한 자들, 도시 주변의 깡패들을 상당수 모았다는 평판까지 나돌았다.[107] 연안파는 비록 중국공산당 내에서 자라나긴 했지만 그들 중에는 교조적인 공산주의자로 칭할 수 없는 인물들이 상당수 포함되어 있었다. 이것은 한국공산주의 운동의 초창기에 많은 수의 지식인들이 본질적으로는 민족주의적인 열망을 고취하기 위해 좌익운동에 가담했던 사실을 반영하고 있다. 이러한 인물들은 공산주의자들이 일컫는 이른바 소부르주아층으로부터 김일성과 같은 유형의 인물들보다 터 큰 호소력을 가질 수 있었을 것이다.

이러한 호소력을 가지 연유로 많은 수의 비공산주의자 심지어 반공산주의자들까지도 정치적인 보호를 받기 위해 신민당에 가입하는 것이

---

106) 金南植, 李庭植, 李洪九,「韓國現代史資料叢書」제3, 4권
107) 김창순, 上揭書, pp.101-105.

가능했다는 것이다. 공산당에는 가입하기 싫고 조선민주당원이 되는 것은 별로 득이 되지 않는다고 생각한 사람들이 신민당에 가입함으로써 점차 공산당이 득세해 가는 상황에서 보호색을 띨 수 있었던 것이다.

앞서 살펴본 바와 같이 각파별로 한인공산주의자들 간에 각기 내걸었던 뚜렷한 노선의 차이점을 발견할 수 있다. 일크츠크파는 그들의 생존권 보호를 위해 볼셰비키 당을 지지하면서 계급혁명노선을 지향했으며, 상해파 공산주의자들은 민족해방지상 민족국가 독립지상, 무산자 국제주의 노선을 견지하였다. 그 뒤를 이어 국내파 공산주의자들은 순수한 사회주의 혁명 목적을 위해 화요회, M.L파는 사회혁명, 서울파는 부르주아 민족해방노선을 지향하였다고 할 수 있다. 그 뒤를 이어받은 박헌영계의 국내파는 제국주의 타도목적을 그 노선으로 지향하였다고 할 수 있다. 해방 후에도 남로당은 노동자, 농민을 주축으로 한반도에서 민중봉기에 의한 공산주의 혁명실현을 그 노선으로 하였다는 것을 알 수 있다. 〈표 2-7〉에서와 같이 각 파벌에 있어서 노선상의 차이점을 발견할 수 있다.

〈표 2-7〉 파벌간 투쟁노선의 차이점

구 분	투쟁노선
상해파	민족해방
일크츠크파	프롤레타리아 국제주의
화요회, M·L, 북풍회, 서울파	부르주아 민족해방
국내파	제국주의 타도, 인민봉기
빨치산파	극좌맹동노선, 폭력혁명
연안파	신민주주의(Pro.와 Bro.의 연합)
소련파	소련 군정의 소비에트화 추종

해방 이후에도 그들의 노선은 그들의 활동에 그대로 반영되었다. 빨치산파는 만주에서 유행하던 극좌맹동노선을 추종하던 자들이며 게 릴라 활동을 하던 인물로서 한반도에서 군사력에 의한 폭력혁명을 그 노선으로 하여 6·25전쟁을 일으키는 데 주도적 역할을 담당하였다.

소련파는 해방과 동시에 북한에 일제가 물러간 자리에 필요한 행정 의 공백을 대신하기 위해 소련 군정당국과 함께 입국한 자들이므로 파벌로서의 조직적인 형태를 취할 수는 없었으나 단지 그들은 소련의 극동전략에 의한 추종세력이었다. 한편 연안파의 노선은 그들이 중공 당과 밀접하게 관련되어 있었음을 비추어 볼 때 그들이 연안에서 모 택동과의 투쟁노선을 배우고 익혔던 관계로 순수 마르크스적 입장이 아닌 민족주의적 요소를 포함한 노선을 취한 것으로 평가된다.

제3장 공산정권 수립기의 파벌관계

제1절 파벌의 국내 입국과정

1. 국내파

국내 공산주의 운동은 5차례에 걸친 일제의 검거로 인하여 공식적인 당은 붕괴되었지만 국내에서 해체된 이후에도 코민테른의 지시에 따라 조공재건운동을 준비하고 있었다. 이 운동은 대개 세 갈래로 움직이고 있었는데 하나는 코민테른 직속으로 활동하는 재건운동이며, 둘째는 중공당 만주성위원회내의 조공재건공작회의 활동이며 다음은 일본 공산당 내의 조공재건공작회의 활동이었다.[1]

이들 3파들의 국내 조공재건운동은 종래의 하향식의 조직 방법을 피하고 상향식 조직 방법으로 노동조합, 농민조합, 공장, 직장, 각 학교, 독서회, 반제동맹 등의 형태로 서울을 비롯하여 지방에 이르기까지 도시와 농촌 등지에 수십 차례에 걸쳐 당 재건 활동을 벌이다 모두 발각되어 체포되었으며, 마지막까지 남은 박헌영, 김삼용, 이현상, 이승엽, 이관술, 권오직 등이 1939년 경성 콤 클럽[2]을 조직하고 은신

---

1) 이명영, 전게서, 「권력의 역사」, pp.130-135.
2) 김학준, 「북한 50년사」 전게서, pp.41-42.
   코민테른의 12월 테제에 의해 조선공산당은 완전히 해체되었다. 그러나 조선공산당을 재건하려는 수많은 노력 가운데 박헌영이 조직한 1939년도

해 있다가 8.15 광복과 함께 등장하게 된다. 〈표 2-3 참조〉

국내파 공산주의자들은 일제하에서 자기들이 활동하였던 지역을 중심으로 지하 공산당을 조직하여 기반을 구축하고 있었다.

국내에서 각기 다른 지역을 기반으로 했던 이들은 크게 장안파와 재건파와의 분파투쟁으로 양분되었다.[3] 1945년 8월 15일 광복의 날 저녁 서울에는 두 집단의 모임이 있었다. 하나는 여운형의 건국준비위원회(이하 건준)의 결성을 위한 모임과 다른 하나는 조선공산당의 재건을 위한 모임이었다. 전자는 여운형, 정백, 홍남표, 안기성, 회요회계의 홍증식, 홍덕유 등이었으며, 후자는 서울청년회인 최익한, 하필원, 김광수(김철수의 동생), 이영 등으로 구성되었다.

남한에서 건준이 정부형태로 바뀌어 감에 따라 공산주의자들은 통일전선뿐만이 아니라 독자적인 활동에도 힘을 기울였다. 당 재건은 서울계 및 화요회계 공산주의자들 주도하에 일본 항복 직후부터 시작되었다. 공식적인 당재건일은 8월 16일이었으며 선언은 8월 18일에 발표되었다. 서울 중심가의 장안빌딩에는 조선공산당 서울시 당부라는 간판을 내걸었다. 이 때문에 그들을 장안파라고 명명하였다. 장안파의 지도자는 구 ML계와 서울계의 인물인 최익한과 이영, 조동호 같은 화요회계도 포함되어 12명으로 구성된 최초의 중앙위원회 대표로 이루어졌다.

의 경성콤 그룹 사건이다.

박헌영은 1, 2차 공산당 사건으로 奇人行世를 하여 병보석으로 출옥하여 부인 朱世竹과 함께 부인의 친정인 함흥에서 잠시 머물다 소련으로 잠적했다. 그 후 상해로 와서 조선공산당 재건운동을 하다 적발되어 국내로 송치되어 조봉암, 김단야와 함께 감옥생활을 1939년까지 복역하였다. 그는 1939년 석방되자 李觀述, 金三龍, 鄭泰植, 李鉉相 등과 경성콤 그룹을 조직하였다 적발되었지만 이들 중 한 사람도 변절한 사람이 없었기 때문에 유명하다.

3) 金俊燁·金昌順, 전게서, Vol.5, pp.386-402.

그런데 3일 뒤 8월 19일에 전라남도 광주에서 은신하고 있던 박헌영이 上京하여 모스크바의 지령을 가지고 왔다면서[4] 다음 날 장안파의 중앙요직에 취임하라는 제의를 거부하고 장안파를 해체하고 조선공산당 재건준비위원회의 결성을 요구하고 나서자 조동우, 홍남표, 정재달, 최원택이 장안파에서 탈당하여 박헌영을 지지하였다.

이렇게 서울에는 장안파와 박헌영의 재건파가 서로 알력관계에 있었다. 8월 22일 양파가 회합을 가졌지만 무산되고 9월 6일 박헌영의 재건파에서 조선인민공화국(이하 인공)을 선포하였다. 이틀 후인 9월 8일에는 서울의 계동에서 60여 명의 공산주의자가 모였다. 이때 박헌영은 당의 재건을 강력히 주장하였으나 이영, 정백, 최익한은 일국일당원칙에 따라 당외의 당을 조직한다고 박헌영을 비난하였으나 재건파가 3배쯤 많이 참석하여 그날의 회합은 재건파의 승리로 끝났다.[5]

이로서 박헌영은 1945년 9월 6일 인민공화국(人共)을 서울에서 조직하고 각 지방에서 인민위원회가 급속히 결성되면서 공산주의자 활동은 확장 심화되었다. 실상 장안파에 대한 박헌영의 승리는 인공 내에서도 그의 권한은 절대적이었다.

9월 11일 재건파는 장안파의 저항을 무시하고 통합 조선공산당의 결성을 공개적으로 발표하였다.

한편 북한에서는 광복이 되면서 거의 모든 지역에서 촌락단위 지역단위로 조직 활동이 진행 중에 있었으며 또한 그 같은 일들은 일제

---

4) 조선의 혁명은 낡은 형식의 부르주아 혁명이 아니라 新民主主義的 혁명을 수행해야 한다고 강력히 주장하였다.
5) 金俊燁·金昌順, 전계서, Vol.5, pp.386–389.
　　이때 박헌영은 세 가지 제의를 하였다 첫째, 과거 전향한 자들이 많은 장안파에서는 지도자의 중앙에서 일할 자격이 없다. 둘째, 대중과 분리된 운동은 지향되어야 한다. 셋째. 따라서 박헌영에게 주요 당 간부를 임명할 권한을 위임해야 한다.

치하에서 감옥으로부터 출소했거나 아니면 지하생활을 끝낸 공산주의
자들에 의해 주도되고 있었다. 인접 지역과의 접촉은 아직도 부진한
반면 서울과의 연대는 일찍부터 이루어지고 있었다. 그러므로 북한의
많은 지방 지도자들에게 박헌영과 그의 조선공산당은 전국적인 지지
기반을 가지게 되었다.

지역별로는 함경남도 특히 함흥, 흥남 등의 도시에서 가장 활발하
게 전개되었다. 흥남은 광복 이전 북한에서 지속적인 공산주의 운동이
가능했던 몇 안 되는 도시 중의 하나였다. 광복 다음 날인 8월 16일
출옥한 약 100여 명의 공산주의자들이 참석한 가운데 함경남도 공산
주의자 협의회가 조직되었으며 같은 시기에 노동조합이나 농민위원회
와 같은 대중 조직의 결성도 추진되어 흥남화학노동조합이 만들어졌
다. 그 사이 공산주의자인 도용호는 이 지역에 세워진 건준 지부의 책
임을 맡게 되었다.

함경남도의 지도적 공산주의자는 오기섭으로서 그의 영향력은 함경
북도에까지 미치고 있었다. 식민지 시대부터 활동을 계속해 온 토착공
산주의자였던 그는 이 지역의 다른 주요 공산주의자인 정달헌, 이봉
수, 주영하 등과 마찬가지로 박헌영을 따르는 인물이었다. 함경남도의
공산주의자들은 9월 말 서울에 있던 박헌영의 당중앙과 연락을 갖기
시작하였다.[6] 이들은 서울로부터 공식적인 정책을 기다려야 한다고 주
장하면서 별도의 정책 시행을 거부했다. 또한 그들은 박헌영과 그 일
파가 선언한 입장에 따르기 위해 조선인민공화국의 지지를 포함한 자
신들의 입장을 갖추어 나갔다.

강원도에서 당 조직은 이주하가 당 지방조직을 만들어 놓은 원산지
역에 집중되었다. 토착 공산주의자로서의 박헌영의 추종자였던 이주하

---

6) R. A. Scalapino & Chong-Sik Lee, op. cit., pp.313-315.

는 곧 서울로 활동무대를 옮겨 조선공산당에서 중요한 역할을 수행하였다. 함경북도의 경우 당 활동은 또 다른 국내파 공산주의자인 김채룡이 지도하고 있던 청진에 집중되어 있었다. 압록 강변에 위치한 평안북도와 그 지역의 중심지인 신의주에서 당 조직 활동은 복잡한 양상을 띠고 전개되었다. 이 지역에서는 박헌영이 파견한 박균에 의해 이루어진 초기 조직과 또 다른 토착공산주의자들인 백용구, 김재갑, 김인직 등에 의해 별도로 조직된 민우회가 양립하고 있었던 것이다.[7] 그러나 이 두 조직은 소련군의 압력으로 10월 중순경 통합되었다. 황해도에서의 조직 활동은 해주를 중심으로 이루어졌다. 이 지역에서도 역시 김덕영, 송봉욱과 같은 토착공산주의자이자 박헌영 추종자였던 인물들이 초기에 중심적인 역할을 수행하였다.[8]

이처럼 광복 직후 수주일간 박헌영과 서울의 당중앙은 그의 지도하에 전국의 공산주의 운동을 통합하는 일에 큰 진전을 이루었다. 8월 15일 직후부터 박헌영은 남·북한에 걸쳐 추종자들과 접촉하기 시작하였다. 박헌영 입장은 한국에는 하나의 공산당만이 존재해야 한다는 것이었다. 박헌영은 이와 같은 원칙에 입각해서 그의 추종자들로 하여금 38도선 이북과 이남에서 당의 지방조직을 만들도록 하였다. 북한의

---

7) 金昌順, 전게서, p.91.
8) 상게서, pp.90-92.
　북한에서 공산주의자들의 활동은 평안남도에 현준혁, 김용범, 박정애 부부, 장시우(화요회계 만주파), 최경덕, 張鐘植, 崔允鈺(조선노총계), 許義淳, 宋昌廉(조공일본총국계), 金裕昌 등이며, 함남지구에 한홍구 등 원산지역에는 李周河(太勞系), 김동명(화요회), 문태화(만주공청계), 이몽룡(공청계), 해주지역에는 金應基(화요회), 김덕영, 송봉욱, 함북지구에는 장순명(화요회), 姜鎭乾, 평안북도 지역에는 金載甲(태로계), 白龍龜(화요회), 李晃, 함경남도에는 鄭達憲, 朱寧河(太勞系), 李周淵(신간회), 함경북도의 金榮龍, 황해도의 宋鳳郁, 金德永 등이 포함된다.

주요 도시 중 오직 평양을 제외한 함흥, 원산, 청진, 신의주, 해주 등지에서 박헌영의 지시를 받고 있던 토착공산주의자들이 권력을 장악하게 되었다. 따라서 만일 누군가 외부로부터 이 조직기반을 탈취하려 한다면 그것은 틀림없이 격렬한 투쟁을 불러일으킬 수밖에 없었다. 북한에서 평양은 북한의 공산주의자들의 조직 활동에서 당연히 중요한 지역이었으며 이곳에서 조직 활동을 주도했던 사람은 현준혁이었다. 그는 오랜 경험을 지닌 유능한 운동가였으나 다른 국내파 공산주의자들에 비해서 박헌영에 대해 비교적 자유로운 입장을 취했다.[9]

현준혁은 평양의 지식인들에게 큰 호소력을 가졌으며 실제로 많은 지식인들이 현준혁의 휘하에 모여들었다. 현준혁은 9월 15일 조선공산당 평남지구위원회를 조직하여 서기의 직책을 담당하는 외에도 정치부의 책임을 아울러 맡았다. 한편 북성회와 북풍회[10]의 회원이었다가 1930년대에는 코민테른의 지시로 아내인 박정애와 함께 남한에 파견되어 활동하던 중 검거되어 감옥생활을 하였던 김용범은 조직부의 책임자가 되었다.[11] 박정애는 평양의 지도자들과 소련군 사령부 사이에

---

9) 羅一夫, "현준혁의 내력", 「신천지」 1권 9호 1946년 10월호.
현준혁은 평양 태생으로 경성제국대졸, 대구사범대학 교편생활, 마르크스주의를 연구하는 독서회 조직으로 검거되어 3년간의 감옥생활, 교직에서의 파면, 협동조합을 중심으로 하는 赤化工作에 가담, 그리고 在收監, 이렇게 점철된 현준혁의 경력은 식민지 시대의 공산주의자들의 길을 걸은 전형이다. 그의 大和塾이라는 그룹의 別稱은 일제가 항일운동을 했거나 반일사상을 가진 인물들을 교화시키기 위하여 설치한 思想輔導기관이었다. 따라서 이 그룹에는 자연히 국내파 혹은 토착공산주의라고 알려진 인물들이 대다수 포함되어 있는 것이다.
10) 金俊燁·金昌順, 전게서, Vol.1, pp.120 - 130.
일본 유학생이었던 金若水는 일본의 무정부주의자들로부터 사상적인 감화를 받고 北星會를 결성하고 서울에 들어와서 北風會를 결성한다. 北風이라는 것은 북풍의 찬바람이 불면 모든 벌레는 죽는다는 것으로 국내의 모든 단체들이 없어지고 통합될 것이라는 의미를 가지고 있다.

통역을 맡았으며, 국내파 이주연은 정치부에서 활동하였다. 소련군 사령부가 자리 잡고 있는 평양의 당 조직은 조만식과 같은 민족주의자와 긴밀한 관계를 가졌고 또 박헌영이나 소련인들과는 별도로 활동하려는 야심을 가진 인물에 의해 지도되고 있었다. 1945년 9월 공산당을 태동시키는 데에 중요한 역할을 한 인물로서는 전국적으로는 박헌영이 가장 유력한 당 지도자였으며, 북한지역에서는 현준혁과 오기섭이 중심인물이었다.

그러나 평양의 소련군 사령부는 현준혁과 그의 계획을 받아들이지 않았다.

9월 15일 개최되었던 조선공산당 평남지구 확대위원회는 현준혁의 정책에 대해 통렬한 비판을 가했다. '정치노선에 관하여'라는 제목의 결정서는 평남지구당이 "국제정세에 대한 정확한 了解가 약하기 때문에 자기 정치노선상에 국부적 전향을 범하였다."고 비판했다.

이 결정서는 또한 구 지도부가 "우리의 가장 친선해야 할 국가인 미국과 영국 등 연합국의 역사적 진보성을 모호하게 취급했다."고 반박했다. 뒤이어 이 결정서는 "海內·海外의 각 당, 각파, 각 단체, 각 계급층을 총망라한 단일한 민족적 통일전선을 결성해야 하며, 사유재산과 사유소지가 승인되어야 한다"는 주장을 폈다.[12] 요컨대 현준혁은 공산당의 초기 정책결정 과정에서 좌경적 오류를 범했다는 비판의 대상이 되었던 것이다.

---

11) 평남지구위원회는 정치부, 조직부, 문화선전부, 경리부 등이 있었다.
12) 「解放日報」, 1945년 10칠 30일자와 『業命新聞』, 1945년 10월 16일자
   조선공산당 평남지구 확대위원회에서는 새로운 정치노선을 천명하는 결정서와 함께 23개조의 수정 강령을 채택했다. 이 강령 제1항의 "인민대표회의를 소집하여 인민공화국을 수립한다"는 조항이다. 이 조항이 내포하고 있는 의미는 박헌영 일파가 서울에서 급조한 인민공화국에 대해 간접적인 비판을 가한 것으로 해석할 수 있다.

김일성과 소련군 사령부는 즉시 이러한 문제를 이용하여 그들의 지위를 강화시키려 했지만 현준혁에 대한 공개적인 비판만으로 그의 지위를 약화시킬 수는 없었다. 현준혁에 대한 비판적인 결정서가 채택된 지 2주일이 채 안 된 9월 28일 정오에 현준혁은 조만식과 함께 트럭을 타고 가던 중 평양 시청 앞에서 암살되었다.[13]

김일성과 빨치산파는 김용범, 박정애, 장시우, 최양덕, 이주연, 장종식 등 평양의 공산주의 지도자들 즉, 지방당의 핵심적인 인물들을 현준혁의 영향권에서 떼어 놓으려 노력하였다. 현준혁은 김일성을 당 지도자로 내세우려는 것을 알게 되자 반대 입장에서 불만과 분노에 불타서 대항 활동을 시작했으며 그리고 나서 얼마 되지 않아 암살되었던 것이다. 공산주의자들은 조만식이 피해를 입지 않았다는 사실을 들어 이 사건을 우익 측에서 행한 백색테러라고 비난했다. 김일성은 현준혁을 가리켜 공산당의 탈을 쓴 민족주의 전향분자라고 매도하기까지 했다. 북한에 영향력을 가진 현준혁이 사망했음에도 김일성파에게는 영향이 미치지 않았다.

이주하는 해방 후 원산에서 자신의 주도하에 공산주의 운동을 재건하였다. 그 과정에서 이주하는 그의 부재중에 비합법적 지하운동을 이끌었던 사람과 그와 의견이 다른 사람을 배제하였다. 그리고 그는 박

---

13) 金昌順, 전게서, pp.66-68.
　　트럭 앞 좌석에 운전수와 조만식 사이에 앉아 있던 현준혁은 갑자기 트럭에 올라탄 괴한이 발사한 권총 1발을 맞고 그 자리에서 사망했다. 그러나 이 사건에 뒤이어 전개되는 북한의 정치 상황에 심각한 영향을 끼쳤다. 현준혁은 진보적인 지식인들에게뿐만 아니라 급진적인 민족주의자들에게도 상당한 인기를 끌고 있던 인물이었다. 현준혁은 박헌영을 제외한 모든 토착공산주의자들 간의 경쟁에서 가장 유리한 입장에 처해 있었고 더욱이 소련인들이 중립을 지켰더라면 김일성과 같은 무명의 청년 게릴라 지도자를 압도할 수 있었을 것이다.

헌영의 제2비서가 되어 실질적으로 정치국, 조직국, 서기국을 지배하였다. 김삼용과 이현상에 대해서는 모스크바 협정을 최초로 비난하였다는 이유와 국제노선을 말하며 자신을 합리화한 종파주의적 트로츠키주의14) 지도자라고 비난하였다.

남·북쪽에서 박헌영의 국내파로부터 헤게모니 장악을 위해 김일성 빨치산파는 새로운 당을 모색하게 되었다. 남·북쪽의 모든 좌익정당들은 합당공작을 통해 대표적인 노동당을 발족하게 된다. 북한에서 1946년 8월 28~30일 북조선공산당과 신민당이 합당하여 북조선노동당으로 명칭을 바꾸었다. 한편 남한에서는 1946년 8월 초부터 조선공산당(박헌영), 신민당(백남운), 인민당(여운형)이 합작을 시도하였으나 조선공산당 측에서는 합당을 하려면 당연히 당 대회를 하여야 한다면서 대회 소집을 요구하면서 반대하였다.

그런데 1946년 9월 초순 남한의 공산주의자 다수가 미 군정에 의해 체포되고 남은 사람은 지하로 숨어들었다. 동년 9월 29일에는 여러 지역에서 모인 조공 내의 반 박헌영파 대표 약 250여 명이 당을 재건하기 위한 회합을 윤일의 사회로 열어 지도부에 대한 불신임안을 통과시키고 김철수를 위원장으로 하는 27명의 중앙위원을 새로 선임하였다. 그러나 회의 도중 일부 간부는 미 군정당국에 의해 체포되고 많은 공산주의자들이 지하로 숨었다.

---

14) 이상두, 「마르크스레닌주의 제 문제」, (서울: 범우사, 1984), pp.84-86. 트로츠키의 주장은 러시아 혁명을 세계혁명의 일부분으로 간주하고 그것에 종속해야 하는 것으로서 독일, 영국, 불란서의 혁명적 노동자들에게 革命蜂起를 기대하였다. 따라서 타국의 혁명을 조직하고 그들을 지원해야 한다는 영구 革命論을 강조하였다. 그러나 스탈린은 타국의 혁명운동에 동정하면서 소련의 사회주의 건설에 주력하는 一國社會主義 路線을 주장하였다.

내부의 논쟁과 분열의 와중에 남쪽의 공산당 활동은 불법화되었고, 이러는 사이 박헌영은 모든 좌익정당 내부의 반대를 무릅쓰고 좌익 통합의 계획을 일관성 있게 추진해 나갔다. 남조선노동당의 창당은 9월 3일 발표되었으나 극단론과 그에 따르는 制裁의 악순환으로 2개월 후인 11월 13일에 공식 출범되었다.

1946년 가을의 유혈폭동 및 노동쟁의 시위가 남한을 휩쓸었고 이 사건과 관련하여 1,500여 명이 체포되고 일부는 지하로 숨어들고 일부는 월경하여 북한으로 들어갔다. 박헌영은 체포 영장이 발부된 9월 초순 38선을 넘어 해주로 피신하였다. 이로부터 박헌영은 권오직, 박치우, 이원조, 이태준 등과 함께 해주의 임시 당 본부에서 소련 점령 사령부와 긴밀한 관계를 유지하면서 남한의 당 조직으로 계속 명령과 지시를 하달하였다.[15]

2. 빨치산파

만주지방은 항일운동의 근거지였으며 한인들의 생활 근거지이기도 하였다. 또한 독립운동의 방법 면에서 무력투쟁의 중심이 되었다. 그러나 1920년대부터 공산주의 운동이 고조되면서 독립 운동가들에게 있어서 항일운동의 성격이 민족주의적인 항일운동에서 공산주의운동으로 성격이 변질되기 시작하였다. 이곳 만주지방의 공산주의 운동은 국제공산당 직속의 고려국내 상해파 박윤세 일파의 조직으로부터 시작되었다. 1923년 6월 책임비서 박윤세를 중심으로 하는 만주지부회가 조직되어 선전부장 주청송 등이 이태훈, 김세광, 홍범우, 남일우 등과 활동하였다. 그리고 시베리아 연해주당 간부지시로 선전부장 주청송

---

15) 金南植 「남로당 연구 1」, (서울: 돌베개, 1984), pp.258 – 267.

등은 모스크바 공산대학에 입학까지 하였다. 이동휘의 상해파가 세력을 확장하고 있을 당시, 1926년 1월 만주 공산당이 출범하면서 경북 안동 태생의 권정필(권동삼)이 중심이 되어 이동근, 김득수, 강선인 등과 함께 활동하였으며 한편으로는 방일정, 김훈 등으로 하여금 북만청년동맹이라는 공산청년회까지 조직하여 활동하였다.

1925년 4월 17일 조선공산당 제1차 공산당의 창당과 함께 만주국이 조직되어 만주국 책임비서에 조봉암과 김찬이 함께 활동함으로써 만주는 일크츠크파 화요회계의 중심무대가 되었다. 이 화요회계 만주국은 1926년 5월 16일 만주총국으로 승격 확장됨에 따라 한국공산주의자들의 만주 내 활동상황이 크게 변해갔다. 따라서 만주활동은 국내공산주의 조직 활동이 붕괴될 때마다 경찰의 검거망을 피해 만주로 도피함으로써 조선공산당의 국내활동이 모두 만주로 이동하여 결국 만주는 한국공산주의 운동의 중심지가 되었다. 그런데 국내당의 각파 간 알력투쟁 상태가 그대로 만주에서도 진행되어 한국공산주의 운동의 통일을 가져오지 못했다. 때문에 만주에서도 화요회 총국, 상해 총국 및 서울파 총국 등이 난립 분쟁하여 헤게모니 쟁탈에 급급하였다. 가장 세력이 강한 화요회파 총국은 조봉암 책임비서하에 조직부장 최원택, 선전부장 윤자영 등이 활동하였으며, 1926년 5월 16일 총국 예하에 동만구역국, 남만구역국, 북만구역국 등의 3구역 지부를 설치하여 세력을 확장하였다.[16]

특히 제1, 2차 조선공산당 사건의 영향을 받아 만주총국내의 일크츠크, 상해 양파간에 치열한 파벌 투쟁이 발생하여 890여 명의 상해파 핵심세력을 축출함으로써 화요회파가 주도권을 장악하였다.

전장에서 살펴본 바와 같이 재만 한인공산주의자들의 파벌 투쟁을

---

16) 李命英, 前揭書, 「在滿韓人共產主義運動研究」 pp.50-65.

지켜보았던 코민테른에서는 1928년 이른바 12월 테제를 발표하여 조선
공산당의 재만 각파의 총국을 모두 해체시키고 중국공산당에 편입을
지시하였다. 즉 일국일당 원칙에 따라 중국 영토 내에서는 중국공산당
의 존재만 인정할 뿐 조선공산당의 존재는 인정하지 않겠다는 것이었
다. 따라서 국제당으로부터 해체 명령을 받은 조선공산당 만주 총국은
중국공산당에 흡수하였으며, 재일본총국은 일본 공산당에 흡수하였다.

이에 따라 1930년 6월 이래 재만한인당원들은 앞을 다투어 중국공산
당 만주성위원회에 흡수하여 들어갔고 상해 방면 한인 공산주의자들은
중공당 강소성위원회로 흡수하였다. 상해 방면의 한인 중공당위원 중에
는 여운형, 구연흠, 김원식, 홍남표, 조봉암, 오성윤, 윤철, 장태준 등이
활동했고 만주성위원회는 조봉암(전조공만주총국책) 홍남표(이상 양인
은 강소성위에도 가담) 박윤서, 강효수, 오산세, 서중석, 주건, 윤자영
등이 활동했다. 이들 한인 당원들은 중공당의 입당 과정에서 먼저 심사
를 거쳐야 했다. 그 심사 기준은 과감한 당성을 요구하였다. 그 요구를
충족시키기 위해 한인 공산주의자들이 5.30 폭동에 수천 명이 가담하여
만주벌을 진동시키고 나서 개별적으로 입당해 들어갔다.[17]

이와 같이 코민테른이 조공을 해체하고 중공당에 흡수시키는 표면
적 이유는 일국일당제 원칙이었지만 사실은 중국공산당 재건에 있었
다. 당시 중공당은 장개석의 공산당 토벌에 의해 괴멸상태에 있었다.
중국공산당의 조직은 그 예하에 당중앙집행위원회와 중앙군사부 위원
회를 두었으며, 중앙집행위원회 밑에는 북경 중심의 북방국, 몽고 중심
의 동방국, 남경 중심의 남방국, 서남 중심의 장강국과 만주 중심의 만
주성위원회의 5개국으로 조직되었다. 중공당이 1925년 3월 제1차 국공
합작으로 인해 국민당 내에서 비밀리에 독자적인 조직을 구축하고 있

17) 상게서, pp.119-120.

었는데 1926년 3월 광주에서 발생한 중산함사건으로 장개석은 공산분자에게 타격을 가했다. 이로서 수많은 공산주의자들이 숙청되었다.[18] 1927년 이래 장개석에 의해서 중공당의 조직이 붕괴되고 오직 만주성위원회만이 남게 되었다. 중공당은 연안으로 패퇴하고 말았다. 이런 중공당 붕괴를 만회하고 중공당을 재건하기 위해 만주 내에서 활발히 움직이고 있던 한인 공산주의 당원들을 중공당에 흡수시켰던 것이다. 더욱 소련의 중국정책은 이미 일본군의 시베리아 철수로 인하여 효용가치 없는 한국독립군 부대를 이용하여 對韓 적화정책으로부터 중국군벌의 각축전으로 혼란하게 된 중국대륙의 적화정책으로 전력을 기울이기 시작하였다. 이러한 책략으로 당시 괴멸직전에 있는 중공당을 소생하기 위해 조선공산자들을 중공당에 흡수시켰는데 당시 중공당만주성위원회는 중국인 당원이 37명밖에 되지 않았으며 이에 수 천명의 재만 한인 당원들이 편입해 들어감에 따라 만주성위원회의 활동이 급격히 활발해 졌다. 사실 중공당 만주성위원회는 조선공산당의 활동체가 되었다. 그러나 점차 중국인 당원이 증가하게 되었으며 그 양상은 항일연군의 형태로 대일 군사 활동을 강화시키는 결과를 가져왔다.

　1931년 9월에 일제가 만주를 점령하고 다음 해에는 청국의 마지막 황제 부의를 앞세워 괴뢰 만주국을 세우게 되자 중국인들은 반만항일의 무력투쟁에 궐기해 나섰다. 이에 따라 중공당 만주성위원회에서는 1933년 1월 코민테른의 1월 서한에[19] 따라 소비에트 홍군의 명칭을

───────────────

18) 김하룡, 「중국정치론」(서울: 박영사, 1996), pp.18-19.
　　　중산함 사건이란 국민정부의 군함 중산호의 艦長이었던 李之龍이 共産黨과 함께 廣州에 주재하는 소련영사관과 내통해서 장개석을 살해하고 국민정부를 전복·장악하려고 하였던 일종의 반국민당 쿠데타 사건이었다.
19) 이명영, 전게서, pp.100-101.
　　　1933년 1월 26일 코민테른과 중앙당 본부에서 "만주정세와 아군의 임무"라는 지시로 만주성 위원회에 전달한 것인데 그 내용은 만주지역의 공

취소하고 예하에 동북 인민혁명군을 1933년 9월에 조직하였는데 조선 공산당원들은 대부분 이에 참가하였다. 1936년 동북인민혁명군은 동북 항일연군으로 개편되었고 제1로군은 동남만을 제2로군은 동북만을 제 3로군은 북만을 유격구로 하였으며 이들 중 제1로군에는 주로 한인들로 편성되었다. 동북항일연군은 중국공산당이 아닌 소련 극동군 사령부로부터 지원하에 산악지대 밀림 속을 유동하면서 일만군경에게 크게 피해를 주었다. 또한 소련으로부터 물심양면 지원하에 日·滿軍警을 교란시켰다.[20] 동북항일연군중의 유명했던 사람은 제1로군 제2군 제6사장 김일성이다. 그는 1936년 6월 상급당인 동만특위에서 재만 한인 조국광복회를 발족시키자 그 지시에 따라 자기의 유격구인 장백현과 함남 갑산군 일대의 지하에 그 지방조직을 진행시키고 그 지하조직과 연락하여 1937년 6월 4일 밤에 갑산군 보천보를 습격하기도 하였다. 특히 제1로군에 많은 한인들이 활동을 하였는데 그 대표적인 인물은 전광[21]이다. 그는 남만성위상무위원 겸, 제1로군 비서처장 겸 군

산유격대를 더욱 확장하고 민족주의 세력을 공산유격대의 지배하에 두기 위하여 통일전선을 구성하는 것이 滿洲省委員會의 임무였다.

20) 상게서, pp.102-107.

소련은 우수리 강을 사이에 도고 동북항일연군을 적극적으로 지원해 주고 있었다. 구체적인 방법은 첫째 聯軍에 대한 소련 내의 韓中系 軍官의 파견, 둘째 전황이 불리할 때 聯軍 隊員의 蘇聯領의 도피 報障, 셋째 소련에서 연군 대원의 훈련, 넷째 연군 부상자의 소련 내 수용 치료, 다섯째, 연군 대원 가족의 소련 내 수용, 여섯째 무기 탄약 물자 자금의 지원, 일곱째 특별 교란 공작의 지원, 여덟째 첩보공작의 지원, 아홉째 소련 내 군사 지도원의 파견 등이다.

21) 북한의 김일성이 당시 普天堡戰鬪 主人公 與否에 관하여 論難이 있다.

否定說은 이명영, 허동찬, 임은, 김창순 등이다 이 주장은 보천보 전투의 장본인 김일성은 1937년 11월 15일 滿洲 撫松縣楊木頂子에서 滿軍 步兵 第1團 1營軍의 공격을 받고 사망하였다.

肯定說은 서대숙, 이종석 등이다. 이 주장은 1936년 3월 김일성은 동북

수처장이었으며, 제1로군 제2방면군 여성 청년부장이었던 김혜순과 제
1로군 제2방면군 제4사장이었던 안봉학과 제1로군 제2방면군 참모장
이었던 林水山은 투항하였고, 제3로군 총참모장이었던 허형식은 전사
하였다. 동북항일연군의 위세가 한창일 때 동북항일연군 내 한인은
3,000명 정도였다. 동북항일연군의 편성과 구조는 〈표 3-1〉과 같다.

이렇게 하여 만주 내의 한·중국간의 공산주의자로 구성된 항일연군
의 항일투쟁이 점차 격화되어 가는 도중 일본군은 1937년 7월 17일 북
경 교외의 노구교 부근에서 지나사변이라는 중·일전을 발발하면서 만
주 일대에서 활동하는 중공당의 활동에 대해 대대적인 공격을 함으로
써 만주 내의 공산주의 활동이 붕괴되었고 1939년 말부터 만주 내의
활동은 불가능하게 되었다. 따라서 중공당 만주성위원회내 한인당원들
의 일부는 소련령의 시베리아로 퇴각하였으며 중국 본토에서 활동 중
이던 김두봉 등은 모택동의 중공당중앙부를 따라 연안으로 합세하였다.

〈표 3-1〉 동북항일연군 편성

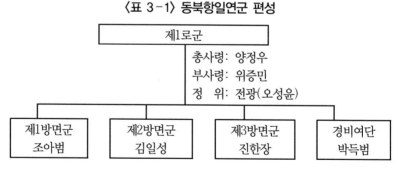

부대의 편제는 군-사-단-연-반으로 되어 있다.

항일연군 제3장에 취임하였으며 다시 개편된 1로군 6사장으로 反日民族
統一體로서 1936년 5월에 결성된 조국광복회 국내조직 작업을 추진하였
으며 1937년 6월 국내 진공전투의 일환으로 보천보 전투를 감행하였다
고 주장하고 있다.

이로부터 조선공산당의 존재는 완전히 해체되고 재만 한국공산주의자들은 중국공산당의 당원으로서 중국의 공산주의를 위해 활동하게되었다. 앞서 살펴본 바와 같이 1939년 말부터 1940년 중반까지 일·만군경의 대대적인 공격에 동북항일연군 모두는 소련령으로 도피하였으며 총 300여 명 중 한인은 100여 명 정도였다. 이때 동만 지역에서후퇴하던 제1로군과 제2로군의 일부 부대들은 오케얀스카 밀림에 설치된 병영에 수용되었다. 한편 북만 지역에서는 제3군과 제2로군 주력부대의 생존자들이 하바로프스크 지역으로 월경하여 비야츠크라는 삼림 속에 설치된 병영에 수용되었다. 동북항일연군의 주보중 사령관은국제공산당과 소련군의 지원을 받아 오케얀스크와 비야츠크의 두 병영에서 계속 월경하는 항일연군 소속대원들을 수용하여 훈련을 실시하면서 차기작전을 구상하고 있었다. 이러한 시기에 소련 극동방면군사령부의 정찰국에서는 장차 일본과의 전쟁에 대비하여 중국의 동북지역과 한반도 지역에 주둔하고 있는 일본군에 대한 정보획득과 적후방에 침투할 특수부대 창설이 요구되고 있었다. 따라서 이 지역에서항일 빨치산 활동을 했고 또 중국인과 한국인으로 구성된 동북항일연군 소속의 빨치산 대원들이야말로 이 임무를 수행하기에 안성맞춤이라고 판단하였다. 이리하여 소련 극동방면군 사령부에서는 동북항일연군의 최고책임자인 주보중 사령관과 협의하여 오케얀스카 병영에 있는 동북항일 소속의 대원들을 1941년 11월 하바로프스크의 비야츠크병영으로 이동시켜 이곳에 있는 항일연군 소속대원들과 통합시켰다.이때 오케얀스카야 병영에 함께 있던 오백룡, 지병학, 석산, 김창봉,김병갑, 백학림 등은 소련 극동방면군정찰국의 소속으로 활동하였다.비야츠크 병영에 통합된 동북항일연군 소속의 병력은 약 470명(중국인 400명, 한국인 60명, 몽고인 10명)이었으며 소련군 약 120명과 한국인 2세 12명을 추가하여 약 600명으로 1942년 8월 1일 소련 극동 방면군 정찰국 직속의 '소련 제88여단 독립저격려단'으로 명명하고 발족하였다.[22] 88여단의 편성은 아래 〈표 3-2〉와 같다.

〈표 3-2〉 88여단의 편성

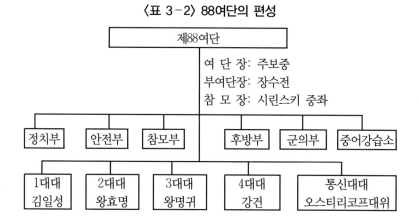

이들 중 약 65명 정도가 해방 직후 북한에 입국하였는데 이들을 빨치산파라고 한다.

이들 대표적인 인물은 김일성, 최용건을 비롯하여 김책, 강건, 안길, 김광협, 이영호, 유경수, 최용진, 노재삼, 박영순, 허봉학, 김경석, 최충국, 오진우, 조정철, 이을설, 이두익, 김창현 이봉수, 전문섭, 김성국, 임춘추, 김명준, 김충렬, 김일, 김책, 박성철, 안길, 최현, 최광, 허봉학, 석산, 김경석, 이승호, 이철운, 서철, 김창봉, 최용건, 오백룡, 최민철, 지병학, 김재혁, 한익수, 김대홍, 김동규, 박영순 등이 포함되어 있다.

22) 장준익, 「북한인민군대사」(서울: 서문당, 1991), pp.371-372.

3. 연안파

모택동 산하에서 활동하다가 연안에서 입국한 주요인물 김두봉, 무정, 최창익 등을 연안파라고 한다.[23]

이들은 앞장에서 설명한 국내와 만주의 공산주의 운동이 자취를 감추고 있던 1940년대 전반 중국의 본토 화북에서 한인 공산주의 운동을 활발하게 한 사람들이다. 이들은 중공당의 지원하에 일제와 싸웠던 조선독립동맹과 그 예하 조선의용군의 활동을 이끌어 나갔다.

1919년 3월 이후 중국에서 한인들의 활동무대는 상해였다. 이동휘가 1921년 고려공산당을 발족시키면서 활동하게 되었던 곳이기도 하다. 초기 상해를 무대로 했던 공산주의자들은 그 후 대부분 국내와 만주, 러시아로 활동무대를 옮겨 활동하였으며, 또한 국내에서 일경의 검거를 피하여 상해에 일시 망명한 사람들에 의해 조선공산당 상해지부가 일시 설치되기도 했으나 그것도 1926년에 해체되었고 1927년 9월에 모두가 중공당에 가입함으로써 강서성 법남구 한인지부가 여운형, 구연흠, 김원식, 현창건, 홍남표 등이 중심이 되어 설립되었다. 그러나 그 대부분이 일경에 의해 체포되었기 때문에 1930년대 초에 이르러 상해 중심의 한인 지부는 쇠퇴하고 말았다. 그 이후 제2세대라고 할 수 있는 사람들이 1935년 7월에 남경에서 발족한 조선민족혁명당으로 집결하였다. 이 당은 좌우파의 연합체였지만 중심인물은 김원봉이었다. 그는 행동파 민족주의 단체로서 유명했던 의열단을 이끌었던 사람

---

23) 이들은 1946년 2월 16일 조선 신민당을 만들었다. 이들은 **빨치산파**와 北朝鮮臨時人民委員會를 만들어 북한 단독정권의 序幕을 열었으며 이를 확고히 하기 위하여 양당은 1946년 8월 28일 통합하여 北勞黨(北朝鮮勞動黨)을 창당하고 남한에 대하여 좌익 3당을 통합 지시하였다.

이며 1920년대 후반부터 좌경화되기 시작하였다.[24] 한편 국내에서 공산주의 활동을 하던 중 체포되어 감금되었다가 형기를 마치고 중국으로 건너간 최창익, 이건우, 한빈(왕지연) 등이 중심이 되어 1938년 10월에 무한에서 〈표 3-3〉과 같이 조선의용군을 발족시켜 중국군과 함께 항일군사 활동을 개시하였다. 그러나 이들 중 최창익은 반기를 들고 중공당의 본부가 있는 연안에서 20여명의 한인들 합쳐서 1941년 1월 중공당의 지도하에서 화북조선청년련합회를 발족시켰다. 회장은 무정이었으며 본부는 연안의 동쪽 중공당 전방사령부 소재지인 산서성 진동남에 있는 태행산중에 설치하였다.

〈표 3-3〉 조선의용군 조직 과정

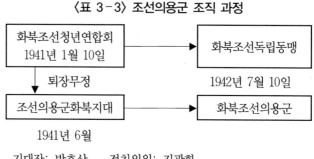

지대장: 박효삼   정치위원: 진광화

이렇게 되자 조선의용군에 머물러 있던 대부분의 대원들이 북상하여 연합회에 합류하였다. 연합회는 1941년 6월에 〈표 3-3〉와 같이 조선의용대 화북지대라는 무장부대를 발족시켰다. 화북에 있어서의 이와 같은 한인 공산주의자들의 동태는 중경 쪽에 있는 좌파 한인들을 화북으로 불러들이는 계기가 되었다.

조선민족혁명당의 원로 간부였던 김두봉도 중경으로부터 연안으로

---

24) 李命英, 「權力의 歷史」(서울: 종로출판사, 1993), pp.136-137.

가서 연합회에 합류하였다. 힘을 얻은 연합회는 1942년 7월에 화북조선독립동맹(조선독립동맹)으로,[25] 그리고 조선의용대 화북지대는 조선의용군화북지대(조선의용군)으로 개칭,[26] 개편되었다.

조선독립동맹은 중공당 치하의 화북 각지에 지부를 설치했으며 일본군의 점령지역에도 다수의 공작원을 침투시켰다. 또 조선의용군은 3개 지대로 편성되어 각각 중공군의 전선에 배치되었다. 이들의 총원은 300명 정도였다.[27]

이들은 일제에 징집된 한인 청년들에 대해서 일본군을 탈출하여 조선의용군에 합세토록 유도하였으며, 또한 심리 공작전을 전개하여 일군의 전의를 상실케 하였다.

전투 중에는 조선독립동맹 중앙상무위원이었던 김학성이 사망하였으며, 또한 일본군의 후방에서 활동하다가 체포된 화북 제1구 공작위원회 책임자 이명선 등이 있었으며 나머지는 광복과 더불어 북한에 귀국하였다. 이들은 독립동맹계와 조선의용군계로 구분되어 입북하였다. 독립동맹계는 김두봉, 최창익, 김창만, 윤공흠, 한빈, 김민산, 하억천, 김한, 서휘, 이필규, 양구, 임철, 고봉기, 김웅, 이익성, 왕연, 박훈일, 이림, 허정숙, 등이었으며, 조선의용군계는 무정, 박일우, 박효삼, 김광협, 장평산, 김창덕, 이권무, 방호산, 이상조, 최일, 홍동철, 김호, 김강, 방호산, 김창덕, 박일우, 장평산, 전우 등이다.[28]

---

25) 華北朝鮮獨立同盟主席: 金枓奉, 부주석: 崔昌益, 韓斌, 집행위원: 武亭, 許貞淑, 李維民, 朴孝三, 朴一禹, 金昌滿, 梁民山, 朱春吉, 方禹鏞, 김한중, 河仰天, 李春岩, 張振光, 金活 등이다.

26) 朝鮮義勇軍 總司令: 무정, 부사령: 박효삼, 정치위원: 박일우 등이다.

27) R. A. Scalapino & Chong-Sik Lee, op. cit., pp.157-160.

28) 金昌順, 전게서, pp.61-65.
　　이들 연안파는 1950년대에 반당, 반혁명의 죄목으로 숙청되고 최창익의 처 허정숙은 변절하였다.

조선독립동맹에서 연안지부회장으로 있었던 주덕해는 1956년 간도
가 연변조선족자치주로 되자 그 주석으로 임명되었는데 중국 문화대
혁명 때 파면되어 하북성의 인민공사로 유배 중 사망하였다.

조선독립동맹의 최고 간부들이 1945년 9월 중순경 압록강 대안의
안동현에 도착하여 일부는 연락을 위해 남고 그중 한 그룹이 평양으
로 입성하였다.

연안에 전시 사령부를 둔 조선독립동맹은 모택동의 보호와 무정의
지도하에 많은 군사요원과 정치요원들을 훈련하여 만주와 화북 지방
각지로 파견하였다. 초기에 도착한 조선독립동맹 부대에는 무장군인은
거의 없고 주로 정치지도자들이 포함되었다. 그러나 10월 말 무렵 팔
로군에 복무하던 장교들이 인솔하는 약 2,000여 명의 조선의용군 병사
들이 安東에 도착했다. 조선의용군 압록강지대의 지휘관은 고아 출신
으로서 어렸을 때부터 팔로군에서 자라난 약관 26세의 김강이었으며,
정치위원은 황포군관학교를 졸업한 36세의 김호였다.[29] 병사들 대부
분은 역전의 용사들이었으며 신병들도 어느 정도 포함되어 있었다. 당
시 안동현에서 약 70,000명의 한국인들이 살고 있었는데 생활이 극히
궁핍하여, 젊은이들은 우선 먹을 것을 얻기 위해 조선의용군에 가담했
다. 그래서 1945년 연말 무렵까지 조선의용군 병력은 약 4,000명으로
늘어나게 되었다. 압록강지대의 두 젊은 장교 김호와 김강은 매일같이
평안북도 소련군 경무사령부를 찾아가서 2,000여 명의 병사와 함께 압
록강을 건널 수 있는 허락을 받으려 했고, 11월 중순이 되어서야 허가
가 내려졌다. 북한주둔 소련군 제25군 참모장 밴코프스키(Bankowsky)
중장은 군용기 편으로 신의주에 도착하여, 사흘 후에 조선의용군이 압

---

29) 한상도, 「韓國獨立運動과 中國軍官學校」(서울: 문학과 지성사, 1994),
    pp.148-149.

록강 철교를 건너게 될 것이라고 발표했다. 이렇게 해서 조선의용군은 신의주 시가를 행진한 다음 신의주 고보에 숙소를 정하도록 허락을 받아냈다. 그러나 동시에 밴코프스키 중장은 조선의용군을 불러들이는 대신 신의주에서 반 감금상태에 있었으며, 도착 당일로 무장 해제시키라고 경무사령관에게 지시했다. 그리고 그날 밤에 그들은 무장 해제되어 다음 날 대부분의 병사들은 다시 만주로 추방당하고 말았다.[30] 이러한 결정이 내려지게 된 이면에는 정치적인 이유가 있었다. 당시 조선의용군 중 많은 수가 주로 국내에는 별다른 연고가 없는 상태에서 단지 식량을 얻기 위해 입대한 병사들이었다. 그럼에도 불구하고 이 같은 결정은 차후 중국의 영향력을 고려한 소련의 정치적 의미를 내포하고 있었다.

결국 이들의 입북이 원활하지 못한 이유는 정치적 이유와 국제정치적 상황에서 찾을 수 있다. 즉 그들이 입북함으로써 발생되는 북한 내의 복잡한 정치 상황과 당시 중국은 國·共 내전으로 인한 혼란한 정치적 상황에서 용맹스런 한인의용군 부대가 만주에서 버팀목 역할을 해줄 것을 중국공산당은 기대하였기 때문이며, 소련은 북한내 중국세력을 제거하기 위함이었다.

중국 화북에서 활동하고 있던 무정 사령에게 주덕 8로군 총사령관은 1945년 8월 12일부로 제6호 명령을 하달한다. "즉시 소속 부대를 이끌고 동북으로 진출하여 일본군과 그의 괴뢰군을 소멸하고 동북에 있는 조선인민을 조직하여 조선을 해방하는 역사적 과업을 수행하라"는 명령을 받았다.[31] 이에 따라 연안, 태행산, 북양, 익림, 조선혁명군사학교 등에서 활동하던 한인 의용군들이 속속 만주 심양에 1945년

---

30) 金枓奉, 「獨同과 義勇軍」, 「現代日報, 1946년 3월 25일자).
31) 이홍원, 「동북인민혁명투쟁사」「서울: 참한출판사, 1989), p.39.

10월 하순부터 11월 7일까지 약 2,000여 명이 집결하여 그 과업을 수행하였다.

한편 조선의용군 선견중대 역시 입북하려 하였다. 그러나 당시 조선에서는 미국과 소련 점령군 이외는 어떤 무장부대도 입국할 수 없다는 미·소 간의 협약 때문에 무장을 할 수 없었다. 또 하나는 장개석의 국부군대와 모택동의 중국 8로군 사이에 동북지역에서 접전이 예상되어 화북조선 의용군은 동북조선의용군으로 개칭하고 장개석의 국부군이 동북으로 진공할 것이기 때문에 무장력을 확대하여 동북 국부군의 근거지를 진압하라는 명령을 받았다. 그렇지만 한인 중에서 노혁명가들은 조선으로 돌아가고 나머지 군은 3개 지대로 편성하여 동만, 남만, 북만주를 방어하라는 8로군에서 명령이 하달되었던 것이다.[32] 때문에 이들은 이들 각 지대에 부여된 활동지역으로 이동하였으며 조선독립동맹 간부들은 개별적으로 입북하였다.

잔류된 제1지대는 1946년 2월 23일 리홍광 지대로 명명하여 47년 2월에는 몽강-금천-휘남 전선으로 진출하여 금천 전투와 휘남성 전투에서 승리하여 국부군의 전력을 크게 약화시켰다. 또한 1948년 2월 28일 사평전투와 1948년 9월 10월 사이에 있은 장춘 포위작전과 동년 10월 30일에 있은 심양 전투에서 승리하자 이들을 독립적인 중국인민해방군 육군 보병 제166사로 개칭되었다.

제3지대는 북만주에서 1945년말 목단, 동흥, 통화, 방정, 연수 전투

32) 김창순 전게서, pp.61-65.
　　총사령부: 총사령 武亭, 부사령관 朴孝三, 부사령관 朴一禹, 참모 金剛
　　제1지대 (南滿): 지대장 金雄, 정치위원 방호산, 참모장 안빈
　　제3지대 (北滿): 지대장 이상조, 정치위원 주덕해, 부지대장 김창덕, 참모장 김연
　　제5지대 (東滿): 지대장 이익성, 정치위원 박훈일, 참모장 조열광

에서 승리하여 전과를 올렸으며, 그리고 이들은 1949년 3월 중국인민해방군 제164사 보병 제491사단으로 정식 편성되었다.

동북지역의 제5지대는 길림, 연길, 조양천에서 중국군에 흡수통합 운영되었다. 이곳은 이미 88여단이 있었던 지역이라서 그들에게 선제권을 빼앗겼다. 이들 역시 제4야전군 임표의 각 사단에 배속되어 국부군을 추격하여 천진, 북평, 호북성, 하남성까지 추격하는 데 기여하였다.

결국 이들이 입북하는 시기는 만주에서 국민당의 군대가 완전 평정된 후비로소 입북하게 된다.

166사의 방호산 부대는 1949년 7월 25일 11,000명의 병력을 인솔하여 북한인민군 제6사단에 편성되었으며, 중국인민군 제164사 부대 약 7,500명은 1949년 나남에 도착하여 3,500명을 추가 보충받아서 조선인민군 제5사단으로 편성되었다.

먼저 입국한 노혁명가들인 무정, 김두봉, 최창익, 한빈 같은 연안파 지도자들은 당시 한국 정치 상황에서 막강한 힘을 발휘할 수 있는 잠재력을 지닌 인물들이었다. 그 무렵의 어떤 공산주의자 중에도 이들만큼 오랫동안 조직 활동과 전투 경험을 쌓은 사람은 없었다. 더구나 당시 실정으로 보아 비록 모택동이 한국문제에 직접 개입할 여력이 없었다 해도, 연안파는 중국공산당으로부터 강력한 지지를 받고 있었다. 따라서 북조선 주둔 소련 점령군 사령부와 조선공산당 북조선분국 사람들에게는 달갑지 않은 사람들이었는데 이는 경쟁자가 될 수 있는 사람들이기 때문이었다. 특히 무정은 김일성에게는 거북스러운 존재였다. 그는 함경도 출신으로서 중국 공산당의 역사적인 대장정에 참여하였으며 더구나 중국 인민해방군 8로군의 포병사령관으로까지 과장되게 알려졌기 때문이다. 그러나 김일성에게 다행스러운 것은 해방 후 4개월 후에 입국하였기 때문에 그동안 북한은 조만식의 조선민주당 세력과 북조선 주둔 소련 점령군 사령부의 절대적인 비호를 받고 있는 조선공산당 북조선분국 세력에 의해 주도되고 있어서 연안파가 들어갈 공간이 없었으며, 또한 연안파 내부의 알력 때문에 서로 간의 단결이 부족하였다. 특히 무정은 자신에 대한 북한 주민들의 평가를 과신해서 단독으로 행동하였다. 그렇기 때문에 그들은 그 나름의 투쟁 업적과 명성에 비해 푸대접을 받을 수밖에 없었다.

만약 무정과 그 동료들이 상당규모의 병력과 정치요원들을 이끌고 국내로 입국 하였다면 북한에서 가장 강력한 정치세력으로 떠오르게 되었을 것이다. 조선의용군에 가해진 여러 가지 제약에도 불구하고 연안파는 평안북도, 황해도를 중심으로 지방에 세력기반을 구축하기 시작했다. 연안파 지도자들은 계속 조선독립동맹이라는 명칭을 사용하면서 남북한에 걸쳐 지방 세력을 조직해 나갔다.

4. 소련파

광복과 동시에 소련군과 함께 입북한 이른바 소련파들은 대부분 조선시대와 일제치하에서 소련령으로 이주한 한인이나 교포 2세들로서 소련군에 입대 또는 관공서에서 근무하였던 사람들이다. 그들의 입국 동기는 광복 후 북한지역에서 일제가 물러나고 그 행정공백을 대신하기 위해 소련군과 함께 입국한 사람들이다. 대표적 인물로는 許哥而를 비롯한 태성수, 김열, 최표덕, 이동화, 강미하일, 최흥극, 최호림, 최원, 최종학, 오기찬, 박길남, 문일, 이청송, 정률, 유성철, 정학준, 김봉률, 이종인, 남일, 기석복, 한일무, 김일, 박병률, 박길남, 전학준, 정학준, 김창국, 김파, 김파우엘, 박의완, 박창옥, 박창식, 박무, 방학세, 임해, 진반수, 허익, 허빈, 이달진, 박정애 등이다.[33]

소련 군정당국은 초기에 이들 소련계 한인들을 주된 기반으로 삼으려 했으나, 그러나 상당수는 소련군의 철수와 함께 귀국하였다. 이들의 대부분은 소련에서 태어나 소련 시민권을 가지고 있었기 때문에 내외적으로 소련의 노선을 추종하는 사람들이었다. 이들을 가리켜 소련파라고 한다. 그러나 동북지역에서 활동하다 세계 제2차대전말 소련으로 월경하여 활동하던 김일성을 위요한 빨치산파와는 구별된다.

소련 점령군 초기 모든 중요한 정책결정을 소련군으로부터 직접적인 지휘를 받고 있던 소련계 한인들과 빨치산파와 결탁은 아무도 넘볼 수 없는 세력을 형성하였다. 북한에서 정책 입안을 책임지는 가장 핵심적인 부서는 평양 시내의 구평양 세무서 건물에 자리 잡고 있던 세칭 로마넹코(Romanenko) 사령부로서[34] 엄격한 보안 속에서 대단히 신중하게 움직였다. 이들은 소련파와 빨치산파의 핵심인물들로서 43인이 구성되어 사령부에서 정치문제를 토론하고 소련군이 하고자 하는 일에 대해 해설을 들으며 여러 가지 제안과 명령을 하달받았다. 결국 이 모임이야말로 소련 군정의 중추신경이자 아울러 북한정치권력의 근원이었던 것이다.[35]

소련이 북한에 대해 영향력을 행사하는 데에서 중요한 통로 역할을 한 것은 북한정권의 요직에 있었던 소련파라고 할 수 있다. 당시 요직을 차지하고 있던 소련파 한인의 숫자는 200명으로 추산되고 있다. 이런 소련파들은 대개 5개 부류로 구분되었다.[36]

---

33) Chong-Sik Lee & Ki-Wan O, "The Russian Faction in North Korea", Asian Survey, 1968년 4월, pp.270-288.
34) 이 명칭은 로마넹코(Romanenko) 소장이 초기 점령군 사령관이었던 데서 기인한다.
35) 金昌順, 「북한 15년사」(서울: 知文閣, 1961), p.54.
36) M.T. КИМ, op. cit., p.68.
    소련의 민족 차별정책으로서 한인 교포가 많이 살던 소련 원동 지방에 첫째, 소련의 정식 국적을 가지고 북한으로 입북한 사람들이다. 이들 중에는 허가이, 남일, 박창옥, 이봉수, 김승화 등이다. 둘째, 소련의 조건부 국적을 취득한 사람들로 태성수, 기석복, 장하일, 정률, 허빈 등이 있었다. 셋째, 소련의 정규교육을 받은 자들로 박일, 박영, 이용석, 김열, 허가이 등이다. 넷째, 소련군에서 복무하다가 소련군과 함께 북한에 들어온 자들은 박의완, 김재욱, 이봉수 등이다. 다섯째, 소련에서 당·정·군대기관에 종사하던 자는 허가이, 남일, 정율, 조기천 등이다. 기타 소련에서 비밀경찰에 복무하다 입북한 방학세도 있었다. 이와 같이 소련파들은 각기 나름대로 세력을 형성하고 있었다.

이들 러시아화된 한인 또는 소련 2세 한인들은 대다수가 이중 국적을 가지고 있었다. 이들은 공산당 내부의 최고 지위인 당 책임비서직과 소련대사관과의 연락책을 겸임했다. 그중 가장 뚜렷한 한 사람은 당중앙본부의 조직부장인 허가이였다.[37] 오랫동안 노동당의 부상으로 핵심부서에 근무하였다. 내무성의 정치보위국과 같은 중요한 곳에는 반드시 한 명 이상의 소련계 한인 부상을 배치하였다. 김일성 대학 부총장 김승화도 소련계 한인이었으며, 소련의 중앙아시아에서 돌아온 그의 많은 동료들이 당중앙학교, 군사학교, 내무성 산하 간부학교의 핵심적 직책을 맡았다. 노동당 기관지 노동신문의 주필 기석복도 소련계 한인이었으며, 조·소선박회사의 북한 측 대표, 민주 여성동맹 위

서 1937년도에 중앙아시아 쪽으로 강제 이주당한 한국 교포들이 대부분이며 거주지 제한, 은행대부제한, 병역 의무에서 제외 등 여러 가지의 차별대우를 받았다. 이들에게 조건부 국적이 해제되고 정식 국적으로 교환된 것은 1952년경이었다.

37) 김학준, 전게서, pp.98-99.
함경북도 출신의 이민의 아들로 1904년 블라디보스토크 근교에서 태어났다. 연해주 공업아카데미대학을 졸업하고 1937년 우즈베키스탄으로 강제 이주되었고 안기율이라는 작은 도시의 소련공산당 제1서기가 되었다.

원장 박정애도 소련파이다.[38]

이들은 소련 군정초기부터 널리 기용되었다. 그들은 거의 모든 주요 정부기관의 요직을 점하고 있었는데 대개가 부상급이었기 때문에 실질적으로 막강한 권력을 행사할 수 있었다. 소련파 한인 가운데는 단기 임무를 띠고 왔다가 일정한 복무 기간이 끝난 후 소련으로 돌아가는 사람들도 있었지만 소련의 지령 때문에 또는 자기 스스로의 의사 때문에 무기한 체류하는 사람들도 있었다. 특히 이들은 일반 주민들 속에서 생활하면서 소련의 지시와 감독을 받고 있었다. 소련의 권력은 직접적으로 그리고 근본적으로 이들을 통해 북한지역에 기반을 구축하였던 것이다.

또한 소련군과 함께 활동하던 빨치산파와는 상당히 밀접한 관계처럼 보였지만 빨치산파는 이들을 경계하였다. 그 이유는 3가지로 지적할 수 있다.

첫째, 이들은 당무의 경험과 능력의 소지자로서 김일성의 빨치산파의 무능과 전횡에 반감을 가지고 있었다.

둘째, 이들은 소련이라는 강력한 배경이 있었고 당시 북한지도층 내에서 소련파가 차지하고 있었던 지위와 세력은 여타 파벌에게 타도의 대상이었다.

셋째, 추후 조선노동당 창당시 김일성이 위원장이고 박헌영과 허가이는 부위원장이었다. 따라서 부위원장 둘이서 김일성을 반대한다면 김일성에게는 중대한 문제가 발생하게 될 것이라는 의구심을 가지고 있었기 때문이다.[39]

---

38) Chong-sik Lee & Ki-Wan Oh, "The Russian Faction in North Korea", *Aisan Survey*, April, 1968, pp.270-288.
39) 김학준, 전게서, pp.78-79.

제2절 소비에트화 과정과 권력배분

1. 민족진영과 통일전선

1945년 8월 15일 광복 정국의 국내·외적 요인들은 공산주의자들에게 유리한 조건들을 제공한 것으로 비쳐졌다. 특히 학생과 지식인들 사이에 급속한 좌경화가 자연스럽게 일어났다. 구질서는 와해되고 따라서 많은 사고방식도 흔들렸다. 더욱 국내 많은 지도적 인물들은 과거 일제하에서의 경력으로 말미암아 전적으로 혹은 부분적으로 不信을 받고 있었다.

특히 학생, 지식인 사회는 좌익에 유리한 요인들을 내포하고 있었다. 고등교육을 받은 사람들은 극소수였는데 대다수의 학벌이 좋은 지식인들은 일제하에서 그들과의 협력으로 인한 과거 때문에 오명을 남기게 되었다. 반면 좌익혁명가들은 일제하에서 은밀하게 활동하였으나 광복 직후에는 공개적으로 활동하게 되었다. 그들의 경력은 북한 주민들에게 동경의 대상이 되었으며 일본의 압제에 대항하는 투쟁의 영웅으로 묘사되기 시작하였기 때문이다.

그들의 활동 범위와 성격은 급속히 조명되었다. 일제하에서는 공산주의 운동이 위험스러웠지만 이제는 심리적으로 공산주의 활동은 안정감을 주었다. 그러나 이러한 상황에서 지식층은 갈피를 잡지 못하고 공산주의, 사회주의, 자유민주주의 간의 차이를 제대로 이해하는 사람이 드물었다. 따라서 이 시기의 남과 북은 사상적으로 매우 혼란스러운 상황을 맞고 있었다.[40]

---

40) R. A. Scalapino & Chong-Sik Lee, op. cit., pp.325-316.

일제의 패망과 동시에 북한지역에서 가장 활발하고 세력이 우세하였던 집단은 종교인 및 지식층으로 구성된 민족세력집단이었다. 일제는 패망직전 평남도지사로 하여금 민족지도자 중 제1인자인 고당 조만식에게 행정권을 이양하도록 하였다.[41] 8월 15일 일본의 항복이 발표되자 조만식은 평안남도 치안유지위원회의 조직에 착수하였다. 위원회는 우선 일본인의 생명을 보호하자는 내용의 전단을 만들어 배포하였다. 8월 16일에는 평양의 형무소와 유치장으로부터 3,000명가량의 수감자들이 석방되었는데 대부분 정치범이었다. 다음 날인 8월 17일에는 치안유지위원회가 평안남도 건국준비위원회로 재편되었다. 이 사실로 보아 당시로서는 서울과의 연락이 대단히 신속하고도 효과적으로 이루어졌음을 알 수 있다. 평남 건준위원장에는 조만식 그리고 부위원장에는 역시 기독교 장로였던 오윤선이 추대되었다.

20명이 넘는 초창기 위원들 중에서 공산주의자는 단 2명뿐이었다. 이 사실은 당시 한국에서 공산주의자와 민족주의자 간의 세력관계를 단적으로 말해주는 것이다. 공산주의자 두 사람은 한재덕과 이주연으로서 둘 다 경험이 풍부한 운동가였다. 해방 전에 이주연은 화요회계의 지도하에 있던 조선농민총동맹의 중앙집행위원을 지냈고, 1927년에서 1931년까지는 신간회 본부와 단천지회의 간부를 지내기도 했으며 1931년에는 단천의 적색농민조합사건에 연루되어 6년간 감옥생활을 하였다. 그는 이후 북한정권에서 중요한 지위를 차지하였다.

이와는 대조적으로 한재덕은 간첩으로 일본에 파견되었다가 전향한 사람이었다.[42]

---

41) Chong-Sik Lee, "Politic in North Korea: Pre-Korea War Stage", R. A. Scalapino, ed., *North Korea Today*, (New York: F, A, Prager, 1953), p.5.
42) 한재덕, 「金日成을 告發한다」, (서울: 지원사, 1966) pp.41-50.

조만식은 1945년 8월 17일 평남건국준비위원회를 조직하여 치안과 민생문제를 처리하고 있었다. 평양에 1945년 8월 24일 입성한 소련군과 공산주의자들은 同月 26일에 평남인민정치위원회를 결성하였는데 그 위원장에 조만식을 추대하고 민족진영과 공산진영을 같은 비율로 구성하였다. 또한 10월 28일에는 북조선 5道의 행정활동을 중앙에서 통일적으로 지도 관리하기 위하여 5道행정국을 설치하였는데 각 국장은 국내파 공산당원이 담당하였으며 부국장은 소련파가 장악하였다.

공산주의자들은 1945년 10월 10~13일까지 '조선공산당 이북 5도당 책임자 및 열성자대회'를 개회하여 '조선공산당 북조선분국'을 조직하였다. 조선이 광복으로부터 2개월이 지난 시점에서 북조선 주둔 소련 점령군사령부는 행정부와 당 차원 모두에서 북한만을 단위로 하는 하나의 기구를 만들어냈고, 또 김일성을 공개적으로 등장시켰다. 표면적으로는 점령의 초기 목표인 민족주의자와 연립전선이 달성된 셈이었다.

반면 소련 점령군에 대한 북한 주민들의 반감과 적개심은 커져가고 있었다. 북조선 주둔 소련 점령군사령부에 따르지 않는 수많은 비공산계 북한 주민들이 존재하고 있었기 때문이다.

소련 점령군은 이들을 그대로 방치하면 앞으로 어떤 조직된 저항이 일어날 수 있음을 경계했다. 그리하여 그들의 신뢰를 받는 조만식에게 하나의 정당을 따로 만들어 그들을 그 정당의 틀 안에서 움직이도록 유도하는 쪽이 상대적으로 안전하다고 판단했다. 그래서 조만식에게 정당 창당을 권유했다. 그러나 조만식은 북한만을 단위로 하는 정당을 만드는 것은 남북 분단을 공고히 하는 데 도움을 주는 일이라는 뜻에서 거절하였다.

그러나 비공산계 북한 주민들의 상당수는 조만식이 자신들의 입장을 대변해 줄 정당을 창당하기를 갈망하고 있었다. 특히 적위대 대원들이 배후의 소련 점령군 비호를 믿고 붉은 완장을 찬 채 행패를 부리는 실정을 고려할 때 자위 수단으로서의 정당 창당이 절실하다고 호소하는 유지들도 적지 않았다.

민족세력은 1945년 11월 3일 광주학생사건 기념일에 조만식을 중심으로 이윤영, 한근조, 김병연, 김익진, 우제순, 조명식, 이종현 등 105인이 모여 '조선민주당'을 창당하였다. 이 같은 창당배경에는 소련 군정이 적극적으로 회유하였는데, 그 저의는 조만식을 중심으로 조직되는 민족주의 계열의 전체 규모를 파악하고자 하였으며, 둘째는 형식적으로 복수정당제를 만들어 민주주의 정권인 양 과시하려 하였던 것이다.[43] 또한 관서지방에는 기독교 세력이 절대적인 영향력을 가지고 있었고 도시를 중심으로 상공인들의 영향 또한 대단했기 때문에 이러한 토착세력을 포섭하기 위해서 조만식을 내세워 이 세력을 조직화하여 공산당에 종속시키기 위함이었다.[44]

이들 공산주의자들은 빨치산파인 최용건을 부당수로 김책을 당서기장 겸 정치부장으로 민주당에 침투시키는 데 성공하였다. 그리고 이들 민주당 내의 민족계 세력이 급속히 팽창하자 이를 저지하기 위해 지방 간부들을 구금, 투옥하였다. 1946년 1월 5일에 군정당국은 조만식에게 신탁통치안을 지지하도록 설득하였으나[45] 실패하자 조만식을 고

43) 裵垣達, 「북한권력론」, (서울: 학문사, 1993), pp.136-137.
44) R. A. Scalapino & Chong-Sik Lee, op. cit., pp.320-325.
45) 김학준, 전게서, pp.190-195.
   1945년 12월 28일 모스크바에서 미·영·소 聯合國 3개국 외무장관들의 채택한 '코리아에 관한 의정서'가 발표되었다. 이 의정서는 한반도의 운명을 좌우하게 되었으며 4개항으로 구성되었다. 1. 남과 북의 조선 사람들이 통일독립정부를 세울 수 있는 바탕으로 임시정부를 세울 것 2. 임시정부를 출범시키기 위해 남한을 점령한 미군 사령부의 대표와 북한을 점령한 소련군 사령부의 대표로서 '미·소공동위원회'를 열 것을 약속했다.

려호텔에 구금하고[46) 2월 5일에는 북조선민주당 열성자 대회를 개최하여 당을 개편하고 공산당원을 대거 입당시켜 강양욱을 임시 당수로 하였다가 2월 24일에 새로 선임된 각도의 대표 190명을 소집하여 민주당 제1차 전당대회를 개최하여 최용건을 당수로 선출하였다. 그러나 민주당 내의 민족주의 핵심세력은 1946년 4월 중앙당 본부를 서울로 이전시키고 전원이 남한으로 월남하였다. 1947년 4월 제2차 당 대회, 1948년 12월 3차 당 대회는 공산주의자들의 행사였다. 이것으로 통일전선은 와해되었으며 점차 공산주의자들로 일색화되어 갔다.

한편, 천도교 청우당이 1946년 2월 1일 발족하였다. 천도교의 교세

'미·소공동위원회' 물론 남과 북의 조선인들과 협의할 것이다. 3. 조선임시정부는 미·영·중·소 4개 군대에 의한 5년 이내의 신탁통치 또는 후견을 받도록 한다.

이때 소련이 적극 지지한 이유는 당시 남과 북에는 좌익이 강했기 때문에 한반도에는 공산주의 통일 국가를 예견했기 때문이다. 실제로 소련에서는 조선임시정부의 내각 구성안을 마련해 놓았다. 1946년 3월 스티코프 군사위원이 작성한 組閣案에는 수상에 여운형, 부수상에 박헌영, 김규식 내무상에 김일성, 산업상에 무정, 선전상에 오기섭, 노동상에 홍남표, 경제계획 위원장에 최창익 등이었다. 여운형을 수상에 택한 이유는 1921년에 여운형이 레닌을 만났을 때 여운형 자신은 공산주의자로 생각하며 한반도는 소련의 지배하에 있어야 한다고 주장한 親蘇主義者였기 때문이었다.

46) 金俊燁·金昌順 전게서, Vol.4, 3, pp.400-404.

1946년 1월 1일 로마넨코 장군은 조만식을 자기 사무실로 불러 "모스크바 삼상회의 결과를 반대한다면 당신의 생명을 보장하기 곤란합니다."라고 위협하였다. 1월 4일 신탁통치 문제를 처리하기 위하여 5도 행정국위원회가 소집되었는데 거기에는 16명의 공산 측 위원과 불과 6명의 민족진영 위원이 참석했다. 논란 끝에 찬탁의 입장이 가결되었으며, 조만식은 이에 항의하여 사의를 표명하였다. 공산 측 위원들은 이 행동이 운동을 혼란시키고 全共産主義 인터내셔널의 원칙을 무너뜨리기 위한 책동이라고 강력히 비난했으나 조만식은 굴복하지 않았다. 다음 날인 1월 5일 조만식은 그의 사무실 앞에서 소련군 경비대원들에 의해 연행되었으며 이후 행방불명이 되었다.

가 북한의 산간 농촌지방에 광범하게 확장되어 있는 점을 간파한 공
산주의자들은 이들을 공산당으로 종속시키기 위해 김달현을 포섭하여
부위원장 박윤길, 김연주, 정치위원 전찬배, 김윤열, 백세명, 김도현,
상무위원 김진연, 한몽응, 이춘배, 조기주, 장학병, 김태엽 등으로 천도
교 청우당을 조직하도록 하였다. 그러나 1948년 3월 1일을 기해 북한
의 150만 천도교인들이 궐기하여 공산당을 반대하려 하였으나 김달현
의 밀고로 뜻을 이루지 못하고 교도 1만여 명이 피검되었으며, 이후
천도교 청우당을 조국통일전선에 가입되었고 최고인민회의 대의원에
도 형식적으로 참여시켜 회유하였다.[47]

그러나 1945년 11월 7일 함흥과 11월 18일 용암포, 11월 21일 신의
주에서는 소련군의 약탈행위와 공산당의 행패에 항의하여 집단적 저
항운동이 일어났다. 이때 사망자 23명, 700여 명이 구속되는 사건이
발생하였다.[48] 이 사건을 계기로 순수연립형의 기반은 급격히 깨어지

---

47) 임형진, "동학과 천도교 청우당의 민족주의 연구", (박사학위논문: 경희대
학교 대학원, 1998), pp.124-125.
17,000여 명이 체포되고 187명이 처형되는 등 북한에서 그들의 운동은 실
패하였다. 그러나 이 운동은 영변 등지에서 시위행렬이 30리나 되었다는
점은 북한의 민중들이 통일의지와 민족의식을 심어주기에는 충분했으며
이후 영우회라는 비밀조직으로 官制化되는 청우당의 역할을 대신하였다.
48) 韓載德, 전게서, pp.179-221.
1945년 11월 23일 新義州에서 학생들에 의한 대규모 반공집회가 발생하
였다. 11월 18일 신의주 인근 龍岩浦에서 공산주의자들이 학생들을 폭행
한 사건으로 인해 신의주의 6개 중학교 학생들은 공산당 배격, 소련군
철수 등을 요구하며 항의 시위를 벌여 보안서 본부, 인민위원회, 도당
위원회를 습격했던 것이다. 보안서원과 소련군은 이 비무장 군중에 총격
을 가하여 23명이 죽고 700여 명이 부상했다. 다음 날 김일성이 이 사건
을 수습하기 위하여 현지에 도착하여 보안 부장을 비롯한 몇몇 공산당
간부들을 문책했다. 그러나 이 사건은 학생들뿐만 아니라 일반시민들까
지도 공산당에 대한 불만을 가지게 하였다.

기 시작했다. 기독교 계통의 비공산계 민족주의자들은 더 이상 공산주의자들과 손잡을 수 없다고 판단해 월남하기 시작했다. 공산주의자들은 공산주의자들대로 이제는 내놓고 공산주의의 외길을 걷지 않을 수 없다고 결심했다.[49]

이러한 뜻에서 신의주 학생들의 반소·반공의거는 광복 이후 북한 정치에 있어서 하나의 중요한 분기점을 마련한 것이다.[50]

공산주의자들은 이제 조만식과 같은 인물들의 역할을 배제하는 방향으로 급선회하였다. 그리고 이들은 공산주의 소비에트 정권을 수립하기 위하여 활동을 전개하게 된다. 그러나 공산주의자들 사이에는 국내 토착세력인 공산주의 세력과 국내 기반이 없는 해외파(빨치산파, 소련파, 연안파) 간에는 주도권 문제 등 여러 가지로 갈등이 따를 수밖에 없었다. 국내파들의 주장은 첫째, 자기들이야말로 조선공산주의 운동의 정통파라고 자처하고 있었다. 둘째, 국내파는 제2차 대전 중 유고나 알바니아에서 토착공산주의자들이 반소 노선의 경험과 같이 소련에 의한 소비에트화에 대해 반대하고 있었기 때문이다. 셋째, 공

---

49) 金昌順, 전게서, pp.78-79.
50) 金學俊, 전게서, pp.94-97.
　　 반공의거의 주요 원인은 조선의용군이 입국하여 신의주 역 앞에 자리 잡은 동중학교에 투숙하고 있을 때 소련군은 평안북도 인민위원회 韓雄 保安部長을 사주하여 보안 부대원들로 하여금 기습하여 무장 해제시킨 다음 다시 만주로 추방하였다. 이렇게 무자비하게 비친 소련군에 대해 반소·반공 분위기가 싹트기 시작하였다. 11월 7일 함흥에서 발생한 반공 시위는 용암포로 번졌다. 용암포시에서는 공산당의 횡포를 비난하는 발언을 계기로 학생과 공산당원 사이에 격투가 벌어져 1명의 사상자와 12명의 부상자가 발생하였다. 이러한 사항은 11월 21일 신의주에 알려지고 공산당을 비난하는 대자보와 함께 규탄하기 시작하였다. 11월 23일 3,000명에 가까운 학생들이 시위를 벌이다 보안 부대원들이 발포하여 사망자 23명, 부상자 700명이 생겼다.

산주의 혁명노선상의 대립문제가 야기되었다. 즉 현준혁을 비롯한 국내파는 일제로부터 해방된 북한의 제반 후진적 사정에 비추어 급격한 공산화 정책이나 프롤레타리아 독재는 불가능하며 우선 부르주아 민주주주의 혁명을 거쳐 민주독립국가를 건설해야 된다는 주장에 반하여 국외파 특히 김일성 계열인 빨치산파는 즉각적인 공산당 독재를 주장하였다. 넷째, 국제공산주의 당 조직상 견해의 대립이다. 이것은 조선공산당의 중앙을 서울과 평양 중에서 어느 곳을 선택하느냐의 문제였다. 1945년 9월 서울에서 조선공산당이 정식으로 재건되었다는 소식에 북한의 국내파는 대부분 환영하였고 중앙은 서울에 있어야 한다고 주장하였다. 일국일당원칙이 국제공산주의 운동의 원칙으로 되어 있는 만큼 김일성을 포함한 남·북한 공산주의자들은 공산당의 중앙을 서울과 평양 가운데 하나를 선택할 수밖에 없었다. 따라서 김일성 일파도 어쩔 수 없이 박헌영이 주도하는 서울의 공산당중앙위원회를 중앙으로 인정하고 북한의 공산당 지부를 북조선분국이라고 하지 않을 수 없었다. 이 때문에 조선공산당 비서 박헌영은 북조선분국을 승인하였다.[51]

2. 임시인민위원회의 성격

1946년 초 북한지역에서 공산주의자들은 들러리 정당을 여러 개 만들었다. 앞서 설명한 바와 같이 그 대표적인 것이 천도교 청우당과 신민당이었다. 북조선 천도교 청우당은 1946년 초 평양에서 결성되었다.

---

51) 해방일보, 1945년 11월 5일자.
    조선공산당중앙위원회는 1945년 10월 23일 평양에서 열린 西部五道黨 責任者 및 熱性者大會에서 朝鮮共産黨 北部朝鮮 分局 설립에 대한 결정을 옳다고 보고 이를 승인하였다.

위원장에는 김달현이 선출되었다. 당원들은 독자적인 세력으로 정당을 결성하고자 하였으나 그들 역시 조국통일전선의 들러리 정당으로 전락하고 말았다.

신민당 역시 마찬가지였다. 화북조선 독립동맹의 이름으로 소련 점령군의 정책을 지지하는 성명을 김두봉 위원장으로 하여금 여러 차례 발표하도록 하였다. 그들은 빨치산파의 외곽 위성정당의 역할밖에는 할 수 없었다. 이렇게 기존 정당을 위성 정당화를 실현시키거나 새롭게 위성정당을 발족시킨 뒤 북조선분국을 중심으로 그 위성정당들과 제휴를 통해 일종의 연립을 출범시켰다. 이것이 바로 1946년 2월 8일에 평양에서 발족한 북조선임시인민위원회였다. 이 기구는 1945년 10월 28일에 발족하였던 북조선 오도행정국을 대체했으며 북한에서 사실상의 단독정부 기능을 하게 되었다.

위원장에는 김일성, 부위원장에는 김두봉, 그리고 서기장에는 조선민주당 임시위원장인 강양욱이 선출되었다. 강력한 공안기관들을 관장하는 보안국장에는 빨치산파의 최용건이 그리고 조직국장에는 국내파의 오기섭이 각각 선출되었다. 나머지 9개의 국장의 자리에는 대체로 국내파에게 배분되었다.

비공산계 민족주의 세력을 무력화시킨 소련군 사령부는 북한 단독정부 수립을 위한 구체적인 작업에 착수하였다. 미 군정과 마찬가지로 소련 군정당국도 이제 한반도가 공산화되기는 어렵다는 입장으로 기울어지고 있었다. 그리하여 1946년 2월 8일 북조선 각 정당·사회단체, 각 행정국 및 도·시·군 인민위원회 대표 확대협의회가 소련 측의 주도로 평양에서 개최되었다. 지난 5개월 동안 소련 군정이 주도면밀하게 후원한 모든 정치단체가 이제 활동을 개시하게 된 것이다. 더구나 민족주의자들은 모두 월남하거나 숙청되었으며 따라서 기구에는 오로지 공산주의 사상을 가진 인물들만 포함되어 있었다.

동년 2일 8일의 확대회의에서 소련에 대한 찬사와 제국주의에 대한 비난을 한 다음 김일성은 "지금까지 북조선에는 각국들의 사업 방향을 인도하며 지도할 유일한 조선중앙주권기관이 없음으로 말미암아 각국과 지방 인민위원회 사업을 지도하기와 북조선지방에서 경제, 정치 및 문화적 생활을 지도하기에 대단히 곤란하다."고 주장했다. 따라서 조선 통일 정부가 조직될 때까지 북조선 임시인민위원회를 조직하여 지도할 기관으로 삼는 것이 무엇보다도 필요하다는 것이다. 김일성은 또 이 제안이 북한의 "민주주의적 제 정당과 기타 사회단체들의 지도자와 소련군 사령부로부터 환영을 받았다."고 주장했다.[52]

또한 김일성은 이러한 임시인민위원회의 당면과제는 지방에 있는 "지방 정치기관들을 튼튼히 하여 그로부터 친일파와 반민주주의적 분자들을 숙청해야 한다."고 주장하였다. 이 과업이 지금에 있어서 임시인민위원회 과업들 중에서 가장 중대한 과업이라고 강조하면서 "우리가 지도기관의 변절자들과 반역자들을 두고 민주주의적 조선을 건설할 수 없다."고 단언했다. 김일성은 임시인민위원회의 두 번째 과업으로 "일본 제국주의자와 민족반역 및 조선인 대지주들의 토지를 몰수하여 농민에게 무상 분배하고, 산림은 국유화한다면서"는 전면적인 토지개혁을 제시하였다. 김일성은 "농촌경제가 우리 인민경제에 근본적 부문"이라고 강조하면서 설명을 계속해 나갔다. "반역자들의 경제적 기초는 봉건적 소작제도이고 그 봉건적 토지소유자는 무엇보다도 농촌에 봉건적 세력을 보전하려고 하여 어떠한 민주주의적 개혁에 대하여서도 다 반대하고 있었다. 그러므로 토지개혁이 없이는 농촌경제의 발전과 부흥이 불가능할 뿐 아니라 자유민주주의적 조선국가 건설도

---

52) 金南植외 「한국현대사 자료총서」 제13권 pp.120-127.

불가능한 일이다."라고 역설하였다.

자연히 김일성은 생산부분, 교통부분, 재정·금융부분 등 모든 분야의 급속한 회복과 발전을 주장했다. 김일성은 또 기업가와 상업가들의 사유자본의 발전을 억압하지 않으며 중소기업들을 장려 발전시켜 인민들에게 생활필수품을 공급하게 해야 한다고 제안했다. 동시에 노동운동의 보장과 공장·제조소위원회의 광범한 조직은 물론 인민들에게 민주주의적 정신을 가르치기 위해 교육비도 관심을 집중해야 한다고 역설했다. 마지막으로 그는 모스크바 3상회의 결정의 진의를 인민들에게 상세히 알려 우리 인민을 오해에 빠지게 하며 통일을 파탄시키며 민주주의적 통일전선을 와해시키려는 반동분자들의 시도를 분쇄해야 할 것이라고 결론지었다.[53]

김일성의 연설을 요약한다면 핵심 공산당원, 혹은 헌신적으로 동조할 것을 결심한 몇몇 사람들을 제외하고는 이렇다 할 호소력을 주지 못하는 내용이었다. 애국적 민족자본가나 小부르주아적, 민족주의자들과 협력의 중요성을 강조하는 무수한 언사들은 사실상 쓸모없는 것이었다. 결론은 이미 나와 있었다. 즉 모스크바 3상회의 결정을 전폭적으로 받아들이지 않는 사람들은 이제 민족반역자나 배반자의 범주를 벗어날 수 없게 된 것이다.

1946년 3월에서 8월 사이에는 북한 내 모든 부문에 관한 일련의 기본 법령들이 공포되었다. 이 법령들은 부르주아 민주주의 혁명의 완수를 위한 것들이었다. 실제로 이러한 개혁들은 부르주아 민주주의 혁명과 사회주의 혁명이라는 서로 다른 두 단계 사이의 구분을 완전히 모호하게 하고 사실상 모택동식의 신민주주의 노선을 따르고 있었다.[54]

---

53) 상게서, pp.129-131.
54) 金炳日, 전게서, pp.115-112.

공산주의자들의 후견하에 혁명은 지속적으로 전개되어 점진적으로 사회주의로 이행하게 된다는 것이다. 이것은 일국사회주의론은 영구혁명론과 결합하고 있었다. 스탈린과 트르츠키가 동아시아에서는 서로 타협하게 되었던 것이다. 이론적으로나 실천적으로나 식민지 사회에서의 전통적이고 단순한 2단계 혁명론은 크게 수정되고 있었다.

소련 군정당국은 나름대로 북한에서 부르주아 민주혁명[55]에 착수했다. 1946년 10월 12일 소련군 사령부는 3개의 공식포고문을 발표했는데 이는 내용과 시기라는 측면에서 보아 각각 중요한 의미를 갖는 것이었다. 치스챠코프(Chistiakov) 장군에 의한 첫 번째 포고문은 한국인을 능멸하고 한국의 관습과 문화를 더럽힌 일본인들이 이제는 완전히 제거되었으며 이후 한국의 자유와 독립은 전적으로 한국인들 스스로의 손에 달려 있음을 선포했다. 공장 및 공작소의 소유주들에게는 낡은 기계 설비를 수리하든가 혹은 교체하여 작업을 재개토록 당부했다.

"붉은 군대 사령부는 모든 조선 기업소들의 재산 보호를 담보하며 그 기업소들의 정상적 사업을 보장함에 백방으로 원조할 것이다. 진정한 사업으로 조선의 경제적 및 문화적 발전에 대하여 고려하는 자라야만 모국 조선의 애국자가 되며 충실한 조선 사람이다. 부르주아 혁명의 수행을 위해 누가 이보다 더한 지원을 바랄 수 있겠는가?"라는 내용이었다.

1946년 9월 5일 북조선 임시인민위원회 이름으로 면·군·시·도 인민위원회의 대표를 뽑기 위한 선거가 11월 3일에 있을 것이라는 결정서가

혁명의 단계는 2단계로 구분하고 1단계는 반제, 반봉건의 부르주아 민주주의 혁명을 완수하고 2단계는 사회주의 혁명을 건설하는 프롤레타리아 사회주의 혁명이다.

55) 國史編纂委員會, 「北韓關係 史料集 Ⅶ 1945~1952」(서울: 國史編纂委員會, 1991), p.570.

발표되었다. 이는 북조선노동당(이하 북로당)이 공식 출범하게 된 지 불과 일주일 후이자 또한 남한에서 과도 입법의원에 관한 구상이 발표되고 난 뒤로 겨우 2주일밖에 되지 않아서의 일이었다. 이 선거 시기가 남한에서의 입법의원 구성 시기와 때를 같이하게 된 것은 계획적이라고 할 수 있다.

북한 공산주의자들은 두 갈래로 공세를 펴나갔다. 공산당이 장악하고 있는 기존의 인민위원회 체제를 민주적 선거를 거쳐 합법화시키는 한편 남한에서의 이 같은 노력에 대해서는 폭력을 비롯하여 가능한 모든 방법을 동원해 이를 분쇄해 나가는 것이었다.

1947년 2월 17일 평양에서 소집된 각 도·시·군 인민위원회 대회는 그 전년 11월 3일 선거에서 선출된 각 도·시·군 인민위원의 1/3과 북로당, 민주당, 천도교청우당, 직업동맹, 민청, 여맹 대표 각 5명씩을 참가시킨 1,186명으로 구성되었는데 이 대회에서는 최고입법기관으로 북조선 인민회의를 설치할 것을 가결하고 이 대회에 참가한 대표 5명에 1명의 비율로 237명의 대의원을 선출하였다. 이것이 북조선 인민회의였다. 동년 2월 21일 평양에서 제1차 회의를 소집한 북조선 인민회의는 상임위원을 선출하였다.[56]

제1차 북조선 인민회의는 동회의에서 북한 단독정권의 내각 구성을 발표하였는데 이것이 이른바 종전의 임시라는 글자를 삭제한다. 북조선인민위원회였다. 이것은 임시정권이 아니라 북한의 항구적인 합법정권이라는 점을 부각시킨 셈이다. 따라서 이때부터 북한에서 최고입법기관을 만들고 최고행정부를 조직함으로써 국가로서의 면모를 갖추었다고 할 수 있다. 김일성은 당연히 이 위원회의 위원장을 맡았으며 이

---

56) 金昌順, 전게서, pp.203-204.
　　상임위원장 김두봉, 부위원장 최용건, 김달현, 서기장, 강양욱 등이었다.

제 공산주의자들은 더 이상 자신들의 힘을 은폐하려 하지 않았다.

북한에서 실제적인 권력기구인 인민위원회의 위원장에는 김일성, 부위원장에는 김책 등으로 각 파벌의 분포는 〈표 3-4〉와 같다.

〈표 3-4〉 임시인민위원회 파벌간의 분포

국내파	빨치산파	연안파	소련파	기타
6명	2명	2명	3명	3명(청우당)

〈표 3-4〉에서 보면 파벌 간의 구성 분포는 산술적으로는 국내파가 우세하지만 실제 핵심부서의 위치는 빨치산파가 장악하고 있었다.

또한 인민위원회 위원선거에 이어 1947년 2월 24, 25일에는 리·동 인민위원회 위원선거가, 그리고 3월 5일에는 면 인민위원회 위원선거가 치러졌다. 심의기관이나 입법기관이 아니라 명백히 비준기관이었던 인민위원회 대회가 그 규모나 선출방식, 그리고 기능 등에서 소련의 연방최고회의를 모방하여 그것을 모델로 하였던 것이다. 인민위원회 대회는 이전에 임시인민위원회에 의해 제정되었던 모든 법령들을 만장일치로 승인한 것 외에도, 김일성의 1947년도 북조선 인민경제 발전에 관한 보고를 듣고 북조선 임시인민위원회를 항구적인 인민위원회로 대치하기 위한 계획 등의 안건들을 처리하였다.

이로부터 남북한 양측은 자신들이 구축한 체제에 정통성을 부여하는 방향으로 나갔다. 서울의 입법의원이 첫 회의를 소집한 것은 북한의 인민회의가 최초로 회합을 갖기 약 두 달 전인 1946년 12월이었다. 그러나 북한의 인민회의가 노동당의 엄격한 통제 아래 있으며 이들이 인간 거수기 역할을 하는 것과는 대조적이었다.

한편 1948년 7월 북조선 인민위원회의 제5차 회의는 새로운 최고인민회의 구성을 위해 전 조선에 걸친 총선거를 8월 25일 실시하고 이 새로운 입법기구로 하여금 정식으로 헌법제정과 정부 구성을 담당하 게 한다고 결정하였다.

3. 권력배분의 내용

앞절에서 살펴본바와 같이 1945년 8월 17일 평양에서는 조만식을 위원장으로 하는 민족주의자 중심의 平南建準이 조직되었을 때 20명 의 위원 중에 공산주의 색채를 띤 사람은 단 3명뿐이었다.[57] 그러나 소련군이 8월 21일에 함흥을 거처 24일에 평양에 진주하면서 사정이 달라졌다. 북한에 주둔사령관 이반 치스챠코프(Ivan Chistiakov) 대장 은 북한에서 산발적으로 출현한 공산주의자들을 설득하여 통합시키는 한편, 이미 조직된 평남 건준을 8월 26일 재편하면서 소련군이 막후에 서 영향력을 행사하였다. 소련군 사령부는 기존의 조직을 해체하고 공 산주의자와 비공산주의자 수를 똑같이 해서 새로운 조직을 만들도록 명령하였다. 이렇게 해서 16명의 공산주의와 역시 16명의 비공산주의 자를 성원으로 하여 평남인민정치위원회가 새로이 구성되었다.[58] 그 러나 8월 29일 치스챠코프 대장은 평남 건준의 간부들과 첫 대면을 갖는 자리에서 각 도의 행정에 대해서는 공산당의 지도를 받으라고 명령하였다. 그러나 조만식을 비롯한 민족주의자들은 그 명령을 거부 하고 총사퇴를 표명하자 치스챠코프는 태도를 바꾸어 그들을 협박과

---

57) 한재덕, 「공산주의 이론과 현실 비판」(서울: 일조각, 1965), p.173.
　　이주연, 한재덕, 김광진 등이다.
58) 이상우, 「북한40년」(서울: 문화사, 1988), pp.35-38.
　　공산주의자들은 人民委員會를 주장하였으나 민족주의 측에서 人民政治
　　委員會를 주장하여 절충한 것이다.

회유를 시작하였다.[59]

이러한 것은 가능한 빨리 공산당을 지배적인 정치세력으로 만들고자 했던 소련군 사령부의 의도가 노출된 셈이기도 하였다. 그러나 문제는 그 당시 공산당의 기반이 너무 취약했었다는 것이다. 공산주의자들 중에는 조만식을 비롯한 민족주의자에 비견될 정도의 대중적인 인기를 얻고 있던 사람이 없었다는 점이다. 게다가 공산주의자들의 가장 탁월한 지도자 박헌영마저 남한에 체류하고 있었기 때문이었다. 평남 인민정치위원회는 평남 건준에 참여했던 이주연, 한재덕 외에도 현준혁, 김용범, 박정애(김용범의 아내), 장시우 등과 같은 공산주의자들이 대거 참여하게 되었고[60] 내무위원 이주연, 광공위원 김광진,[61] 평양 치안서장 송창렴 등과 같은 공산주의자들이 참여하였다.

표면상으로는 상호 동수로 구성되었지만 실질적인 지배자는 공산주의자들이었고 인민정치위원회는 한낱 심부름꾼에 불과하였다. 인민정치위원회는 평양 이외의 지역에서도 속속 조직되었다. 진남포 정치위원회가 9월 3일 조직되었는데 건준 지부에서 선출된 8명과 공산당에서 선출된 8명 그리고 공산당의 통제하에 있던 적색노동조합에서 선출된 5명으로 구성되었다.[62]

그러나 공산계로 서서히 바뀌어 가는 첫 행태는 황해도에서부터 나타나기 시작하였다. 초기 급조된 건준지부에서 비공산계가 확고한 우위를 점하고 있었으나 8월 말경 건준 지부가 황해도 인민정치위원회

59) 吳泳鎭, 「하나의 증언」, (부산, 1952), pp.111-114.
60) 한재덕, 전게서, p.52.
61) 김광진은 전 보성전문학교 교수이며 공장주로서 자본주의자이기 때문에 민족주의자로 알려졌지만 사실상 그는 공산당의 경리부장의 지위에 있던 인물이었다. 따라서 위원회는 실제로 17명의 공산주의자와 15명의 민족주의자로 구성되어 있었다고 할 수 있다.
62) 森田芳夫, 朝鮮終戰の記錄(東京, 嚴南堂, 1964), p.187.

로 재편되면서 공산주의자들은 비공산주의자들과 똑같은 수의 대표를 참가시켰다. 위원장직은 비공산계인 김응순이 맡았으나 위원회 내에서 심각한 내분이 발생하여 소련군 사령부에서는 9월 2일 일본인 도지사에게 행정권을 위원회에 이양하도록 하였다. 그러나 같은 날 광공 부장인 김광엽과 또 한 명의 민족주의계 인사가 좌익 측에 의해 습격을 받아 중상을 입는 사건이 발생하였다. 이로 인해 9월 4일 위원들은 군정당국에 더 이상 행정기능을 수행할 수 없음을 통고하고 사표를 제출하였다.

동년 9월 13일이 되자 공산주의자인 김덕영을 위원장으로 황해도 인민위원회가 새로이 구성되어 일본인 도지사에서 행정권을 넘겨받게 되었다. 그러나 이에 격분한 몇몇 우익계 인물들은 9월 16일 인민위원회 본부를 습격하여 4명의 공산주의자들을 살해하였다. 이에 좌익 측은 해주에서 우익 측의 보안대에 대해 반격을 가했으며 쌍방은 시가전까지 벌어졌다. 지방의 질서를 유지하기 위해 조직하여 치안업무를 맡고 있던 우익 측 보안대는 이 사건 이후 서울로 쫓겨나고 말았으며 이로서 황해도는 공산주의자들의 독무대가 되었다.[63]

1946년 2월 8일 평양에서는 '북조선 각도·군 인민대표와 반일민주정당 및 사회단체회의'가 소집되면서 '북조선 임시인민위원회'를 결성하기로 결정하였다. 지금까지의 오도행정국을 개편한 것이다. 이때 선출한 주요 간부들의 면면을 〈표 3-5〉에서 보는 바와 같이 공산 세력들로 일색화되었다.

---

63) 상게서, pp.189-190.

〈표 3-5〉 임시인민위원회 파벌간 주요 인물분포

국내파	빨치산파	연안파	소련파	기타
이문환 한희진 이순근 오기섭 이주연 이봉수	김일성 최용건	김두봉 최용달	조영열 정진태 장종식	강양욱 한동찬 윤기영

위원장은 김일성, 부위원장에는 김두봉, 그리고 서기장에는 강양욱이 취임했다. 감리교 목사인 강양욱은 김일성의 외가 계통으로 조부되는 사람으로 조선민주당원으로 등록되어 있었다. 실질적으로 신정부의 각료에 해당하는 14명의 국장급 가운데 상업국장과 보건국장을 재외하고는 모두 공산주의자들이었다. 상업국장인 한동찬은 치과의사였으며 보건국장인 윤기영도 의사출신이었다. 조선민주당의 새 위원장이며 김일성의 오랜 측근인 최용건은 보안국장, 오기섭은 선전부장 자리를 맡았다. 결국 김일성이나 소련군 사령부에게 전혀 부담이 없는 정부가 구성된 것이다. 일체의 권력이 완전히 공산당의 수중에 들어갔다.[64]

〈표 3-5〉에서와 같이 파벌 간의 배분은 국내파가 대부분을 차지하였다. 이것으로 볼 때 그 당시에는 북한에서 국내파가 주도적인 세력으로 형성하고 있음을 보여주고 있는 것이다. 그러나 빨치산파가 점점 기반을 잡아가면서 기울기 시작하였다.

정권의 요직 인선에 고려될 만한 사람들의 조건은 출신배경인데 첫째 성분, 둘째 사상, 셋째 일제와의 투쟁경력, 넷째 소련에 대한 충성심 따위 등의 기준을 제시하고 있으나 우선 고려 대상은 출신배경임

---

64) 金昌順, 「북한 15년사」(서울: 知文閣, 1961), pp.190-195.

을 알 수 있다. 그와 같은 기준은 〈표 3-6〉의 1946년 8월 28일부터 8월 30일까지 개최되었던 조선노동당 1차 당 대회의 중앙위원 43명과 상무위원 13명의 분포를 살피면 5명을 제외한 전원이 출신에 따라서 배분되었음을 알 수 있다. 그러한 것은 〈표 3-7〉의 1948년 3월 조선노동당 2차 당 대회의 중앙위원 67명과 상무위원 15명에 대한 분포를 보아도 알 수 있다.

〈표 3-6〉 제1차 당대회 파벌 분포(1946년 8월)

구 분	국내파	빨치산파	연안파	소련파	기타
중앙위원(43명)	14명(33%)	4명(9%)	12명(28%)	8명(19%)	5명(11%)
상무위원(13명)	3명(23%)	2명(15%)	6명(46%)	2명(16%)	

출처: 근로자 창간호 1946년 10월호 p.48 재인용[65]

〈표 3-7〉 제2차 당대회 파벌 분포(1948년 3월)

구 분	국내파	빨치산파	연안파	소련파	기타
중앙위원(67명)	25명(37%)	8명(12%)	14명(20%)	15명(23%)	5명(8%)
상무위원(15명)	4명(26%)	3명(20%)	4명(27%)	4명(27%)	

출처: 「조선중앙년감」 1950년판 조선중앙통신사 p.238 재인용[66]

---

65) 國史編纂委員會, 전게서 I, p.76.
　　和田春樹 「金日成と滿洲抗日戰爭」 이종석 역 pp.304-311.
　　和田교수는 만주파 4명, 연안계 15명, 소련계 8명, 국내계 11명, 불명 5명으로 추정하 고 있다.
66) 「북조선노동당 제2차 대회 회의록」 pp.265-267.
　　和田春樹, 상게서, 同面,
　　중앙위원의 파벌 분포를 만주파 6명, 갑산계 2명, 연안계 17명, 소련계 14명, 국내계 16명, 불명 12명으로 집계하였다.

문제는 각 파벌 간의 배분을 어떻게 하였는가라는 점이다. 제2차 당 대회의 중앙위원 67명의 분포를 살피면 국내파가 다수를 점하고 있으나 해외파인 빨치산파, 소련파. 연안파 간의 연대를 유지할 때는 국내파는 숫적으로 미치지 못한다는 것을 알 수 있으며 특히 상무위원의 분포를 볼 때 마찬가지이다. 결국 숫적으로는 빨치산파가 〈표 3-6〉과 〈표 3-7〉와 같이 열세이지만 이들의 대부분은 겉으로 드러나지 않는 군사 부문에서 실질적인 권력을 행사하고 있었던 것이다.[67] 하지만 제2차 당 대회의 중앙위원회의 분포는 표면으로 부상한 것만 본다면 여러 세력들의 광범위한 연합체계였다고 할 수 있다.

한편 1948년 9월 8일의 최고인민회의를 개최하면서 선출된 명단을 보면 국내파에게 많이 배려한 점을 알 수 있다.

최고인민회의 의장에 남조선 노동당의 위원장인 허헌을 선출하였으며[68] 부의장에 북조선 청도교청우당 위원장 김달현과 남한 공산주의 운동계의 지도자인 이영을 각각 선출하였다. 최고인민회의에 나타난 인선을 분석하면 국내파에게 많이 배려한 듯하였지만 북한 출신의 국내파는 요직의 인선에서 배제되었다는 점이다. 북한 출신 국내파의 거두는 모두 거세하였기 때문에 그들의 힘이 상실되었다는 것이며 대신 남한 출신의 국내파들을 많이 선출하였다. 이렇게 선출된 남한 인사들의 면면을 보면 반박헌영 인사들이 대부분이다. 이렇게 함으로써 그들

---

67) 和田春樹, 전게서, pp.307-308.
   최용건은 민족보위상, 안길 평양학원장, 김일 문화부 단장 등이다.
68) 김학준, 전게서, p.128.
   허헌은 일제하에서 신간회 조직에 참여하여 중앙집행위원회 위원장을 지냈던 항일 인사였다. 그는 해방 직후인 1945년 9월에 여운형이 서울에서 조선인민공화국을 발족하였을 때 총리로 임명되었다. 미 군정에서 이를 부인하게 되자 여운형을 따라 조선인민당에 참여하였으며 남로당의 위원장이 되었다가 월북하였다.

과 연립을 꾀하고 박헌영으로부터 분리시키려는 전술로 풀이된다.

최고인민회의 상임위원장에는 연안파 김두봉이 선출되었다. 이 자리
가 북한에서는 국가원수에 해당되는 자리지만 실제적으로 한직에 지나
지 않았다. 김두봉은 곧 국가학위수여위원회로부터 어학박사학위와 교
수직을 받았으며 김일성 종합대학의 총장을 겸임하였다. 최고인민위원
회 상임위원회 부위원장에는 남조선 노동당의 부위원장 홍남표와 조선
민주당 부위원장 홍기주가 그리고 서기장에는 강양욱이 각각 선출되었
다. 상임위원에는 박정애와 리기영 등이 포함되었다.[69]

최고인민회의는 사실상의 노동당의 결정을 뒷받침하는 인간 거수기
에 불과하였으며 실권이 없었다. 그러나 상대적으로 중요한 기구는 내
각이었다. 수상에는 물론 김일성이 임명되었다. 부수상에는 남쪽대표
로 박헌영과 홍명희가 그리고 북쪽의 대표로는 빨치산파의 김책이 임
명되었다. 김책은 기술관료 출신이었다. 군사력을 지휘하는 민족보위
상에는 빨치산파의 최용건이, 국가검열상에는 중국에서 조선의용대를
창건했던 연안파의 김원봉[70]이, 내무상에는 연안파의 박일우가, 외무
상에는 박헌영이, 산업상에는 김책, 농림상에 남로당계 국내파인 박문
규, 상업상에는 국내파의 장시우, 교통상에는 국내파의 주영하, 재정상
에는 연안파의 최창익, 교육상에는 국내파인 백남운, 사법상에는 남한

---

69) 國史編纂委員會, 전게서, Vol.Ⅱ. pp.312-315.
70) 人民共和黨은 金元鳳이 黨首였다. 이 정당은 처음 1946년 7월 서울에서
창당되었으나 1946년 남북협상 당시 북으로 넘어갔다. 이 정당의 주요
지도자들은 비록 하위직에 편성되었지만 공산주의자들의 위계질서 속에
편입되는 듯했으며, 김원봉 자신은 한때 내각의 國史檢閱相을 지냈다.
그러나 김원봉의 운명은 한국전쟁 후 기울어지기 시작했다. 마침내 1958
년 12월 그는 成周食, 韓志成 등과 더불어 국제간첩이라는 죄목으로 비
난을 받아, 그와 성주식은 투옥되고 한지성은 1959년 3월 처형되고 말았
으며, 그 결과 인민공화당은 붕괴되었다.

의 국내파 이승엽, 문화선전부상에는 허헌의 딸 허정숙, 노동상에는
남로당계 기술관료 출신인 허성택, 보건상에는 남로당계 기술관료 출
신인 리병남, 도시경영상에는 시베리아에서 항일운동에 종사했던 이
용, 그리고 무임소 장관에는 남한의 국내파인 이극로[71]가 각각 임명
되었다. 각 파벌 분포는 〈표 3-8〉와 같다. 소련파는 내각에서 제외되
었다. 〈표 3-8〉에 보는 바와 같이 수적으로 국내파가 우세하지만 주
요직책인 수상과 민족보위상은 빨치산파가 담당하였으며 박헌영을 비
롯한 국내파들은 자리만 차지하는 실권이 없는 보직이었다. 국내파 중
에서도 소속은 국내파로 되어 있지만 실제적으로 김일성에 기울어진
국내파 인물도 있기 때문에 숫적으로 계상하는 것은 무리가 따른다
할 것이다.[72]

〈표 3-8〉 인민공화국 초대 내각 분포 (1948년 9월 8일)[73]

국내파	빨치산파	연안파	소련파
11명 (65%)	3명 (17%)	5명 (28%)	

그리고 소련파는 일제하에서 투쟁경력이 미미하다는 이유로 배제된
것으로 분석할 수 있지만 그렇다고 해서 그들이 권력투쟁에서 패배된

71) 빈한한 가정에서 태어난 이극로는 독일로 건너가 베를린대학 철학부 정
치학과를 졸업했고 런던대학에서 박사학위까지 받았다. 그 후 朝鮮語學
會 간부로 헌신적으로 활동하던 그는 비록 좌익으로 지목되지는 않았지
만 1942년 이른바 조선어학회 사건 당시 일제 당국에 의해 투옥되었다.
이극로는 朝鮮健民會를 조직 1948년 남북협상에 참가하기 위해 월북하
여 그대로 북한에 남았다.
72) 이들 중에서 홍명희, 정준택, 주영하, 백남운 허성택은 김일성에게 이미
기울어져 있었다.
73) Suh Dae-Sook, *Korean Communism, 1945~1980*,(Hawaii: The Univer-
sity Press of Hawaii, 1981), pp.448-449.

것은 아니다. 그들은 허가이를 중심으로 당에 포진되거나 군의 요직에
안배되었기 때문이다.

1948년 4월에서 9월에 이르기까지 상당한 조정을 하게 되는데 특히
정권기관 내의 요직 분배를 불가피하게 만들었다. 전국적으로 모든 인
사를 포함한 정부를 구성하려고 노력한다는 인상을 보이기 위해서는
남로당 인사들뿐만 아니라 해주회의[74]나 그 직후 월북하여 북한에 잔
류한 여타 좌익 인사들을 새로운 정부 구성에 포함시켜야 했다. 요컨
대 북한의 새로운 정부는 통일전선의 외양을 갖추어야만 했던 것이다.

이렇게 해서 남한에서 월북한 허헌은 최고인민회의 의장이 되었으
며, 천도교 청우당 위원장 김달현과 남한의 군소정당 이른바 근로인민
당, 위원장 이영은 부의장에 선출되었다. 또 북로당 홍남표와 조선민
주당의 홍기황은 부위원장에 선출되었다. 그리고 김일성의 친척이자
조선민주당 간부였던 강양욱은 최고인민회의 서기장을 맡게 되었다.

내각은 김일성을 수상으로 그 예하에 박헌영과 남한에 있던 민주독
립당의 홍명희 그리고 김일성의 측근이자 빨치산파의 김책을 부수상
으로 하여 구성되었다. 외견상 내각에서는 철저한 세력 안배가 이루어
져 있는 듯했다. 빨치산파 그룹은 내각 수상을 포함하여 6명이 내각에
진출했는데 이들 중 5명은 사실상 빨치산파의 핵심인물로서 김일성의
측근 사람들이었다. 국내파 역시 6명의 각료를 안배하였지만 여기에는
국내파에 맞서 김일성을 지지하고 나선 주영하도 포함되어 있었다. 더
구나 나머지 사람들조차도 이제 더 이상 박헌영을 전적으로 지지할
수 없는 입장이었다. 연안파도 내각에서 4개 부서를 차지하였으며, 나

---

74) 國史編纂委員會, 전게서Ⅵ, 1948년 8월 20일 해주에서 열린 남조선 노동
  당 인민대표자대회이며, 홍명희의 개회사로 시작하여 허헌의 폐회사로
  막을 내렸다.

머지 4개 부서는 대부분 남한에서 월북해 온 비공산계 정당 인사들에게 돌아갔다.

그러나 세부적인 내용을 보면 내각내의 세력균형이 겉으로 드러나고 있는 것만큼 형평이 이루어지고 있는 것은 아니었다. 빨치산파의 인사들은 수상, 부수상 중 1석, 산업상(김책), 민족보위상(최용건) 등의 요직을 장악했고, 그 밖에도 소련에서 훈련을 받은 김익선이 최고재판소의 초대 소장에 임명되었다. 내각 내에서 연안파와 국내파 그리고 타 정당 인사들이 차지한 것은 그 다음으로 중요한 것이었다. 박헌영에게 안배되었던 외무상 자리는 소련과 북한의 외교관계를 보통 김일성 자신을 통해 이루어지고 있었으며, 또한 당시로서는 이것만이 중요한 문제였기 때문에 겉보기와는 달리 그다지 중요한 자리가 아니었다. 뿐만 아니라 박헌영은 외무상 자리를 맡음으로서 국내의 제반문제에 관해서는 깊숙이 관여할 수 없게 되었다. 내무상 박일우, 재정상 최창익, 문화선전상 허정숙 등 보다 중요한 부서는 연안파에게 배정되었다. 이같이 연안파에게 요직이 안배되었던 것은 김일성과 빨치산파에서 이들을 신임하고 있었다. 예컨대 당시 김일성과 연안파 박일우 관계가 밀착 되었던 것은 빨치산파와 연안파는 박헌영의 국내파에게 세력이 전이되는 것을 막아야 한다는 공통의 이해관계 때문에 손쉽게 제휴할 수 있었다.

한편 이 같은 전략은 남로당과 북로당이 즉각적으로 통합되지 않았기 때문에 보다 쉽게 실현될 수 있었다. 박헌영이 북한으로 월북한 뒤 거의 3년 동안 남로당과 북로당은 별개의 정당으로 유지되고 있었다. 이 같은 상황은 김일성 일파로 하여금 북로당에 대한 지배권을 계속 행사하면서 박헌영 측 인사들을 자신들의 그룹으로 하나하나 유인함으로써 박헌영을 서서히 무력화시키는 것이 가능하였던 것이다.

제3절 정권수립과정과 파벌의 역할

1. 정권수립과정

북한정권의 초기 정부 수립에 대한 지금까지의 연구 동향은 대체적으로 네 가지 범주로 대별할 수 있다. 첫째, 소련에서 실어온 "화차정부"(baggage-train government)라는 견해이다. 즉 소련의 지지와 지원을 받은 김일성 일당들이 국내의 민족주의 세력을 제거하고 소비에트체제를 창출하는 과정이었으며 이 과정은 순수 연립단계, 사이비형 연립단계, 단일주의적 정권의 단계를 거치면서 정권을 수립하였다는 견해이다. 당시 소련 군정하에 있던 북한에서는 이미 공산주의 정권수립이 결정적으로 진행되는 상황이라고 규정하고 있다. 이정식, 스칼라피노 교수는 1945년 10월 중순에 소련의 대북한 점령 정책이 정형화되었고, 이것이 북한에 그대로 적용되었다고 주장하였다.[75] 북한지역에서의 인민위원회 설치, 조선공산당 북조선분국의 설치, 5도 행정국의 수립에 이르는 동안 김일성은 소련군정의 절대적인 지원으로 권력을 장악해 나가고 있었다는 것이다. 두 저자들 역시 "북한의 초기 공산정권 수립은 토착적인 혁명을 통해서가 아니고 공산주의와 민족주의 단합을 통해서도 아니며 다만 소련군대의 등에 업혀 공산주의 국가가 되었다."고 한다. 김갑철 교수도 "붉은 군대는 여러 가지 방법

---

75) Robert A. Scalapino & and Chong-Sik Lee, *Communism in Korea part.1: The Movement*, (Bekeley: University of California Press, 1972), pp.332-333. "소련의 권력을 통해 하나의 공산정권이 아시아에서 가장 보수적인 사회들 가운데 하나인 북한에 이식되었다. 북한은 토착적인 혁명을 통해서가 아니며, 공산주의와 민족주의와의 단합을 통해서도 아니라 소련군대의 등에 업혀 공산주의 국가가 되었다."

으로 소련의 의사에 부합하도록 통제하였다. 그리고 소련 군정은 구조적인 면에서 북한지역에 대한 소련 정치체제의 축소판이었으며, 1차적으로 소련에 예속되는 인민민주주의 정권을 탄생시켰다."고 한다.[76] 양호민 교수 또한 붉은 군대가 조선 땅에 들어선 그 시각부터 북조선에서는 공산당이 조직되기 시작하였으며 "소련군의 군화 자취를 쫓아가면서 공산당이 조직되었다."라고 기술했다.[77]

두 번째 견해는 북한에서 사회주의 체제수립은 필연적으로 될 수밖에 없었다는 사회주의 혁명의 불가피성을 주장하는 것이다. 1948년 이전의 시기로부터 한반도의 정치 상황은 새로운 민족적 독립국가의 형성이라는 시대적 과제를 안고 있었으며 이런 과제의 해결이 곧 사회주의 국가의 성립으로 이어졌다는 것이다. 그리고 적어도 북한에서만이라도 사회주의 체제가 형성되어 그 나름의 발전을 통하여 이른바 혁명의 에너지를 축적한다는 사고가 지배적이었으며, 남한의 발전 방향도 궁극적으로는 이러한 북한의 발전 패턴을 모범으로 하여 발전해야 한다는 것이며, 이것을 최종적으로 담보할 수 있도록 하기 위해서는 북한의 정치적 지도성이 보장될 필요가 있었다는 것이다.[78]

세 번째 견해는 남북한 분단의 원인과 관련하여 남한의 선분단이 북한의 정권수립에 기여했다는 것이다.[79] 분단의 조건은 남한에서 택

---

76) 김갑철, "소련의 소비에트화 과정," 강인덕(편)「북한정치론」(서울: 극동문제연구소, 1976), pp.88-89.
77) 공산권 연구실(편), 「북한공산화 과정」(서울: 아세아문제연구소, 1973), pp.1-2.
78) Bruce Cumings, *The Origins of The Korean War 2: Liberation and the Emergence of separate Regime 1945~1947,* (Princeton, Princeton university, 1981), pp.58-70.
    이즈미 하지메, "북조선의 혁명노선," 「NL 비판 Ⅰ」(서울: 도서출판 벼리, 1991), pp.285-294.
79) 최장집, 「한국 민주주의 조건과 전망」(서울: 나남출판, 1996), pp.45-52.
    박명림, 「해방 전후사의 인식」(서울: 한길사, 1989), pp.7-76.

한 자본주의 형태와 정치적 지배 양식에 의해 영향을 받았다는 것이다. 이런 관점에 의하면 남한에 주둔한 미 군정의 제국주의 정책, 친일 보수세력인 한민당과 이승만의 권력욕이 분단의 근본 원인이며, 특히 국제냉전 체제 속에서 남한을 반공의 보루로 육성하려는 미군의 점령정책과 이를 뒷받침하기 위해 형성된 비민족적 정치집단과의 협조하에 남한에 비민족적 중앙통치체제가 고착되었다고 주장한다. 또한 미 군정이 일제의 친일관료와 경찰의 재기용으로 조직의 부활을 도모했다고 한다. 이러한 논리는 남한이 북한보다 먼저 미국의 비호 아래 단정 헌법제정과 분단의 구축을 시도했다는 것이다. 또한 해방 이후에 식민시대 관료의 재등용이나 민족주의 세력 내부의 반목과 경쟁을 그 증거로 하고 있는 것이다.

네 번째는 김일성 단독 국가 설립설이다. 이와 같은 견해는 대체로 북한에서 제기된 것으로 김일성이 빨치산 활동을 벌이던 1933년 3월 18일 만주 가야허 지구에서 인민혁명정부를 수립했으며 이를 인민혁명정부의 원형이라 주장하고 있다. 북한은 김일성이 1933년 3월 18일 가야허 지구에서 양천 제5지구 인민혁명정부를 수립하였다고 주장하며 김일성이 세운 이 인민혁명정부는 해방 후 인민정권의 원형으로 되었다고 주장하고 있다. 김일성이 가야허 지구에서 인민혁명정부를 수립하게 된 것에 대해 유격구의 인민들이 자기의 진정한 정권을 가지려는 숙망을 실현하기 위한 것이었다면서 인민정부의 수립, 그것은 "우리 민족의 역사와 조선혁명의 발전에 실로 커다란 의의를 가지는 사변이었다."고 주장하고 있다. 김일성은 인민정부 수립을 선포하는 회의에서 "인민혁명정부는 참다운 인민의 정권이다."라는 연설을 했으며 김일성은 여기서 쌓은 성과와 경험을 토대로 하여 해방 후 지체 없이 인민정권을 세우고 부단히 강화 발전시켜 왔다고 주장하고 있다.[80]

이와 같은 4가지 주장들은 북한에서 실존했던 파벌들의 동태적(dynamic) 활동과 그들의 기능과 역할을 간과하고 있는 것이다. 따라서 정권수립의 주역이었던 빨치산파를 중심으로 파벌 간의 역동적 관계를 분석하고자 한다.

앞절에서 설명한 바와 같이 빨치산파는 입국 후부터 가장 광범위한 세력을 가지고 있는 국내파를 견제하기 위해서 파벌 간에 합종이 불가피하였다. 때문에 빨치산파는 연안파와 합종하기 위해 연안파가 조직한 신민당과 합당하여 북조선노동당을 발족시켰던 것이다.[81] 이와 같이 북조선노동당으로 통합한 뒤 북한에서 우위를 확보하고 또한 남한공산주의 운동에 대한 북조선 노동당의 주도권을 확보하기 위해 북조선 노동당 단독정권 수립을 준비하기 시작하였다.

먼저 1946년 11월 3일에 도·시·군 단위의 제1차 인민위원회 선거를 실시하였다. 북한의 여러 정당들과 사회단체들이 참가한 북조선민주주의민족통일전선 약칭 북민전이 모든 선거구에 단일 후보를 냈고, 유권자는 그 단일 후보에게 찬성할 경우에는 백함(白函) 상자에, 반대할 경우에는 검은 상자(黑函)에 투표하도록 지시되었다. 소련군이 모든 위성국가들에서 시행했던 흑백함 투표가 북한에서도 되풀이되었던 것이다.

이 선거에는 유권자의 99.85%가 투표에 참가하여 80.63%가 후보자에 찬성한 것으로 발표됐다. 엄격한 통제를 실시하였는데도 20%에 가까운 반대표가 나왔다는 것은 북한공산정권에 대한 저항이 얼마나 강했던가를 말해 준다.

이 무렵에 북조선임시인민위원회는 평양시를 평안남도로부터 분리

---

80) 「노동신문」, 1998년 4월 28일자 2면, 내외통신 11129호 98년. 4. 30.
81) 國史編纂委員會, 「조선노동당 자료집Ⅳ」, pp.101-176.
　　　1946년 8월 28일부터 30일까지 조선공산당 북조선분국과 합당하였다. 이 대회를 북조선노동당 창립대회 또는 북조선노동당 1차 전당대회라고 한다.

해서 평양특별시로 승격시켰다. 또 경기도의 연천군, 함경남도의 원산
시와 문천군 및 안변군을 기존의 강원도로 통합시켰다.

1947년 2월 17일부터 20일까지 평양에서 도·시·군 인민위원회 대
회가 열렸다. 이 대회에는 도·시·군 전체 인민위원 3,459명의 3분의
1 규모로 정한 1,171명의 대의원 가운데 1,158명이 참석했다.

이 대회 마지막 날인 2월 20일에 최고입법기관으로 북조선인민회의
를 만들고 최고행정기관으로 기존의 북조선임시인민위원회를 북조선인
민위원회로 개편하기로 결의했다. 이 결의에 따라 우선 북조선인민회의
대의원을 대회 참가자들 5명 가운데 1명씩 뽑았다. 그에 따라 237명의
대의원이 선출됐다.

북조선인민회의는 2월 21일에 제1차 회의를 열고 그 기구 안에 상
임위원회를 두기로 결의했다. 위원장에는 연안파의 김두봉 북조선노동
당위원장이 선출되었고 부위원장에는 빨치산파의 최용건 조선민주당
위원장과 국내 천도교 세력을 대표하는 김달현이 북조선 천도교청우
당 위원장이 각각 선출됐다.

그리고 실제 권력을 행사할 수 있는 북조선인민위원회위원장에 김일
성이 선출됐다. 부위원장에는 빨치산파의 김책과 기독교 목사로 조선민
주당 부위원장인 홍기주가 각각 선출됐다. 기획국장에는 정준택, 내무
국장에는 박일우, 외무국장에는 리강국, 상업국장에는 장시우, 교육국
장에는 한설야, 노동국장에는 오기섭, 사법국장에는 최용달, 인민검사
국장에는 최창익, 선전국장에는 허정숙이 각각 임명되었다. 그리고 이
어서 북조선인민위원회는 同年 2월 22일에 출범했다. 뒤이어 24~25일
에는 리-동 인민위원회 선거가, 3월 5일에는 面 인민위원회 선거를 각
각 실시함으로써 공산주의 정권이 빨치산파의 계획대로 진행되어 갔다.

이처럼 북한에서 북한 단독의 정권수립이 진행되는 동안 서울에서

는 1947년 5월 21일부터 제2차 미 · 소 공동위원회가 개최되었다. 그러나 이 회의는 아무런 진전을 보지 못한 채 8월 12일에 끝났다.[82]

이렇게 남과 북에서 단독정부의 움직인 노골화되어 감에 따라 적대지역에서 활동하는 많은 인사들이 수모와 함께 심지어는 암살당하는 사례가 빈번하였다. 그 대표적인 예가 1947년 7월 19일 여운형이 서울에서 열아홉 살 우익 테러리스트 소년에게 암살당한 사건이 발생하였다.[83]

이제 북한에서 빨치산파는 공공연하게 주도권을 장악하고 있었다. 그들을 결집시키게 되는 동기는 동북항일연군 당시 유격대 생활을 같이하였다는 점과 일만군경의 공격에 의해 소련령으로 도망하면서 약 4년 동안 동지애를 더더욱 다지는 계기가 되었다는 것이다. 그리고 소련으로부터 강력한 후원을 받았기 때문이다.[84]

---

82) 김남식, 「남로당 연구」, 전게서, pp.220-233.
　　미 · 소공동위원회는 제1차 1946년 3월 21일부터 5월 6일까지 그리고 제2차는 1947년 5월 21일부터 8월 21일까지 개최되었으나 결렬되고 말았다. 미 · 소공동위원회는 남 · 북한 임시정부 수립을 위한 인민대표대회를 조직하는 데 있어서 대의원(600명)의 자격문제에서 소련 측은 반탁진영을 제외하자는 案이었으며 미국 측은 청원서를 제출한 모든 단체는 참가 자격이 있다는 것이었다.
83) 암살자의 배후로 수도 경찰청 당국과 극우 반공 단체가 지목됐다. 그는 남한 최초의 人民葬으로 치러졌다. 그의 슬하에는 2녀 여연구와 3녀 여원구 및 4남 여붕구가 있었다. 그들은 모두 평양으로 갔다. 그들은 모스크바에서 대학을 마치고 1952년 말에 평양으로 돌아왔다. 그 뒤 여연구는 祖國統一民主主義戰線 서기국장에 이어 그 기구의 의장이 되었으며, 다시 최고인민회의 부의장으로 승진하였으며, 여원구는 보통 교육부 부부장으로, 여붕구는 조국통일민주주의전선 서기국장을 각각 역임하였다.
84) R. A. Scalapino & Chong-Sik Lee, op. cit., pp.320-325.
　　기간 중에 김일성은 소련에서 교육을 받기도 하였다. 소련은 김일성을 훈련기간 중 모스크바에 2개월간 파견교육을 시켰으며, 당시 소련 사람들은 김일성은 볼셰비키혁명 중에 영웅적으로 투쟁한 농민 출신의 Vasily Chapayev에 비유하면서 그를 추켜세웠다고 한다.

소련 측에서 연안파 지도자들을 적극적으로 지지하지 않은 이유는 연안파 지도자들이 소련인들과 많은 접촉이 없었으며 더구나 소련의 국익에 배치되는 중공의 노선을 따를 위험마저 있는 인물들이었기 때문이었다. 그러나 북조선분국을 조직하면서 소련 측에서 매우 중요한 시기에 남한에서의 박헌영의 권위를 인정했으며 박헌영은 그 대가로 모든 문제에 대해 그들의 입장을 충실히 추종했다. 그러나 미소공동위원회가 결렬된 이후 공산주의 운동의 중심지는 남한이 아니라 북한이라는 것이 점차 명백해지고 있었다. 그럼에도 불구하고 소련군의 점령후 초기 몇 달간 김일성과 그의 지지자들은 두 세력으로부터 심각한 도전에 직면하게 되었다. 하나는 박헌영이 지도하는 국내파였으며 또 다른 도전은 김두봉, 무정, 최창익, 김창만, 윤공관 등을 중심으로 하는 연안파였다. 이 도전을 극복하는 방법이야말로 김일성이 권력을 장악하는 과정에서 가장 중대한 국면을 이루고 있었다. 먼저 국내파의 현준혁은 급진적인 인텔리겐치아와 투쟁적인 민족주의자들 사이에서 인기가 매우 높았다. 따라서 그는 조선공산당의 위원장 직책으로 김일성과 대적하였으나 공산주의자들로부터 평남지구 위원장직에 대해 신랄한 비판이 있은 후 2주일 후 45년 9월 28일 암살당했다.

조만식은 북한에서 인기가 있는 민족주의자였다. 그는 1945년 10월부터 5도 행정국장과 함께 건준 평안남도 위원장으로 활동하고 있었다. 그러나 그는 한국에서 신탁통치를 하기로 한 10월의 모스크바 삼상회의에 대해 반대한다는 이유로 1946년 1월 정치무대에서 제거되었다.

이와 같이 북한에서 민족 및 국내파 거두를 제거하면서 헤게모니를 장악했으며 박헌영의 국내파에 대해서 국면 전환은 이미 북조선분국이 설립되면서 결정되었다고 할 수 있다.

앞서 살펴본 바와 같이 1945년 10월 13일 조선공산당 5道 대표자회의에서 북조선 분국이 설립되었으며 17명으로 구성된 간부회가 그 산하에 설치되었다. 김일성이 서울 본부에 대한 북조선분국의 하부임을 강조했음에도 불구하고 서울에 있는 지도자들로서는 평양에 새로운 분국을 거치지 않고는 북한에 있는 당원들과 더 이상 접촉할 수 없었기 때문이다. 이것은 사실상 김일성이 전술적으로 북한에서의 자치권을 획득하였음을 의미한 것이다.

이보다 앞서 그들이 북한 내의 국내파와 민족주의 세력에 대한 헤게모니 장악은 초기 건준 장악을 보면 알 수 있는 것이다. 초기 건준위원 20명 가운데 공산주의자가 단 두 명이었다. 이런 이유로 소련군사령부에서는 명칭을 인민정치위원회로 개칭하고 16명의 공산주의자들과 16명의 비공산계열로 재조직하였다. 대동강 어귀에 있는 진남포건준인민위원회도 건준위원 8명과 공산주의자 8명으로 구성하였으며, 황해도에서도 유사한 일이 재현되었다.

이와 같이 지역적인 차원에서 기반을 확고히 한 후 전국적인 정치구조를 수립하기 위해 북조선민주주의정당, 사회단체, 5도행정국 및 인민정치위원회 등의 대표자 확대회의가 1946년 2월 8일 평양에서 개최되었다. 이것은 사실상 북한 단독 정부의 탄생을 의미하는 것이었다.

1946년 초에 접어들면서 북한 내에서 비공산주의자들이 활동하기는 위험한 지역으로 변하였다. 미·소 간의 관계도 급격히 악화되어 남북한 모두에게 영향을 미쳤으나 통일전선이나 혹은 그와 같은 유사한 조직을 결성하려는 움직임은 계속되었다. 그 대표적인 조직이 1946년 6월 22일 북한의 전인민을 결합시키고 하나의 새롭고 민주적인 조국을 건설하기 위한 기구로서 북조선민주민족통일전선(이하 민전)이 결성되었다. 따라서 북한에 있는 모든 민주적 조직체들이 이 조직에 가입을 종용하였다.

그러나 민전의 주된 기능은 공산주의자들이 모든 정치단체와 사회단체를 통제할 수단을 만들어냄으로써 이 기구를 통해서 공산주의자들의 잠재력을 최대로 이용하려는 것이었다.

물론 김일성은 민전 내의 모든 단체들이 동등한 대우를 받을 것이라고 지극히 조심스럽게 강조하면서 "오늘 새 조선의 민주과업은 결코 어떤 일개 정당 단독의 힘으로써 완성되는 것이 아니고 제 민주주의적 정당, 사회단체의 공동한 노력과 통일적 역투로서만 가능할 것"이라고 말했다.[85]

민전은 각 정당이 동등한 권리와 지위를 갖는 공동의 협의기관으로 기여하게 될 것이며, 따라서 각 정당의 책임자들이 윤번으로 돌아가며 의장 직무를 수행하는 등 여러 가지 민주적 절차를 채택하리라는 것이 김일성의 설명이었다.[86]

그러나 북한에서는 당시의 모든 민주적 정당이라는 것이 이미 공산당의 수중에 장악되어 있었다. 이 시점에서 김일성 일파에게 어떤 위험이 있었다면 그것은 공산주의 운동 내부에서 비롯된 것이었다. 당시에 장려된 사회단체들을 살펴보면 확실해진다. 1945년 말에서 1946년 초에 걸쳐 공산당은 대중 동원정책의 일환으로 많은 조직들이 〈표 3-9〉과 같이 결성되었다.

〈표 3-9〉 조선공산당 외곽 단체

단체명	창립일시	가입인원(명)
북조선직업총동맹	1945. 11. 3.	500,000
북조선 농민동맹	1946. 1. 31.	800,000
북조선민주청년동맹	1946. 1. 17.	350,000
북조선민주여성동맹	1946. 11. 8.	800,000

85) 김일성 저작집 제2권 (평양: 조선노동당 출판사, 1979), pp.99-101.
86) 상게서, pp.305-312.

이들 중 가장 중요한 단체들은 1945년 11월에 결성되어 500,000맹원을 자랑하던 북조선직업총동맹, 과거의 공산청년동맹을 소련의 자문을 받아 1946년 1월 17일에 개편하여 맹원이 350,000명에 달하고 있던 북조선민주청년동맹, 1945년 11월에 결성되어 800,000맹원을 가지고 있던 북조선녀성동맹, 1946년 1월 31일 결성된 800,000맹원의 북조선농민동맹, 1945년 11월에 결성된 조·소문화협회 등이 있다.[87]

이들 각각의 단체들은 공산당의 강력한 통제를 받고 있었다. 비록 어느 정도의 과장과 중복은 있었지만 약 2,000,000명에 달하는 이들 단체의 가맹원 총수는 공산당을 오히려 초라하게 만들 정도였다. 믿을 만한 공산당 간부들에 의해 지도되고, 민전(중앙조직 이외에 지역, 도·지부까지 갖추고 있었다)을 통해 연계되어 있던 이들 외곽단체들을 이용하여, 공산당은 국내의 모든 단체들을 조종할 수 있었다. 비공산계 정당들을 계속 공산당의 꼭두각시로 남아 있게 하는 것은 중요한 일이었다. 예컨대 조선민주당의 경우 1946년 2월 이후로는 계속해서 공산당이 모든 것을 장악했다.[88] 당원의 95% 가량이 농민이었던 천도교청

---

87) 金昌順, 전게서, p.166.
88) R. A. Scalapino & Chong-Sik Lee, op. cit., pp.328-330.
  출신성분 때문에 공산당원이 되기에 부적합한 사람 중 진보적인 정책을 시행하는 정당에 가입하기를 원하는 사람들은 이론상으로는 조선민주당에 가입할 수 있었다. 이 개념은 중국공산당의 합법적인 통일전선 정당에 대한 태도와 일치한다. 즉 이 정당들로 하여금 소부르주아와 부르주아를 대변하고 계급제도의 폐지를 받아들이도록 교육하는 수단으로 삼는 것이다. 물론 실제적으로는 기회주의적인 동요분자와 진실한 공산주의자들이 요직을 나누어 가지는 것이 필수적이었다. 그러나 조만식이 존재하던 민주당은 민족주의자들과 반공주의자의 피난처였던바 조만식이 제거되고 대부분의 비공산계 민주당 지도자들이 월남한 이후에도 이러한 분위기는 여전히 남아 있었다. 1946년 10월 11일 평안북도에서는 조선민주당원과 북조선노동당원 사이에 대규모 충돌사건이 있었고, 전쟁 중에는 조선민주당원들이 인민군 패잔병들을 공격하는 사건이 여러 차례 있었

우당에 대한 통제는 더욱 교묘하게 행해졌다. 공산주의자들은 위원장인 김달현을 적극적으로 포섭하여 자신들의 지도를 받아들이도록 하는 한편, 당내 위험요소를 계속 감시하는 일도 게을리 하지 않았다.[89]

　북한에서 빨치산파들이 이와 같이 각종 사회단체들에 대해서 헤게모니를 장악하는데 있어서 남로당 박헌영의 월북은 그들의 권력 장악과는 무관하게 보였으며, 방해받지 않았다. 오히려 박헌영의 월북으로 인하여 한반도 공산주의 운동의 주도권을 둘러싼 경쟁에서 김일성의 승리와 박헌영의 패배는 확실해졌다고 볼 수 있다. 그리고 남로당에 대한 북로당의 우위도 확실해졌다. 이 시점을 전후하여 김일성은 자신의 권력기반을 굳게 만들고 사회주의적 개혁을 추진하기 위한 일련의

───────────────

　　다. 그러나 조만식이 제거된 이후에는 당의 지도권이 완전히 공산주의자들의 수중에 들어갔다.

89) 임형진, "동학과 천도교 청우당의 민족주의에 관한 연구", (서울: 경희대 박사학위논문, 1998), pp.125-126.
　　天道敎靑友黨 1946년 2월 8일 공식적으로 창당되었다. 사실상 이 당은 東學부터 기독교에 반대하는 민족 종교를 기반으로 하고 있었기 때문에 (초기의 조선민주당은 주로 기독교도를 중심으로 이루어졌다) 공산주의자들로부터 비교적 덜 압력을 받았다. 공산주의자들은 기독교가 친미적인 성격을 띤 것이라고 보았는데, 특히 미국인 선교사들이 한국 기독교 운동에서 중요한 역할은 담당했기 때문이다. 더구나 기독교운동은 항일 민족주의운동에서 한 축을 이루었기 때문에 쉽사리 기독교인들을 친일파 혹은 민족반역자로 몰아붙일 수 없었다. 그래서 기독교에 대한 견제의 한 방법으로 토착종교에 기반을 둔 반대세력을 키우는 방법이었다. 이것이 바로 천도교 그룹을 끝까지 지원한 이유이다. 따라서 기독교는 미 제국주의 침략의 도구로 몰아붙였으며 천도교 청우당은 호의적인 지도를 받을 수 있었다.
　　그러나 공산주의자들은 조선민주당을 개편한 이후 천도교 측에 대해서도 보다 가혹한 정책을 취했다. 천도교 운동의 오랜 지도자인 金達鉉은 자신의 당원들에 대해 스파이 행위를 하여 공산당에 보고하게끔 하였다. 더구나 1948년 봄 천도교 신자들이 오랫동안 당내의 신자들과 접촉을 가져 왔음이 밝혀진 연후에 그들에 대한 대규모 체포가 벌어졌던 것이다.

작업에 본격적으로 착수하였다.

우선 북조선임시인민위원회에서 근무할 요원들을 양성할 목적으로 3개월 과정의 중앙정치간부학교를 세웠고, 경찰 요원들을 양성하기 위한 목적으로 북조선보안간부학교를 세웠으며, 당 요원을 길러 낼 목적으로 중앙당학교를 세웠다. 이 학교들은 1차적으로 김일성이 민족해방의 영웅이며 이승만과 김구는 가짜 독립 운동가이므로 한반도는 김일성에 의해 통일돼야 한다는 사상 교육에 치중했다.[90]

반면 북조선임시인민위원회는 6월부터 8월 사이에 8시간 노동제,[91] 사회보험제, 남-녀 평등에 관한 법령 등을 발포했다. 또, 산업, 교통, 운수, 체신, 은행 등의 국유화에 관한 법령도 발포했다. 정치사상 교육에 이어 사회 체제의 변혁을 위한 본격적인 조처들을 취하기 시작한 것이다.

10월 1일 김일성 종합대학이 평양에서 개교되었다. 초창기에는 소련에서 교수를 초빙하여 교육하였으며 북한에서 공산주의 교양교육을 담당한 교육자들이 부족하여 남한의 진보주의적 지식인들의 월북을 장려하였다. 그 중개역할을 남조선 신민당의 위원장 백남운이 하였다.[92]

---

90) 전게서, 「김일성저작집 3권」, pp.50-51.
91) 전게서, 「김일성저작집 2권」, pp.261-267.
　　 북한의 어떠한 노동자 또는 사무원에게도 8시간 노동의 원칙이 적용된 일이 드물었다. 그들은 1946년 12월 6일부터 시작된 '애국미 헌납 운동 및 건국 사상 총동원운동'에 따라 건국이니 애국이니 하는 구실 아래 정당화된 수많은 이름의 시간 외 노동을 바쳐야 했다.
92) 김학준, 「북한50년」(서울: 동아출판사, 1995), pp.116-117.
　　 전북고창 출생. 東京 상과대학에서 마르크스 경제학에 심취, 연희 전문학교 교수로서 마르크시스트 경제학자로 이름이 높았다. 해방 직후에는 서울대 교수로 재직하면서 사회주의 운동의 한 부분을 담당하였다. 따라서 백남운의 공작으로 음악계, 미술계, 문학계의 지식인들이 북행길에 올랐다. 그들 가운데 상당수는 북한에서 모든 사람들이 고르게 살며 자

북한에서 권력을 장악한 빨치산파는 이제 적화통일을 위한 준비를 시작하였다. 따라서 남한의 정부와 국민을 분리시키기 위한 이간책으로 1948년 4월 19일부터 26일까지 평양에서 남북제정당 사회단체 련석회의를 평양에서 개최하였다.[93] 김구, 김규식 및 조소앙을 비롯한 남쪽의 저명한 항일운동가들이 평양으로 갔다. 그리고 이 회의에 참석하려고 평양에 갔던 인사들 가운데 백남운 홍명희[94]를 비롯한 몇몇 인사들은 평양에 잔류하였다. 5월 1일 발표된 공동성명서는 우선 남과 북 모두에서 외국군을 철수시킬 것을 요구하고 이어 외국군 철수 이후에 남과 북의 정당 및 사회단체가 모두 모여 정치회담을 열고 조선인의 임시정부를 수립할 것을 제의하였던 것이다.

이것은 북한의 입장을 여과 없이 반영한 것이었다. 그리고 외국군이 모두 철수한 뒤 정규군을 창설한 북한에 비해 작은 규모의 경비대만 유지하고 있던 남한과 예견되는 군사충돌을 어떻게 평화적으로 해소할 것인가 하는 심각한 문제에 대해서는 해답을 주지 못하였다. 실제로 남과 북에서 미소 양군이 철수한 뒤 무력 충돌이 자주 일어났다.

남한에서는 이러한 공동성명서를 외면한 채 1948년 5월 10일에 총선거를 실시하였다. 그리하여 5월 31일 제헌국회를 개원하였으며 7월

주적인 사회주의 국가가 건설되고 있다는 환상 아래 북한을 도와야 한다고 월북하였지만 대부분 정권 초기에 이용되고 숙청당했다.

93) 國史編纂委員會, 전게서Ⅵ, pp.10-212.

94) 1947년 10월 서울에서 결성된 民主獨立黨의 명목상의 지도자였던 홍명희는 1948년 중반까지 남한에서 좌익 통일전선의 핵심인물로 활약했었다. 1948년 4월에 월북한 홍명회는 비록 내각 부수상(1948년 9월~1961년 9월), 최고인민회의 상임위원회 부위원장(1961년 9월~1968년 사망까지) 등 화려한 직책을 지녔지만 실제 권력과는 거리가 멀었다. 그는 단지 공산주의자들의 통일전선 이론에 부합되면서 김일성과 개인적인 관계를 맺고 있던 명목상의 지도자였을 뿐이다.

17일에는 헌법을 공표하고 8월 15일에는 대한민국정부를 수립하였다. 남한에서 국회와 정부 수립을 보고 북한에서도 빠른 속도로 절차를 밟았다.

북한은 6월 29일부터 7월 5일까지 북한 단독으로 제2차 남북제정당 사회단체협의회를 개최하였다. 그리고 남한의 국회를 비합법적 조직체라고 규탄하고 남과 북에서 선거를 실시하여 조선최고인민회의를 상설한 뒤 이 기관에서 조선의 중앙정부를 세우고 나서 곧바로 외국군 군대를 동시에 철수시키도록 할 것을 제의하였다. 7월 10일에는 북조선인민위원회 5차 회의를 열고 조선민주주의 인민공화국 헌법의 시행을 결의하였다. 이 결의에 따라 북한은 8월 25일 조선최고인민회의 대의원 572명을 선출하기 위한 선거를 실시하였다. 인구 5만 명당 한명의 대의원을 선출한다는 원칙에 따라 대의원 정원이 정해진 것인데 이 선거 역시 흑백투표 방식으로 진행되었다.

그러나 북한에서는 유권자 4,526,065명 가운데 99.97%에 이르는 4,525,932명이 투표에 참가하여 투표자의 98.49%에 이르는 4,456,261명이 白函에 투표지를 넣은 것으로 발표하였으며, 특이한 것은 남한에도 선거를 한 것처럼 해서 남한 지역에 대한 360명의 대의원을 선출하였다는 것이다.

이렇게 선출된 대의원들로 구성된 조선최고인민회의가 9월 3일 개최되어 소련의 스탈린 헌법을 모방하여 만든 조선민주주의 인민공화국 헌법을 정식으로 채택하였다.

이 헌법에 따라 지금까지 사용되던 태극기는 폐지되고 인공기가 공식으로 사용되었으며 애국가도 폐지되고 새로운 國歌가 제정되었다.[95]

---

95) 國史編纂委員會, 전게서Ⅶ, "신국기의 제정과 태극기의 폐지에 대하여", pp.164-206.

북한에서 파벌 간의 갈등 속에서 빨치산파가 국내파에 우위를 점하게 되는 것은 1946년 8월 북조선노동당이 결성될 무렵이다. 조선공산당 북조선 분국은 빨치산파의 확고한 통제 아래 있었다. 이보다 앞서 국내파에게 최초의 중대한 일격이 가해진 것은 김일성이 오기섭과 정달헌 등 국내파 공산주의자들의 반대에도 불구하고 북한에 독립된 정당이 필요하다는 사실을 성공적으로 관철시킨 1945년 12월 17, 18일에 개최된 조선공산당 북조선분국 제3차 확대집행위원회에서였다.

이때부터 북한의 공산당 지도부 내에서 국내파의 발언권은 급속히 줄어들게 되었다. 빨치산파에 의해 지배되는 새로운 조직인 중앙위원회는 국내파 인사들을 '종파쟁이' 또는 '지방 할거주의자'로 내몰면서 북한전역에 걸친 각급 지방당위원회를 장악해 나갔다. 1946년 1월 말 국내파 지도자 중 김일성에 맞설 수 있는 유일한 인물인 오기섭이 북조선분국 제2비서직에서 해임되었다. 그리고 오기섭은 빨치산파가 2월 8일 조직해 놓은 북조선 임시인민위원회의 선전국장에 임명되었다. 선전국장의 직위는 오기섭의 인물과 상대적인 사회적 지위에서 보면 훨씬 격이 낮은 지위였다. 한편 또 다른 경쟁 상대였던 연안파의 무정도 이 기간 중 지위가 격하되어 신민당과의 합당이 이루어지기 직전인 7월경 보안간부총훈련소의 포병사령관으로 임명되었다.

김일성과 빨치산파는 당시 국내파 인사들을 주요 표적으로 삼고 있긴 했지만 직위를 준다든가 그 밖의 우두머리를 이용하여 그들을 포

태극기 폐지에 앞장선 사람은 김두봉이었다. 태극기의 四卦는 주역의 음양사상을 기초로 한 것인데 이러한 음양사상은 반민주주의적인 지배계급의 미신적 사상이므로 태극기는 이조 봉건시대의 亡餘遺物이라고 혹평하였다. 그러나 많은 대의원들이 반대하였다. 그 이유는 일제하에서 모두 태극기를 보고 싸웠으며 남한 사람들도 태극기를 좋아하므로 통일의 무기로 삼을 수도 있다고 鄭在鎔이 반대토론을 하였다.

섭할 수 있는 한 아직은 최소한 몇몇 국내파 인사들을 계속 이용하는 것이 중요하다는 사실을 깨닫고 있었다. 이렇게 해서 초창기에는 비교적 명망이 없는 주영하가 당시 김일성과 함께 북조선노동당중앙위원회 부위원장의 직책을 맡게 되었다.[96] 빨치산파는 국내파의 영관급 장교를 포섭하여 국내파의 장군들을 공격하려는 것이었다. 북노당이 결성된 1946년 8월에 이르러 북한의 주요 국내파 지도자들 중 김일성에게 충성스러운 사람들을 제외하고는 당 조직의 상층부에서 중요한 지위를 차지하고 있던 사람은 아무도 없었다.

1948년 3월 27일에 열린 제2차 당 대회에서 김일성은 주로 국내파 인사들을 중심으로 그의 당내 정적들에 대해 신랄하고도 노골적인 공격을 가하였다. 그는 "오기섭과 당내 일부 동지들이 종파주의에 빠져 과거 협소한 지방그룹에서 자기 이상은 아무것도 없다는 '천상천하 유아독존'의 생활을 해 내려온 우물 안의 개구리처럼 케케묵은 종파적 그룹 생활을 연장하려 하고 있다."고 비난하였다.[97] 김일성의 이 같은 비난은 비단 오기섭뿐만 아니라 정달헌, 최용달, 이봉수, 이순근 등 국내파 지도자들 모두에게 겨냥한 것이었다. 이 당시 김일성은 연안파의 무정과 윤공흠에 대해서도 깊은 의구심을 가지고 있었던 것으로 알려져 있다.[98] 그러나 공개적인 비난은 국내파에만 집중되어 있었다. 김일성의 비판이 있은 이후 사전에 조작된 계획에 따라 오기섭에 대한 비난 연설들이 뒤를 이었다. 이 중에는 과거 그의 부하이자 현재는 당 부위원장 주영하와 당 조직부장인 허가이, 함경남도당 위원장인 김열, 그리고 강원도당 위원장인 한일무 등이 연설에 포함되어

---

96) R. A. Scalapino & Chong-Sik Lee, *op. cit.*, pp.360-365.
97) 김일성 저작집 4권, pp.355-356.
98) *R.* A. Scalapino & Chong-Sik Lee, op. cit., pp.370-371.

있었다.[99]

잠재적으로 김일성의 정적이 될 가능성이 있는 사람들의 지위는 점차 격하되었고 그의 지지 세력들은 여지없이 분쇄되었다. 국내파 오기섭의 숙청에서 중요한 것은 시기 문제였다. 그에 대한 공격은 월북하는 남로당원들의 숫자가 늘어나고 있는 상황에서 그들이 북한 내에 하나의 세력을 형성하게 되고 박헌영조차 불원간 월북할 것이라는 점이 예견되는 판단하에 단행되었다.

새로이 월북한 박헌영과 그와 결탁한 오기섭, 이 두 강자가 북한의 정치무대를 함께 누비는 것은 빨치산파에게는 위협적인 존재였기 때문이다. 결국 이러한 과정을 거쳐 조선민주주의 인민공화국이 출범할 무렵 오기섭은 완전히 빛을 잃고 있었다.[100]

1948년 가을부터 북한에서는 대체로 평온한 가운데 김일성을 중심으로 빨치산파는 확고하게 자리를 굳히고 있었다. 박헌영을 위시한 강력한 경쟁자들은 이미 제2선으로 물러났으며 일단 지도층 사이에서 역할이 확실하게 정해지고 조직체계가 확립되면서 빨치산파에게 도전한다는 것은 거의 불가능한 상태였다.

2. 파벌의 역할

일제하에서 공산주의 활동을 국내지역을 기반으로 했던 국내파에서 대표적인 인물들로는 김용범(평남)·박정애(평남)·오기섭(함남)·정달헌(함남)·최용달(함남)·장순명(함북)·주영하(함남)·장시우(평

---

99) 國史編纂委員會, 전게서 I, pp.259-492.

100) 吳琪燮은 1956년 조선노동당 제3차 전당대회에서 당중앙위원에 다시 선출되었으나 이듬해 8월 종파사건과 관련하여 숙청되었다.

남)·최경덕(황해도) 등을 손꼽을 수 있다. 조선공산당 북조선분국 결성 당시 제1비서를 맡았던 김용범이나 박정애 등은 평양을 활동무대로 소련과 만주를 드나들며 투쟁했는데 이들은 김일성 단일지도체계 확립작업에 적극적으로 참여하였다. 주영하·장시우 등 저명한 국내파 인사들은 각각 자신의 연고지역이나 특정 분야에서 기득권을 가지고 있었다.[101] 오기섭, 정달헌, 이주하,[102] 최용달 등으로 대표되는 함남 지역 중심의 일부 지역의 공산주의자들은 북조선분국 결성 때부터 서울중앙 지지를 표명하고 나서면서 세력화되었다.

이와 같이 국내에 연고를 가지고 국내파는 공산주의 정권을 창출하는 데 있어서 공산정권의 기반조성 역할을 담당하였다. 그들은 1946년 2월에 조직한 북조선 임시인민위원회나 1948년 9월 2일 최고인민회의, 9월 9일에 수립되었던 북조선인민위원회의, 나아가 조선민주주의 인민공화국으로 발전하면서 정권 창출의 기반 역할을 담당하였던 것이다. 초기 내각 구성 비율을 볼 때 각료 19명 중 10명은 남한 정계 출신이었는데 그중에서도 5명은 남조선노동당 소속이었으며 4명이 북조선노동당 소속이었다.[103] 이 구성 비율에서도 알 수 있듯이 국내파는 초기 공산정권의 기반을 조성하는 데 기여한 바가 컸다고 할 것이다.

한편 김일성을 중심으로 만주와 한·중 국경지방에서 동북항일연군 소속하에 항일무장투쟁을 전개한 빨치산파와 이들과 연계하여 조국광복회[104] 국내조직을 만들어 김일성의 항일유격대와 연계를 가졌던 갑

---

101) 「해방 후 10년일지: 1945~1955」(평양: 조선중앙통신사, 1955), p.172. 그러나 이들은 박헌영의 숙청을 공식화한 1953년 8월 조선노동당중앙위원회 제6차 전원회의에서 「반당적 반국가적 파괴 암해분자, 종파분자」로 규정되어 당에서 除名을 당했다.

102) 이주하는 분국 결성 직후 활동무대를 서울로 옮겨 박헌영의 심복으로 활동하였다.

103) 김창순, 「북한15년사」(서울: 知文閣, 1961), pp.232-233.

산계[105)]가 있는데 빨치산파들은 정권창출 과정에서 주로 군사 분야에 관여하였다. 그러나 갑산계는 그들의 경력이 군사 활동과는 거리가 멀었기 때문에 그들에게 주어진 직책과 임무는 주로 행정과 교육, 문화 계통이었다. 빨치산파가 군사 분야에 두드러지게 부각하였던 것은 이들의 과거 경력이 주로 군사적 활동을 하였기 때문이다.

만주 각지에서 전개된 항일무장투쟁과정에서 살아남아 북한으로 귀환한 사람들 중에서 동북항일연군 소속하에 지휘관을 지낸 사람은 김일성과 최용건, 김책이었다. 김일성은 항일연군 제1로군 6사 사장과 제2방면군 군장을,[106)] 최용건은 동북항일연군 제7군의 참모장, 김책은 동북항일연군 제3군 정치위원을 각각 역임하였던 대표적 인물이었다.

앞서 살펴본 바와 같이 이들의 활동은 1931년 9월 만주사변이 발발하자 만주 각 지방에서 중국인 공산주의자들과 연합부대를 편성하여 항일무장투쟁을 전개하였다. 이들 항일유격대 중 특히 조선해방과 밀접하게 연결되어 있었던 부대는 유격대원의 절대다수가 한인이었던

104) 이종석, 「북한지도집단과 항일무장투쟁」(서울: 한길사, 1989), pp.11 - 125.
105) 이명영, 「권력의 역사」, 전게서, pp.62 - 65.
    박금철, 이효순, 이송운, 김왈룡, 허석선 등으로 대표된다. 이들 중 대부분은 1936, 1937년에 있었던 조국광복회 국내조직으로 장백현 일원의 조직이 붕괴되는 혜산사건을 계기로 검거되어 옥중에서 해방을 맞이하였다. 그러나 갑산계의 대표적 인물인 이효순은 보천보 사건과는 무관하며 그의 형 이재순의 덕분으로 북한에서 고위직까지 역임하였다. 惠山事件이라 함은 동북항일연군 제6사 부대에서 長白縣과 甲山을 중심으로 국내에 光復會組織을 하려다 발각된 사건으로 제1차 1937년 10월 10일 국내에서 朴金喆외 162명, 장백현에서 60명이 체포되었으며, 제2차 1938년 9월 21일부터 朴達, 金成演, 李龍述 등 279명이 검거되었으며 제1, 2차 사건을 함께 惠山事件이라 한다.
106) 이종석, 「조선노동당 연구」(서울: 역사비평사, 1997), pp.160 - 163.
    그러나 이명영 교수와 허동찬 교수는 당시의 김일성과 북한의 김일성은 다르다고 주장하고 있다.

동만의 항일유격대였다.

그러나 1940년부터 일제의 대토벌작전을 피해 만주를 떠나 소련영내로 이동하였다. 이들은 하바로프스크 근처 비야츠크에 결집하여 1942년 7월 말 '소련 제88특별 독립저격여단'(이하 88여단)을 결성하였다.[107] 그런데 조선인 항일유격대원들의 88여단 생활 중 가장 주목할 만한 것은 그들이 1945년 7월 말 그동안 일국일당주의 원칙에 따라 자신들이 속해 있었던 중국공산당으로부터 분리해 나와 해방 후 조선에서 당 건설과 해방사업을 추진하기 위해서 조선공작단을 결성했다.[108] 이들은 1945년 10월 만주를 거쳐 귀국한 최용건을 제외하고는[109] 대부분 1945년 9월 19일 김일성의 인솔하에 원산항을 통해 귀국하였다.[110]

---

107) 李鴻文, 「東北人民革命鬪爭史」(北京: 吉林出版社, 1984) pp.188 - 190.
'東北抗日聯軍敎尊旅', '國際 88旅團'이라고 표기하고 있다.

108) 이종석, 전게서, pp.161 - 162.

109) 상게서, 同面
최용건은 동북항일연군 교도려 예하에 있었던 중국공산당 동북위원회 서기였기 때문에 해방 후 周保中 등 중국인 동료들과 만주로 나아가 팽진이 이끄는 중국공산당중앙과 접선하여 동북항일연군교도려에서 사업경과 보고 업무 인수인계를 마친 뒤 1945년 10월에 북한으로 귀국하였다.

110) 「조선전사 23권 현대편」(평양: 과학 · 백과사전출판사, 1981), p.26.
이들은 1945년 9월 20일(이날은 항일유격대가 원산으로 귀국한 다음 날이다) 정치공작원으로 각 지방에 파견하였다고 쓰고 있다
장준익, 전게서, pp.38 - 39.
이들은 최초로 육로로 귀국하기 위해 牧丹江과 安東을 거쳐 신의주로 입북하기로 하였지만 압록강의 다리가 폭파되어 갈 수 없다는 소식을 듣고 육로를 포기하고 우스리크를 경유, 열차편으로 블라디보스토크까지 소련 해군 수송선 푸가쵸프호를 타고 자이체프 소련군 소좌와 1945년 9월 19일(음력 8월 14일) 11시경 원산항에 입항하였다. 원산항에 도착한 사람들은 총 60여 명이었다. 이들은 김일성, 金一, 유경수, 최현, 김경덕, 서철 박성철, 오진우, 김성국, 김익현, 조정철, 김철호, 태병열, 이을설, 이두익, 김용연, 안길, 이봉수, 한익수, 전문섭, 김충렬, 최봉건, 김창만 등과 소련 2세들인 이동화, 박길남. 문일, 이청송, 김봉율, 전학

한편 이들 유격대원들은 대부분이 빈농 출신으로 유격전에 참가했기 때문에 지식수준은 매우 낮았다. 이들 중 당원으로 활동이 가능한 정도의 경력과 지식수준을 갖춘 자는 많지 않았다. 따라서 이들은 귀국과 함께 공산당 조직건설을 위해서 각 지방으로 파견된 김책, 안길, 김경석, 유경수, 조정철, 이봉수, 최용건, 강건,111) 김일112) 등 일부만이 당이나 행정활동에 참가하고 나머지 대부분은 군사,113) 보안 분야

준, 유성철, 정학준, 이종인, 김창국, 김파우엘, 이종신 등이었다.

111) 초대 인민군 총참모장 安吉은 1947년 12월에 사망하였으며, 강건은 카자흐스탄 출신의 전직소련군 대위였으며 안길을 이어 총참모장이 되었다. 강건은 1945년 9월 일본항복 직후 東吉林平和維持軍을 조직 지휘하였는데 同軍은 그 후 林彪 휘하의 東北民主聯軍에 편입되었다. 강건은 1946년 나남 주둔 조선인민군 제2사단장에 취임하였다.

112) 함경북도 출신인 金一은 일찍이 만주로 건너가 18세부터 공산주의 운동에 참가하였다. 27세 되던 무렵 김일성의 항일무장유격대에 가담한 김일은 유격대 정치위원 등 다양한 분야에서 능력을 과시했다. 이같이 일찍부터 김일성 밑에서 일한 金一은 김일성의 충실한 추종자로 간주될 수 있었다. 한일 무장유격대가 시베리아로 철수해야 했을 무렵 金一은 소련에서 교육을 받고 있었다. 그러나 두 달 후 김일성으로부터 만주로 돌아가 지하활동을 벌이라는 지령을 받았다. 그는 일본이 패망할 때까지 만주에서 농부로 가장하고 지하활동을 벌이고 있었으며 김일성의 무장유격애가 북한에 귀환할 때 유격대와 합류했다고 주장했다. 한국전쟁 후 그는 급속히 승진했다. 처음 평안북도 당 비서가 된 김일은 1953년 당 부위원장으로 승진했다. 1954년 초 매우 중요한 직책인 농업상에 임명된 그는 1957년 가을 내각 부수상이 될 때까지 농업상으로 재직했다. 이 무렵 많은 사람들은 김일성이 자기가 죽거나 자기에게 유고가 발생했을 경우, 그를 가장 유망한 후계자로 내정하였다는 소문이 났을 정도이다. 金一의 충성심과 능력은 그가 북한의 정치 엘리트 중 최고 지위를 유지할 수 있을 만큼 뛰어난 것이었다.

113) 이들 빨치산파는 1948년 2월 조선인민군 창설시 군 조직에 절대적인 역할을 담당하였다.
인민군총사령관: 최용건   포병부사령관: 武亭
후방부사령관: 崔弘極   총참모장: 姜健   부참모장: 黃虎林
통신부장: 朴英順   작전부장: 柳新   인민군제1사단장: 金雄

건설작업에 참여하였다.[114]

그리고 1948년 9월 9일 조선민주주의 인민공화국이 수립이 되면서 종전의 인민군 총사령부 내에 있던 세력들은 민족보위성으로 승격하면서 대부분 그대로 승계되었다.[115]

소련은 북한 전 지역에 대해 소비에트화를 실시하기 위해 종전의 일제 행정방식을 일소하면서 대신 그 공백을 이어나갈 사람들이 필요하였다. 따라서 소련에서 현직에 있는 한인과 그 2세인 행정 관료들을 선발하여 북한에 충원하였다. 그들의 역할은 소련군이 북한에 진주하게 되면서 통역 요원을 비롯하여 북한의 정치, 행정, 군사, 문화 분야 등에서 실무를 맡을 전문요원들로 구성되었다. 이에 따라 소련 당국은 각 방면에서 실무경험을 가지고 있는 소련 국적의 한인들을 선발하여 북한으로 호송했다. 이들은 북한의 초기 정권형성 과정에서 당을 비롯

참모장: 최광   인민군제2사단장: 李靑松   참모장: 李益成
인민군 홍성여단: 金光俠   참모장: 吳振宇 등이다.

114) 김일성, 김책, 안길, 강건, 김광협, 김경석, 유경수, 이영호, 석산, 오진우, 최광, 최용진, 서철, 허봉학, 박형철, 전문섭, 전창철, 안영, 한익수, 김대홍, 김동규, 박영순, 최기철, 오백룡, 김병식, 김옥순, 임철, 최민철, 김좌혁, 지병학, 백학림, 유창권, 태병렬, 박우섭, 정병갑, 황순희, 박경숙, 김병수, 김여중, 임춘추, 주도일, 이두익, 이을설, 김철만, 오재원, 전문섭, 최인덕, 김익현, 조명선, 김용연, 김성국, 허창숙, 왕옥환, 이두찬 등이다.

115) 민족보위상에서 주요직책을 차지한 세력들은 다음과 같다.
민족보위상: 최용건 대장   부상 겸 문화부사령과: 金一 중장
포병부사령관: 무정 중장   총참모장: 강건 중장
부총참모장: 최인(조선의용군출신)(황호림 후임)소장
전투훈련국장: 김웅 소장   총후방국장: 최홍극 소장
작전국장: 유성철 대좌   정찰국장: 최원 대좌
통신국장: 박영순 대좌   공병국장: 박김남 대좌
간부국장: 이림 대좌   군의 국장: 이동화 대좌
문화 부국장: 金日 소장(소련파)   포병부국장: 김봉율 대좌
전투경험 연구부장: 柳新 대좌   정치보위처장: 石山 대좌

하여 군사, 행정, 경제, 문화 등 여러 방면에서 중요한 역할을 담당하였다. 이들은 소련에서 지방당 중간 간부로 있었거나 학교교사, 농장 관리인 등을 한 경력을 지니고 있었다. 이들은 또한 소련식 당 건설의 주역들이었다. 그렇지만 이들은 원천적으로 북한정치 과정에서 주역으로 부상할 수 없는 한계를 지니고 있었다. 그것은 이들에게는 정치지도자들에게 필수적인 민족해방운동 경력이 없었기 때문이다. 따라서 북조선공산당에서 이들의 영향력은 제한적일 수밖에 없었다. 특히 이들은 소련의 북한에 대한 영향력 감퇴와 더불어 극소수를 제외하고는 북한권력구조에서 배제되어 갔다.

이들 소련계 한인들은 1945년 8월 하순부터 1946년 9월까지 5차례에 걸쳐 약 200여 명이 북한으로 들어온 것으로 알려졌다.[116] 소련군과 함께 대일전에 참전했거나 전쟁 직전 첩보원으로 조선에 들어와 있던 사람들, 그리고 8월 말 소련군 정치요원들과 함께 들어온 사람들을 제1진이라고 할 수 있는데 여기에는 정률, 박창옥,[117] 한일무, 임해, 최종학 등이다. 제2진은 1945년 10월 중순 평양에 도착했으며 박영빈, 김일, 박길룡 등이 여기에 속한다. 제3진은 同年 12월 초 평양에 도착하였다. 여기에는 허가이, 박의완, 방학세, 김재욱, 기석복, 김승화, 김열, 김찬, 고히(희)만, 허빈, 강상호 등이었으며 후일 북한의 당과

---

116) 중앙일보 특별취재반, 「비록 조선민주주의인민공화국」(서울: 중앙일보사, 1992), p.178.

117) 소련에서 태어나 교육을 받은 박창옥은 소련 군정기 이후 북한에 공산주의를 확립하는 데 큰 기여를 한 소련의 한인 2세 중 한 사람이었다. 1950년 당중앙위원회 선전부장이 된 박창옥은 1953년 8월 당중앙위전원회의에서 당 부위원장에 선출되었다. 소련파의 이론적 지도자였던 박창옥은 마르크스-레닌주의를 북한에 정착시키기 위해 많은 논설을 집필했다. 박창옥은 당에 입당하지 않은 자유주의적 좌익을 포함하여 많은 학계·문화계 인사들과 교류했다.

정권기관에서 중책을 맡은 인물들이 대거 포함되어 있었다. 제4진은 기술관계 간부를 중심으로 1946년 여름에 들어왔으며 마지막 5진은 주로 러시아어 교원을 중심으로 이해 9월에 입북하였다. 그러나 제4, 5진의 경우 정치적 중요성을 갖는 인물은 별로 없었다.[118]

한편 소련계 한인으로 88여단에 근무하다가 김일성의 항일유격대와 함께 귀국한 그룹도 있었다. 이들은 경력상 항일유격대와 소련파의 중간쯤에 위치하는 위상을 가지고 있었다고 볼 수 있다. 이들은 주로 군사 분야에서 일하게 되는데 이동화, 김봉률, 전학준, 이청송, 김파, 이종신, 유성철 등이 그들이다.

그런데 이들 소련계 한인 중 소련군 장교 출신으로는 오기찬(인민군 여단장), 강미하일, 최철환(내각사무국장, 1960년도경 숙청), 박알렉세이(은행장), 최아나토리(인민군 조직 시 후방총국 부국장, 전상자 병원장), 안일(인민군 잡지 주필, 1958년 숙청), 조기천(작가, 폭격에 사망), 최종학(인민군 총정치국장, 1958년 숙청) 등이 있었다. 소련계 한인의 대표주자격인 허가이의 경우 통역 요원으로 들어와 로마넨코 사령부 교통부 통역원을 한 것으로 알려졌다.

소련파 중에는 북한에 들어오면서 1946년경에 소련군으로부터 북조선공산당으로 국적을 옮긴 사람들은 허가이, 박창식(평양시 부위원장, 농업성부상, 자강도인민위 위원장), 김재욱, 장철(인민군 후방총국장, 소련귀환) 등으로 알려졌다. 소련계 한인의 상당수는 소련군의 지휘체계하에서 근무하다가 소련군 철수가 진행된 1948년경에 본격적으로 북조선노동당으로 자리를 옮겼다.

이들은 정권수립 시 주로 행정과 교육, 보건 부문에서 상당한 역할을 수행했으며 해방 후 3년간 문맹퇴치에 공헌한 바가 컸다.[119] 특히

---

118) 김창순, 전게서, pp.145-160.

기석복은 소련의 타슈겐트주 중학교 교사를 역임하였기 때문에 당과 정부 그리고 군의 간부를 위한 사상 및 정치교육과 군사교육을 전담할 교육기관인 평양학원을 설립하였는데(1946년 2월 8일) 이 학원의 실무 책임자로 교무주임에 임명되었으며 1949년에는 제3대 학교장에 임명되었다. 소련군 장교 출신들은 노어, 정치학, 공산당사, 군사교리 등을 교육하였다.

중국공산당의 본부인 화북 지방에서 활동하다가 입국한 연안파들의 입북 후에 주요 역할은 군창건과 교육에 이바지하였다. 이들은 일제하에서 중국의 연안지방을 중심으로 중국공산당 아래서 항일투쟁을 전개했던 세력이다. 중국본토에서 활동하고 있던 조선인 좌파 인사들은 1942년 7월 화북조선독립동맹을 결성하고 그 산하에 조선의용군을 두었다. 이들이 연안 독립동맹 계열의 본산이라고 할 수 있다.[120] 독립동맹계열 인사들은 투쟁경력이나 명망, 그리고 고급의 인적 자원이 가장 풍부한 집단이었다. 그러나 이들은 항일투쟁과정에서 조국을 위한 항일투쟁과 연계된 적이 없다는 약점을 안고 있었으며 특히 내부 결속력이 약하였다고 할 수 있다.

독립동맹은 다양한 투쟁경력을 가진 사람들이 결집해서 만들어졌다. 이들은 중국 관내의 상이한 지역에서 서로 다른 조건 속에서 활동하다가 1942년 7월 화북의 태행산 부근에 집결하여 형식상 통일전선체의 성격을 갖는 화북 조선독립동맹을 결성하였다. 독립동맹 결성 당시

---

119) 南日, "인민교육 발전과 전반적 의무교육 실시를 위한 준비사업에 대하여", 「근로자」, 1949년 1월 31일자. pp.13-14.

120) 이종석, 전게서, pp.375-380.
　　화북 조선독립동맹은 흔히 연안독립동맹 혹은 독립동맹이라고도 불린다. 이 중 연안독립동맹은 華北의 공산당 지역의 중심지가 연안이었던 데서 유래한 것이다. 독립동맹의 경우는 본래 略語였으나 해방 후 국내에서도 이 조직을 그대로 유지하면서 공식 명칭이 된 것이다.

주석은 김두봉이었으며 그는 중경을 떠나 1942년 4월에 연안에 도착한 좌익민족주의자였다.[121] 그 밖의 면면을 보면 부주석에 최창익[122] · 한빈, 집행위원에 무정 · 이유민 · 박효삼 · 박일우 · 김창만 · 양민산 · 이춘암 등이 있었다.

이들은 1945년 8월 9일 소련군의 대일전 참전과 함께 화북의 태행산 일대에서 활동하던 조선의용군과 함께 일본군과 싸우기 위해서 동북지방으로 출병을 서둘렀으나 일본군의 조기항복으로 직접 대일전을 치르지는 못하였다. 해방 후 독립동맹은 조선의용군과 함께 귀국하려 했으나 조선 주둔 소련군에 의해서 저지되었다. 따라서 독립동맹 지도부는 조선의용군을 만주에 남겨둔 채 1945년 12월 조국해방 4개월 만에 북한으로 귀환하였다.[123] 독립동맹 지도부가 귀국한 1945년 12월은 이미 북한에서 정치가 본격적으로 진행되고 있을 때였다. 따라서

---

121) 심지연, 「잊혀진 혁명가의 초상: 김두봉 연구」(서울: 인간사랑, 1993), pp.73-74.

122) 최창익은 북한에 공산주의 시대가 열린 그날부터 조선노동당과 내각에서 중요한 위치를 점하고 있었다. 오랜 기간 중국공산주의자들과 관계를 맺어 온 최창익은 소련 군정이 시작된 직후 북한으로 돌아왔다. 1946년 북조선노동당이 창당된 후 그는 정치위원에 선출되었고 1946년 8월부터 1952년 10월 부수상에 임명될 때까지 재정상으로 재직했다. 박창옥과 마찬가지로 우수한 이론가였던 최창익은 당 내외에 걸쳐 폭넓은 교제 범위를 유지했다.

123) 전게서, 「해방 후 10년일지: 1945~1955」, p.6.
「해방 후 4년간의 국내외 중요 일지(1945. 8~1949. 3」, 「북한관계사료집」 p.7582.
김두봉을 비롯한 이들의 귀국 날자는 1945년 12월 13일이다
조선의용군의 국내진입은 소련군에 의해서 저지되었다. 조선의용군의 입북저지 이유는 이명영. 김창순 등은 소련의 김일성 옹립정책 때문이라는 논지이며. 이종석은 중국의 국공 내전에 대비해서 조선의용군을 만주지방의 조선인 규합에 활용하려 했던 중국공산당의 구상과 이에 대한 소련의 호응 여부와 관련해서 주장하고 있다.

이들은 북한정치가 빨치산을 중심으로 편제되어 가는 것을 인정하는 가운데 북한권력구조에 진입할 수밖에 없었다. 따라서 독립동맹 지도부 성원 중 대부분은 독립동맹의 간판을 내걸고 있다가 1946년 2월 이 조직을 조선신민당으로 전환시켜 독자적인 정치세력으로 부상하였다.[124] 그러나 독립동맹의 집행위원이자 조선의용군 사령인 무정을 비롯해서 허정숙, 김창만 등 일부 인사들은 신민당 대신에 북조선공산당에 들어갔다. 1946년 1월 14일자 조선인민보에 실린 무정의 기자회견에 그의 소속이 독립동맹으로 되어 있는 것으로 보아 독립동맹의 일부 인사들의 공산당 입당은 1946년 1월 중순에서 독립동맹이 조선신민당으로 개칭되는 1946년 2월 16일로 짐작할 수 있다.[125]

그런데 독립동맹의 귀국과는 달리 박일우, 박효삼 등이 지휘하는 조선의용군은 만주에서의 해방사업과 국·공내전에 대비한 조선족의 무장과 규합을 위해서 조선의용군 1, 3, 5지대로 나뉘어 만주에서 활동하였다. 이들 중 박일우, 박효삼 등 일부 지도자는 1946년에 귀국하였다. 그러나 방호산, 김창덕 등은 1949년부터 국공내전에 참전했던 조선족 병사들을 이끌고 북한으로 돌아왔다.

이들이 만주에서 혁혁한 전공을 세우고 입북할 때 북한에서는 이미 그들이 차지할 공간은 없었으며 방호산을 중심으로 166사의 장병 11,000명은 1949년 7월 25일 조선인민군 제6사단에 국군의 주력이 배치된 개성과 옹진에 배치되었다.

또한 김창덕을 중심으로 중국인민해방군 소속의 164사의 부대는 7,500명을 이끌고 49년 8월 나남에 도착하여 3,500명을 추가 보충받아

---

124) 신민당 출신들은 1956년에 발생한 8월 종파사건에서 반김일성세력의 주력을 이루어 대항하다 대부분 숙청당하였다.

125) 國史編纂委員會, 전게서VIII, pp.589-590.

1950년 1월 23일 산악이 험준한 동부지구인 양양에 배치되었다.

또한 1950년 1월 김광협 소장을 중국에 파견하여 중국 관내에 남아 있는 한인 전투요원 1,500명을 모집하여 중국 인민해방군 부사단장을 역임한 전우를 사단장으로, 참모장에는 지병학을 임명하여 12사단에 편성하고 1950년 6월 23일 강원도 인제에 배치되었다.

이들보다 먼저 1947년에 50명, 동년 7월에 1,500명이 입북하여 조선 인민군의 확장에 중추적 역할을 하였으며 1949년 5월과 12월에 각각 1,000씩 2,000명이 입국하여 울진, 삼척지구에 오진우를 대장으로 하는 766게릴라 부대의 핵심요원이 되었다. 1949년 8월에 2,000여 명이 입국하여 2군단에 배속되어 603모터사이클 부대를 창설하였고, 1950년 3월에는 중국 정주에서 중남군구독립제 15사 1독립연대가 입국하여 인민군 제4사단 18연대가 되었다.

이와 같이 조선의용군은 총 3개 사단 5만여 명으로 당시 북한군의 1/3에 해당되며 인민군의 주력을 이루었다. 그러나 이들을 경계하여 동부전선과 서부전선의 말단에 분산 배치한 것은 분명 정치적인 이유에서였다고 할 수 있다.

이들은 중국공산당을 위해 싸웠으며, 입국을 거절당해 다시 중국의 내전에 동원되었다가 다시 6·25전쟁의 희생물이 되었다. 이들 역시 소련공산주의들에게 이용당했던 초기 자유시사건의 상해파와 다를 바 없었다.

그러나 이들의 역할이 북한의 공산정권 수립 시 군을 조직 확장하고 인민군을 조직하고 6·25전쟁에 그들의 역할이 지대하였다는 것은 부인할 수 없는 사실이다.

제4절 조선노동당의 창당과 파벌

1. 일국일당원칙의 변용

　공산주의를 표방하고 있는 대부분 국가는 당 이름 앞에 국가명을 붙여서 ○○○공산당이라고 표기하고 있다.[126] 그러나 오직 북한만이 조선노동당이라는 당명을 지금까지 사용하고 있다. 이와 같이 북한에서 노동당이라는 명칭이 나오게 되는 배경에는 파벌 간의 헤게모니 장악을 위한 갈등의 산물이었다고 할 수 있다.

　조선 노동당의 실질적인 형성 배경은 1945년 10월 10일부터 13일까지 진행된 조선공산당 북조선분국의 결성에서부터 출발했다고 할 수 있다. 해방 후 북한지역의 공산주의자들은 북한을 독자적으로 관장하는 당 조직의 결성을 추진하였다. 그 결과 김일성을 중심으로 하는 북한지역의 대표적인 공산주의자 70여 명은 1945년 10월 13일 평양에서 서북5도당원 및 열성자연합대회를 열어 서울 박헌영의 당중앙과는 별개의 독자적인 당기구로서 조선공산당 북조선분국의 결성이 결정되었기 때문에 이 대회에서 분국 결성은 만장일치로 채택되었다.

　그리고 1945년 12월 17~18일 양일간에 걸쳐 조선공산당 북조선분국 제3차 확대집행위원회가 열렸다. 이 무렵 비공산계 민족주의 세력들은 북한의 장래에 희망을 잃고 월남해 가던 시점이었으며, 또 소련 점령군의 위협과 폭력을 동반한 정치공작이 계속되고 있었다. 제3차 확대 집행위원회 역시 소련 군정에서 감시하고 있었기 때문에 자유롭지 못하였다.[127] 이날 국내파의 오기섭을 대표로 하여 여러 차례 반

---

126) 예: 소련공산당, 중국공산당, 쿠바공산당

발을 하였으나 결국 김일성을 책임비서로 선출하였다. 초대 책임비서
에서 김용범은 물러났다.

앞절에서 살펴본 바와 같이 사실상 북한에서 일국일당의 원칙을 주
장하며 국내파의 박헌영을 옹호하는 세력의 거두인 평안도의 책임자
현준혁[128]을 제거하는 데 장시우,[129] 박정애[130]를 이용하였다. 현준
혁을 제거함으로써 평안도에 대한 국내파는 제거되었지만 함경도 일

---

127) 김일성, "북조선공산당중앙조직위원회 제3차 확대집행위원회에서 한 연
 설," 「김일성 저작집 제1권」(평양: 조선노동당출판사, 1979), pp.489-490.

128) 평남 開川 출생 延專文科를 거쳐 경성제국대 법문학부를 졸업 대구사
 범 교직경험, 독서회사건으로 6년간 복역하였다. 그는 공산주의 이론에
 능하였다. 그는 해방 직후 박헌영과 연계를 맺고 평양에서 조선공산당
 平南地區黨責을 역임하였으며, 또한 평남인민정치위원회 부위원장으로
 있으면서 위원장인 조만식을 敬慕하였다. 현준혁은 공산주의 혁명은 민
 족세력과 연합하여 부르주아 민주혁명을 먼저 수행해야 한다고 주장하
 여 북한 주민들로부터 인기와 비중 면에서 김일성을 능가하였다. 이러
 한 현준혁의 세력 강화로 해외파에게는 위협적인 존재가 되었으며 따
 라서 이러한 현준혁을 제거하기 위해 張時雨, 金容範, 朴正愛 夫婦와
 崔璟德, 李周淵 등을 규합하여 현준혁은 민족주의 탈을 쓴 민족주의자
 라고 규탄하였다. 그는 1945년 9월 28일 조만식과 함께 로마넨코 정치
 사령부에 들어갔다가 귀로 중 시청 앞 노상에서 赤衛隊의 복장을 한
 괴한에게 피살되었다. 김일성 일파는 이 살인사건을 백색테러라고 주장
 하였지만 兪在日(소련의 韓人 2세인 유재일은 로마넨코 정치사령부 고
 급 통역관으로서 이 사건을 폭로했다는 이유로 소환되어 시베리아 유
 형지로 갔다)의 발설로 폭로되고 말았다.

129) 5.30간도폭동사건 시 체포되어 10년형을 치르고 暴力第一主義를 주장하
 며 현준혁과는 대조적인 성격의 소유자이다. 현준혁이 평남지구당을 조
 직할 때 그와 맞서 平壤市黨部를 별개로 조직하였다. 그 후 현준혁을
 제거한 功으로 상업상이 되고 6·25 때는 육군중장으로 임명되었다가
 1954년 박헌영의 반혁명 음모에 가담했다는 죄명으로 농장 노동자로
 추방되었다가 행방불명되었다.

130) 소련의 공작원으로 해방 전 북한지역에 잠입하였다가 체포되어 옥고를
 치르고 해방과 더불어 出獄하여 김용범의 後妻로 들어갔다.

대의 국내파 세력인 오기섭, 정달헌, 이봉수, 주영하 등이 뿌리를 내리
고 있었다. 오기섭은 이론과 조직에 있어서 출중한 인물이었다. 이들
은 다 같이 박헌영과는 오랜 동지이고 박헌영의 지도하에서는 활동할
수 있어도 김일성을 영도자로 받들 수는 없다고 생각하고 있었다. 따
라서 평양에 공산당의 중앙위원회를 설치하자는 김일성의 주장을 듣
지 않았으며 박헌영 일파의 서울 공산당중앙을 받들고 각기 지방당
조직을 정비 강화하고 있었다. 즉 그는 일국일당원칙을 고수하고 있었
기 때문이다. 따라서 김일성과 빨치산파가 북한공산당을 장악하기 위
한 투쟁에서 1945년 12월 17일, 18일의 확대위원회를 중대한 전기로
보는 것은 당연한 것이다.[131]

이날 책임비서로 선출된 김일성은 매우 중요한 연설을 했다. "북한
을 하루 빨리 조선 전체의 사회주의 혁명을 위한 민주기지로 키워야
한다."고 선언하였다.[132] 이것은 한반도 전체를 공산화하여 공산주의
통일 국가를 건설한다는 목표를 제시하고 그 목표를 달성하기 위해
우선 북한만이라도 사회주의 혁명의 기지로 변모시킬 것을 제의한 것
이다. 북한에서는 이것을 '김일성의 민주기지노선'이라고 부른다. 그런

---

131) 「김일성 저작집 1」, 전게서, pp.489-490.
　　　김창순, "재건 조선공산당과 박헌영 대 김일성", 「북한, 1987년 9월호」,
　　　pp.45-47.
　　　1945년 12월 17일 회의에서 소련군의 당국은 김일성 등은 북조선분국
　　　을 북조선공산당으로 개칭하자고 제의했으나 국내파들의 반대 때문에
　　　보류되고 다음 해 4월에 가서야 북조선공산당이란 명칭이 정식으로 등
　　　장했다고 주장하고 있다. 그러나 김일성이 12월 17일 회의 연설에서 북
　　　조선공산당이란 명칭을 썼다는 사실과 또 1946년 4월 이전의 북한의
　　　당 문서에서도 북부조선당이란 명칭이 나온다는 점은 김일성 등의 실
　　　권파와 소련 당국은 북조선분국을 서울의 조선공산당과 구별하여 북조
　　　선공산당으로 부르고 있었다.
132) 상게서, 同面.

데 김일성과 조선공산당 북조선분국은 대외적으로 공산주의 또는 사회주의라는 말을 사용하지 않으려고 의식적으로 노력했다.[133] 김일성은 책임비서로 선출된 뒤 조선공산당 북조선분국을 자의적으로 공산당 북조선 조직위원회로 격상시켜 사용하였다. 그러면서 서울 중앙의 조선공산당 책임비서 박헌영에 서서히 도전하기 시작하였다.

북한 공산주의자들이 격상시킨 표면적인 이유는 미·소의 분리 점령으로 인한 남북한 정세의 차이를 들고 있다. 그렇지만 그들이 북한에 귀국했을 때 이미 서울에는 박헌영 등에 의해서 조선공산당이 재건되어 있었다. 입국직후 당 건설을 당연한 자신의 임무로 생각했던 항일빨치산들은 크게 당황했을 것이다. 그들은 서울의 당중앙을 무시하고 평양에 독자적인 당 건설을 추진할 수도 있었을 것이다. 그러나 서울의 당중앙 건설자들은 김일성이 혐오했던 1920년대 분파투쟁의 주역이긴 했지만 일제하 쟁쟁한 운동경력을 가진 공산주의자들이었다. 그리고 북한지역에도 오기섭, 이주하, 정달헌 등 서울 중앙과 연계된 공산주의자들이 이미 당 조직을 만들고 있었다. 더욱이 이 시기는 신국가건설을 위해 좌익이 통일 단결해야 할 해방 정국이었다. 바로 이러한 상황 속에서 항일빨치산 출신들이 재건된 당중앙을 부정하고 새로운 공산당을 만든다면 그것은 "운동을 분열시킨다"는 비난을 받을 소지가 컸고 또 북한 내부에서도 토착공산주의자들의 반발을 살 것이 명확하였다. 게다가 그러한 분열은 해방 정국의 헤게모니를 우익에게 넘겨주게 될 위험성을 안고 있었다. 이에 항일빨치산세력은 조선공산당 서울 중앙을 인정하면서도 북한지역에 독자적인 조직을 만드는 방

---

133) R. A. Scalapino & Chong-Sik Lee, *op. cit.*, pp.320-326.
김일성은 사회주의 공산주의라는 용어를 사용하게 되면 인민들이 따라오지 않았을 것이다. 왜냐하면 일본 제국주의자들이 공산주의나 사회주의를 아주 나쁜 것으로 악선전해 놓았기 때문이었다.

향으로 당 건설 문제를 정리한 것으로 추측된다. 항일유격대를 중심으로 북한지역이 형식적으로는 서울의 중앙에 속해 있으나 실제로는 독자적인 당기구가 필요하다는 논리가 개발된 것으로 보인다. 그리고 이런 논리에 당시 북한정국의 결정자였던 소련군도 동의한 것으로 추측된다.

그러나 조선공산당 북조선분국의 결성과정은 결코 순탄하지 않았다. 서울에 당중앙이 있는 상황에서 북한지역에 독자적인 분국을 설치한다는 것 자체가 이미 논란의 소지를 안고 있기 때문이다. 따라서 북조선분국의 설치는 북한지역 공산주의자들 간에 격렬한 논쟁을 예상하면서 이루어졌기 때문이다.[134] 북한지역의 공산주의자들은 북조선분

---

134) Suh Dae-Sook, *op. cit.*, *Korean Communism 1945~1980*, pp.10-14.
김일성은 서울은 제국주의가 점령하고 있으나 평양은 해방되어 있으니 조선공산당의 중앙은 평양에 두는 것이 마땅하다고 주장했다. 이에 맞서 박헌영은 한반도의 중앙은 서울임을 들어 조선공산당의 중앙은 마땅히 서울에 있어야 한다고 주장했다. 로마넨코는 김일성의 주장을 지지하면서 박헌영에게 평양에 와서 일할 것을 권고했다. 이렇게 대화가 오가다가 결국 서울의 조선공산당을 중앙으로 인정하되, 평양에는 조선공산당 북조선분국을 창설한다는 선에서 타협이 비밀리에 이뤄졌다. 이러한 배경에서, 평양에서는 1945년 10월 10일에 조선공산당 서북 5도 책임자 및 열성자 대회가 열린 데 이어 10월 13일에 조선공산당 북조선분국이 세워졌다.(북조선분국을 1946년 3월부터는 북조선공산당으로 개칭하였다.) 이때 김일성은 조선공산주의 운동의 지도권이 서울의 박헌영에 있음을 인정하는 취지의 연설을 했으며, 분국이 세워질 수 있도록 도와준 박헌영에게 감사한다는 인사도 했다. 북한은 오늘날까지 조선노동당 창당 기념일을 조선공산당 서북 5도 책임자 및 열성자 대회가 열렸던 10월 10일로 잡고 있다. 조선공산당 북조선분국의 제1비서에는 국내파의 김용범이 선출됐다. 제2비서에는 국내파의 오기섭, 그리고 아직 귀국하지 못한 연안파의 무정이 함께 선출됐다. 김일성은 아직 대세를 장악하지 못하고 있었던 것이다. 이처럼 행정부와 당 모두에서 북한만을 단위로 하는 단일 중앙조직의 구성이 완료되자, 북조선 주둔 소련 점령군사령부는 10월 14일에 평양시 공설 운동장에서 소련군과 김

국 결성문제를 토론하기 위해서 1945년 10월 5일부터 예비회의를 개최하였다.[135] 이 회의에서 김일성을 중심으로 항일빨치산 출신들과 김용범 등 일부 국내공산주의자들이 분국설치를 강력히 주장한 데 반해서[136] 오기섭, 정달헌, 이주하 등 함남 출신 공산주의자들은 서울 당중앙의 존재를 들어 분국설치를 반대하였다. 분국 설치론자들은 미·소 양국의 군대가 남북조선에 진주함으로써 생겨난 지역적 특수성을 들어 자신들의 주장을 관철시켰다.[137]

북조선분국의 결성은 대회에서 채택된 '정치노선 확립 조직확대 강화에 관한 결정서' 중에서 "북부 조선 각 도당부는 북부조선의 특수성을 보아 당의 볼셰비크화의 활동의 민활과 사업의 확대강화를 위하여 조선공산당 북부조선분국을 설치할 것을 결정한다."는 조항에 따른 것이다.[138]

일성을 환영하는 군중대회를 열었다. 그리고는 서른세 살의 소련군 소령을 민족의 영웅 김일성 장군으로 등장시켰다.

135) 「조선노동당력사교재」(평양: 조선노동당출판사, 1964), p.130.
136) 중앙일보 특별취재반, 전게서, 「비록 조선민주주의인민공화국」, p.13.
　　당시 북한주둔 소련군 정치사령관이었던 레베데프의 증언에 따르면 소련 역시 북한지역에 독자적인 당 역할을 수행하는 조직의 결성을 원하고 있었다고 한다.
137) 한임혁, 「김일성 동지에 의한 조선공산당 창건」(평양: 노동당출판사, 1961), pp.30-32
　　Chong-Sik Lee, "Politics in North Korea: Pre Korean War Stage", In Robert A. Scalapino (ed), *North Korea Today*, (New York: Frederick A. Praeger, 1963) pp.6-7.
　　"그러나 박헌영 도당은 조선공산당 북조선조직위원회 창설이 자기들에게 치명적 타격으로 된다고 인정하고 이 조치도 극력 반대하여 나섰다. 당중앙기관을 북조선지역에 두는 것은 반대하면서 국제·국내의 극악한 반동의 마수가 집중되어 당중앙으로서의 활동을 원만히 할 수 없는 서울에 둘 것을 한사코 고집하였다."고 주장하였다.
138) 전게서, 「김일성 저작집 Ⅰ」, pp.304-306.

이 결정서는 북조선분국이 서울의 당중앙이 직영하는 직속기관임을 규정하였다.[139] 따라서 서북 5도 당원 및 열성자 연합대회에서는 "북조선에 있어서 박헌영 동지의 정당한 노선을 밟아서 5도 연합회의가 열리게 됨에 대하여", "조선 무산계급의 지도자인 박헌영 동무에게 심심한 감사를 드린다."[140]는 축전을 띄우고 "조선 무산계급 영수 박헌영 동지 만세"를 부르는 등, 서울당중앙에 대해서 예의를 표시하였다. 그러나 북조선분국은 출범 당시부터 북한지역을 독자적으로 관할하는 중앙기관의 성격을 띠고 있었다. 실제로 북조선분국은 결성된 날부터 독자적인 당중앙기관의 역할을 수행하였다. 즉, 분국결성직후인 1945년 10월 13일 평양에서 조선공산당 서북 5도당 책임자 및 당 열성자 대회가 개최되고 조선공산당 북조선분국 중앙을 설치할 것을 결의하였다.[141]

이에 앞서 조선공산당 서북 5도 책임자 및 열성 대회는 12월 10일부터 13일까지 나흘에 걸쳐 개최되었던 것은 비록 소련의 전적인 후원에 의한 것이지만 김일성과 그 동료들의 본격적인 권력 장악 시도였다는 점이 명백하다. 대회의 준비는 원만하게 진행되었다. 대회 개최 수주일 전부터 빨치산파들은 소련의 지지와 지도를 바탕으로 북한 전역에 요원을 파견했다. 그들의 속셈은 각 지방의 당 조직에 접근하여 박헌영의 추종자들로부터 권력을 빼앗아 우위를 확보하려는 것이었다. 금책, 안길, 금일 등 김일성의 충실한 동료들은 북한에서의 당

빨치산파의 국내 입국 후에 지방당을 조직하려 했지만 국내파가 이미 지방당을 장악하고 있었으며 그들과 통일된 조선공산당을 조직하려 했지만 여의치 않았다. 이와 같은 사정은 연안파도 마찬가지였으며 이러한 저간의 사정으로 연안파와 빨치산파는 공동 전략을 구상하였다.

139) R. A. Scalapino & Chong-Sik Lee, *op. cit.*, pp.359-361.
140) 林隱, 「김일성 정전」(서울: 沃村文化社, 1989), p.187.
141) 전게서, 「해방 후 10년일지: 1945~1955」, p.41.

활동 중심지역을 전부 순회했다.[142) 김일성과 빨치산 동료들은 자신들의 위치를 더욱 굳히기 위해 국내에서 그들에 협력했던 인물들과도 제휴하게 되었다. 예를 들어 조국광복회에 협력한 박금철, 같은 시기의 동료인 박달과 같은 인물들에게 손길이 뻗쳤다. 박달은 건강 때문에 역할을 담당하지는 못하였다.

계획대로 10월 13일 대회의 결정에 근거해서 10월 20일 북조선분국 중앙이 결성되었다.

북조선분국 제1비서는 평안남도 공산당을 대표한 김용범이 선출되었으며, 제2비서는 오기섭이 선출되었다.[143) 이외에도 13명의 집행위원이 선출되었다. 그들은 김일성, 안길, 김용범, 박정애, 주영하, 장순명, 강진건, 오기섭, 최경덕, 김용기, 송봉욱, 이순직, 김교영 등이다.[144) 김책이 북조선분국 농민부장에 발탁되었다. 각 집행부서장으로는 조직부장 주영하, 선전부장 김교영, 간부부장 이동화, 청년부장 김욱진, 노동부장 최경덕, 농민부장 이순직, 부녀부장 박정애, 교육부장 한설야, 총무부장 박종호 등이 결정되었다.[145) 그런데 집행위원 중 김일성과 김책, 안길만이 항일유격대 출신 인물이며 나머지는 모두 국내에서 공산주의 활동을 한 인물들이다. 국내인사들 중 분국설치를 반대했던 인물들 중에는 오기섭만이 집행위원에 들어 있으며 나머지는 분국설치에 적극적이거나(김용범, 박정애 등) 중립적이었던 인물들도 발탁되었다.

당시 소련계 한인은 없었는데 이는 분국 결성 당시 허가이 등 소련계 한인의 핵심인사들이 입북하지 않은 까닭도 있었지만 한편으로는

---

142) 한임혁, 전게서, pp.33-36.
143) 상게서, pp.34-41.
144) 전게서, 「비록 조선민주주의인민공화국」, p.116.
145) 상게서, pp.118-120.

당시 집행위원회 위원이 되려면 일제하 민족해방운동을 전개한 활동 경력이 있어야 했음을 보여주는 것이라고 할 수 있다.

서울의 당중앙은 서북 오도 당원 및 열성자 대회에서 북조선분국 설치가 결정된 지 열흘 후인 1945년 10월 23일 총비서 박헌영의 명의로 이를 승인하였다.146) 이로써 조선공산당 북조선분국이 공식적으로 탄생한 것이다. 분국의 탄생은 북한지역에서 서울에 있는 당중앙의 권위를 점차 희석시키는 것이며 이를 계기로 북한공산주의 운동의 지도권은 사실상 서울에서 평양으로 넘어가게 되었다. 북조선분국은 출범 직후부터 자신을 의도적으로 중앙국이라고 부르기 시작했으며 공식문서에서도 분국과 중앙국을 혼재시켜 사용하였다.

1946년 초에 당으로부터 추방당한 국내파 오기섭은 북조선 임시인민위원회 선전부장 직책으로 명맥을 유지하고 있었으나, 1946년 공산당과 신민당을 합당하여 북조선노동당을 창설할 때 김두봉과 최창익 등 연안파에 대항하기 위한 앞잡이로서 동 대회의 주석단에 선출되었다. 그 이후 선전부장을 거쳐 노동부장으로 격하되었다. 1948년 3월 북조선노동당 제2차 대회는 오기섭 일파를 개인 영웅주의적 종파분자라는 낙인을 찍고 정달헌, 이봉수 등을 당에서 축출하였으며 주영하역시 1948년 8월 당에서 축출하였다.

김일성은 후일 제3차 당 확대위원회가 있은 이후부터 "우리 당의 당 사업이 제 궤도에 들어서게 되었으며 대중들과 같이 투쟁하게 되어 강력한 대중적 정당과 길을 걷게 되었습니다."라고 했다.147)

그는 북한지역의 많은 각급 지방당 위원회에서 국내파의 세력을 약

---

146) 「해방일보」, 1945년 11월 15일자. 분국 결성(10월 20일)이 당중앙의 분국 설치 승인보다 3일 빨랐다는 사실은 분국지도부가 실제로 서울 중앙의 최소한의 권위조차 인정하지 않았음을 보여주는 것이라고 할 수 있다.
147) 「김일성 선집 제2권」(평양: 조선노동당 출판사, 1953), p.74.

화시키거나 분쇄하는 책략을 사용하였기 때문이다.

그들은 당원의 구성에서 빨치산파를 지지하는 노동계급의 비중을 늘리고 불순분자들을 제거하기 위한 당의 재조직이라는 명분하에 이와 같은 작업을 강행하였다.

특히 "상당수의 친일분자와 기타 적대분자가 당내에 잔존하며 심지어는 지도적 지위까지 차지하고 있다"고 지적하였다. 이에대해 국내파들은 함구하였으며 빨치산파는 국내파의 약점을 잡아 그것을 최대로 이용했다. 빨치산파는 당원과 간부들을 통제하고 지방조직의 당중앙에 대한 복종을 요구할 수 있게 됨으로써 당을 확실히 장악하게 되었다.148)

이에 따라 동년 7월 23일에는 신민당과 북조선공산당이 합당을 제의하는 편지를 보냈고 상황은 잘 진척되어 8월 31일에는 북조선노동당이 결성되었다.

그러나 당의 조직구조를 남북으로 분리할 것인가, 또 당중앙은 어디에 두어야 할 것인가 하는 문제는 달라진 남북한의 정치적 상황 비중에 따를 뿐이었다. 게다가 당중앙의 소재 문제는 박헌영과 그 지지자들에게는 아킬레스의 힘줄과 같은 문제였다. 따라서 자연 박헌영의 국내파는 자신들의 당에 도전하거나 서울이 권력의 중심지라는 사실을 부정하려는 기미가 있을 때마다 과민하게 반응하고 있었다. 그러나 미군 점령하에서 또 남한의 좌익세력 전체가 조선인민공화국이나 그 이후 조직체들의 정통성을 놓고 미 군정과 점차 격렬한 싸움을 벌여야 하는 상황 속에서 과연 당이 효과적으로 활동을 전개할 수 있을 것인가 하는 가장 중요한 쟁점은 전혀 예견되지 못한 형편에 있었다.

만약에 박헌영이 이러한 도전들에 정면으로 대처하기 위해 점령 초기에 그의 조직을 평양으로 옮겨 지지자들을 모으고 당의 지도권에

---

148) 전게서, 「김일성 저작집Ⅱ」, pp.105-109.

대한 전면전을 시도했더라면 과연 어떻게 되었을까 하는 의문은 의미 있는 일이다. 그 같은 상황하에서라도 박헌영에게 승산은 거의 없었을 것이다. 빨치산파에는 소련의 배후지원이 있었지만 그에 못지않게 강력한 군 조직을 가지고 있었다. 소련이 박헌영 때문에 김일성을 외면하지 않았을 것이다. 그럼에도 불구하고 이 문제는 박헌영의 입장에서 시도해 볼 만한 것이었다. 그러나 박헌영은 남한에서 활동하는 편을 택했으며 그가 북한으로 갔을 때는 김일성이 이미 자신의 권력기반을 확보하고 난 뒤였다.

2. 남·북 노동당의 합당과 파벌재편

1946년 초부터 북한에서는 빨치산파가 세력 구축을 위한 기반구축작업을 진행하고 있었다. 그런데 북한보다도 먼저 남한에서 모든 좌익 정당들을 하나의 통일체로 조직하려는 움직임이 진행되고 있었다. 표면조직은 앞서 설명한 민주주의민족전선(이하 민전)이었다.[149] 민전은 의장직을 6명이 공유하는 일종의 공동의장제와 385명으로 구성된

---

149) 김남식, 『남로당연구 Ⅰ』(서울: 돌베개, 1984), pp.247-263.
한국시사문제연구소, 『국제공산주의 전략』(서울: 한국시사문제연구원, 1983), pp.483-485.
1946년 2월 16일 조선공산당, 신민당, 인민당, 조선민족혁명당이 주축이 되어 40개 단체가 구성되었다.
朝共系: 박헌영, 이승엽, 김철수, 이영, 강진
인민당: 여운영, 장건상, 이여성   신민당: 백남운, 한빈, 허헌
조선민주혁명당: 김원봉, 성주식, 윤기섭
노동조합 전국평의회: 허성택   부녀총동맹: 김명시, 허칠성
이들은 8개조의 강령과 37개 조항에 달하는 행동슬로건을 발표하였다. 요약하면, 모스크바 3상회의 支持, 親日派·民族反逆者 處斷, 토지문제의 민주적 解決, 8시간 노동제의 實施 등이다.

중앙위원회를 조직하였다.[150] 민전은 전국적으로 700만의 지지자가 있다고 선전하였으며, 민전의 외곽단체로 〈표 3-10〉와 같이 가장 큰 조선노동조합전국평의회는 한때 200만이 넘는다고 주장했다. 그러나 이들은 정치적 단체였기 때문에 조합원의 이익과는 무관하게 격렬한 파업이나 작업 중단을 감행하여 일반 노동자로부터 급격히 지지를 잃었다. 또한 전국농민조합 총연맹은 당시 2,015,673명의 회원수를 가진 공산당의 외곽단체였다. 따라서 이들 두 단체는 공산주의 운동과 동일성이 명백해짐에 따라 그 세력이 약화되었다. 남조선 민주여성동맹은 70만을 확보했으며 민청이 불법화되자, 조선민주애국청년동맹을 조직하였지만 대부분의 간부진과 회원들은 남로당원의 행동대원이라고 할 수가 있었다. 〈표 3-10참조〉. 또한 조선문화단체총동맹이 조직되었는데 이 조직 내에는 작가 예술가, 음악가, 과학자, 법률가, 교육자, 언론인 등이 대거 참여하였다. 이 조직은 남한 내의 명망이 있는 사람들로 포함되었기 때문에 당내에서 중요한 위치를 차지했다고 할 수 있다. 또한 조선협동조합중앙연맹이 있는데 이 조직은 적극적인 협동조합운동을 전개하였다. 결성시기와 주요 활동내용은 〈표 3-10〉에서 보는 바와 같다.

---

150) 초대의장은 허헌, 박헌영, 김원봉, 여운형, 金昌俊(3.1 운동33인의 대표 기독교목사), 金起田(천도교 청우당)이었다.

<표 3-10> 민주주의민족전선의 주요단체

단체명	결성시기	내 용
조선노동조합 전국평의회 (전평)	1945년 11월 6일 결성	· 위원장: 허성택 · 명예의장: 박헌영, 김일성, 모택동, 레온즈오(세계노조연맹 총서기) · 16개 산별 노조와 11개 지역노조로 구성
전국농민조합 총연맹	1945년 12월 8일	· 위원장: 박용희 · 피착취계급인 노동자, 농민이 단결하여 토지의 주인이 되자 · 전국행정단위 지역별 조직으로 구성
조선민주 청년동맹(민청)	1946년 4월 25일 결성	1945년 11월 25일 결성된 전국청년단 체 총동맹이 신탁통치문제로 좌우분열
전국부녀 총동맹	1945년 12월 22일	· 위원장: 유영준 · 도·군·면·동·리에 조직 · 후일 민주여성동맹으로 개칭
국군준비대	1945년 8월 17일 결성	· 인공의 무장부대 · 우익단체 습격
조선문화단체 총연맹	1946년 2월 24일 결성	· 좌익 인텔리들의 주도로 과학, 기술, 교육, 예술 등 각 분야별 단체 결성 (가맹단체: 25개)

그러나 이들 조직은 점차 공산당의 통제하에 들어가면서 그들이 처음 시도했던 초기의 목적과는 다른 방향으로 진행되고 있었다.

한편 북한에서는 연안파의 독립동맹이 주축이 되어 1946년 3월 30일 신민당 창당을 발족하였다.[151] 그러나 신민당이 독자적인 정당으로 남아 있을 수 있었던 것은 불과 수개월에 불과했다. 1946년 8월 29일 신민당은 북조선노동당의 창당을 위해 공산당과 합당했던 것이다.[152]

---

151) 위원장 김두봉, 부위원장 최창익, 한빈 등이 선출되었다.
152) 북조선노동당 제1차 대회라고 한다. 28일 양당해체와 이어서 합당 선포를 하였고 29일에는 북로당 창립의 절차에 들어갔다.

남한에서도 11월이 되어 많은 저항에 부딪치면서 조선공산당, 신민당, 인민당이 합당을 이루었다.

1946년 말에 이르러 남과 북 양측 모두 각각 단일 좌익정당을 갖게 된 셈이다. 뿐만 아니라 양측 모두에서 공산주의자들이 당의 주도권을 쥐고 있었고 특히 북한에서는 공산주의자들이 실제로 권력을 독점하고 있었다. 그리고 서서히 남북한 공산주의 운동 내부에서 권위와 권력이 점차 북한 측으로 옮겨가고 있었으며, 북한 내에서는 빨치산파 쪽으로 기울고 있었던 것이다. 이 과정에 있어서 북한의 공식기록에 따르면 북로당은 신민당의 발의에 의해 창당된 것으로 되어 있다.[153]

1946년 7월 23일 신민당 측은 조선공산당 북조선분국 측에 합당을 제의하는 서한을 보냈다. 다음 날 중앙위원회가 소집되어 이 문제를 논의한 뒤 이어서 원칙적으로 동의하고, 이 제안이 받아들여졌음을 신민당에 알렸다. 7월 28일부터 3일간 김용범이 사회를 맡고 김일성, 김두봉이 보고를 하는 가운데 양당 연석 중앙확대위원회가 개최되어 김일성, 김두봉, 최창익, 허가이, 이동화, 명희조 등 7명의 주석단이 결정되었다.[154] 대회는 합당이 조속히 실현되어야 하며 지방별, 도별 회합을 통해 양당의 조직에 이 결정사항을 알리고 기타 필요한 준비를 갖추어 나간다는 점을 만장일치로 결정했다.

한 달 후인 8월 29일부터 3일간 북조선노동당 창립대회가 미리 선출된 818명의 대표 중 801명과 200명의 업저버가 참석한 가운데 평양에서 개최되었다. 먼저 스탈린 대원수를 명예의장으로 추대한 뒤, 다른 민주적 정당을 포함해 각 정당 사회단체 대표의 축사와 축전 낭독이 계속되었고 대회의 주석만으로 31명이 선발되었다. 둘째 날 회의는

153) 金枓炫, "北朝鮮 勞動黨 誕生", 「근로자 제1호」, 1946년 10월호, pp.35-48.
154) 상게서, pp.41-42.

박일우가 대표들의 자격심사 결과에 대한 보고를 하는 것으로 시작되었다.[155] 이어서 김일성과 김두봉이 합당을 찬성하는 보고를 하여 즉시 동의를 얻었으며 최창익이 강령의 초안을 발표하여 비준을 얻었다. 셋째 날에는 주영하가 사회를 맡았는데 태성수가 신당의 중앙기관지에 대해 보고하고 김용범이 당 규약 초안을 제출하여 채택되었다. 〈표 3-11〉와 같이 마지막으로 43인의 중앙위원을 인준했는데 그중 29명이 공산당 측이었고 나머지 14명은 신민당 측이었다. 또한 13명의 조직위원회 위원과 11명의 검열위원회 위원도 선출되었다.

〈표 3-11〉 북노당의 파벌 분포(1946년 8월 29일 합당대회)

빨치산파	소련파	연안파	국내파	불명
김일성, 김 책, 안 길, 김 일	허가이, 박창식, 김 렬, 김재욱 태성수, 한일무 전성화, 김교영	김두봉, 최창익 김창만, 허정숙 무 정, 이춘암 김여필, 박효삼 윤공흠, 김민산 박일우, 한 빈	오기섭, 리순근, 박정애, 주영하 장순명, 한설야 최경덕, 강진건 장시우, 장종석 임 해, 리종익 박훈일, 명희조	김영태 정두현 임도준 정욱진 김월송
4명	8명	12명	14명	5명

출처: 근로자 창간호 1946년 10월호 p.48
    : 국사편찬위원회 「북한관계 사료집 Ⅰ」 p.77 재인용.

창립 대회가 폐막되기 전인 8월 31일에 열린 중앙위원회 1차회의에서는 김두봉이 위원장에 선출되고 김일성과 주영하가 부위원장에 선출된 것이다.

---

155) 상게서, p.47.
     이 보고에서 박일우는 대표들 중 64%가 일제에 의해 감금되거나 투옥된 경력이 있고 그중 263명은 6개월 이상의 감옥생활을 했다고 보고했다.

또한 김두봉, 김일성, 주영하, 허가이, 최창익 등 5명이 정치위원으로 선출되었다.

김두봉이 위원장에 선출된 것은 합당대회에서 김일성파인 공산당 평안북도 당 선전부장인 박병서가 김일성을 추천하였으나 회의장이 술렁이게 되었다. 이때 오기섭이 북로당의 중앙위원장에는 반드시 김일성이 되어야 한다는 보장은 없다고 선언함으로써 분위기는 진정되었다.[156] 그러나 각본은 중앙위원의 선출에서 김일성이 100%의 지지를 받고 김두봉이 97%의 지지를 받게 하고 이때 김일성은 겸손하게 김두봉에게 양보하여 김일성의 대범함을 과시하기로 되어 있었다.[157]

결국 북한에서 북로당이 창립됨으로써 적어도 형식적으로는 통일된 당을 가지게 되었다. 이렇게 함으로써 남쪽의 박헌영의 국내파에 대해 조직으로 그들과 대적할 만한 제도를 갖추고 있다는 데서 그 의미를 찾을 수 있을 것이다.

북조선노동당중앙위원 5명의 출신별 분석은 보면 빨치산파는 2명이며 연안파 2명, 나머지 한 사람 주영하가 국내파 출신이지만 그는 이미 김일성파와 가까웠기 때문에 실제적으로 빨치산파는 3명이었다. 또한 13명으로 이루어진 중앙위원회상무위원은 중앙위원 5명을 포함하여 김책, 태성수, 금교영, 박정애, 박일우, 김창만, 박효삼 그리고 오기섭 등으로 구성되었다. 김일성 일파가 약간 우세한 상태에서 조심스런 균형이 유지되고 있었던 것이다. 태성수는 새로운 당 기관지 근로자의 편집장으로 발탁되었으며, 일간지인 노동신문을 당 기관지로 창간하고

---

156) 김창순, 전게서, pp.89-104.
   이때 회의의 귀빈으로 참석한 로마넨코 정치사령부의 이그나치에프 대령이 즉시 의장단에 쪽지를 보내 휴회를 선언하게 하고 신민당 측으로부터 많이 알려진 오기섭을 이용하여 김두봉을 추천하였다는 주장도 있다.
157) 國土統一院 「朝鮮勞動黨會 資料集 제1집」(서울: 국토통일원, 1979), p.207.

각 도당 지부에서도 각기 기관지를 발간하도록 조치가 취해졌다. 김용범은 검열위원회 위원장에 선출되었으며, 진반수는 부위원장이 되었다.

이로써 북한을 이끌어 나갈 당이 만들어졌다. 또 비록 위원장 자리는 전술적으로 양보했지만 김일성은 당의 실질적 지도자로서의 위치를 굳히게 되었다. 그러나 주로 당 공식자료를 근거로 위의 평가는 한가지 중대한 사실을 왜곡하고 있다. 공산주의자들은 합당이 애초에 신민당 측에서 발의한 것이라고 주장하고 있긴 하지만, 합당은 빨치산파가 이에 반대하는 사람들에게 최대의 압력을 가하면서 추진한 것이라고 할 수 있다.

앞서 7월에 열렸던 양당연합중앙확대위원회 석상에서 그는 합당의 구체적인 이유를 밝힌 연설을 했다. 김두봉은 신민당이 짧은 역사에도 불구하고 매우 급속하게 발전했다고 주장했다. 그러나 김두봉은 이 같은 발전이 단지 스스로의 힘만으로 이루어진 것이라기보다 붉은 군대의 전적인 지원과 조선공산당의 끊임없는 원조에도 힘입은 바 컸다고 인정하였다.

한편 남한에서도 남로당을 창당하게 되는 배경에는 미 군정의 공산주의자들에 대한 정책과 밀접한 관계가 있었다. 공산당과 미 군정간의 충돌은 1946년 봄부터 발생하게 되는데 그것은 한반도의 통일에 대한 소련의 입장을 남로당이 지지할 것을 촉구하는 데 대하여 미국은 그들의 극동정책에 위협이 된다고 보았기 때문이다. 이러한 견해 차이는 결국 1946년 5월 8~10일간 있었던 미소 공동위원회는 한반도에서 임시정부의 절차에 대해 아무런 합의도 보지 못한 채 결렬되고 말았던 것이다.[158] 양국 간의 의견 차이는 회담직전에 있었던 3월의 성명서

---

158) 이영빈 외, 「한국공산주의 운동사 연구」(서울: 역사학 연구소, 1997), pp.389 - 400.
   이로서 서울에 주재하는 소련영사관은 미 군정에 의해 7월 8일에 폐쇄됐다. 이렇게 되어 남한에서 불리하게 된 박헌영은 김일성과 소련 점

교환에서 이미 그 조짐을 보이고 있었다. 3월 11일 하지(Hodge)장군
은 미국 측 대표의 의향을 개략적으로 밝히는 가운데, 미국이 갖고 있
는 민주주의에 대한 개념을 피력하였던 것이다.[159]

공산당과 미 군정 간에 갈등은 1946년 5월 6일에 있었던 조선정판
사 사건을 계기로 표면화되었다.[160]

그에 따라 미 군정과 남한의 공산당 사이는 급속히 악화되어 갔다.
이러한 정세변화에 대처하며, 대중의 정치적 역량촉구을 위하고 이데

령군의 한반도 정책을 비판하는 편지를 국가공안위원회 극동지부에 보
냈다. 김일성과 소련 점령군이 국내파 공산주의자들을 배격하고, 김일
성 빨치산 부대를 중심으로 한반도의 공산혁명을 추진함으로써 많은
잘못이 저질러지고 있다는 내용이었다. 이 편지는 스탈린에게까지 보
고됐는데, 스탈린은 박헌영의 비판들 가운데 수긍할 만한 점들이 적지
않다고 본 것이다.
이러한 불투명한 국면에서 스탈린은 北朝鮮共産黨 책임비서 김일성과
朝鮮共産黨 책임비서 박헌영을 함께 극비리에 1946년 7월 20일 모스크
바로 소환하였다. 이때 스탈린은 김일성을 암묵적으로 지목하였다는
주장도 있다.
159) 김남식, 전게서, p.457.
미소공동위원회 미국 대표단장 하지 중장은 1946년 3월 11일의 발표에
서 미군의 목적은 조선에 언론, 집회, 신앙, 출판의 자유를 수립하여 그
것을 영구히 지속시키자는 것이다. 한국에 있어서 모든 민주주의적 단
체에 대하여 온건파 혹은 극렬파, 혹은 공산파를 물론하고 아무 겸열과
제제의 특권이 없이 자기들의 집회를 하고 자기들의 연설을 선전하고,
자기들의 사상과 이론을 선전하고, 자기들의 신문을 출판하도록 허가하
여야 한다는 것이다.
160) 서대숙, 「한국공산주의 운동 연구」(서울: 이론과 실천, 1989), p.283.
朝鮮精版社는 조선공산당 기관지 解放日報를 발행하던 출판사였다. 이
출판사에서 위조지폐를 발행하여 공산당의 활동자금으로 사용한다는 첩
보를 입수하고 조선정판사 건물을 수색한 결과 당시 원판 3장과 1,200만
원에 달하는 僞造紙幣가 발견됨으로써 사장 박락종을 포함하여 권오직,
이관술등이 체포되고 39명이 연루되었다. 이를 계기로 인민일보, 중앙일
보, 해방일보 등 공산주의 계열의 신문은 폐간되었다.

올로기 전선의 정비강화를 위한 합당문제의 논의가 점차 구체화되기 시작하였다. 그러나 반대세력은 크게 반발하면서 반당의 기세를 높이 들었다. 이러한 구상은 남한에서 박헌영의 헤게모니 장악을 위한 전초 전이라고 비쳐졌기 때문에 당내외로부터 도전이 만만치 않았다. 이에 따라 박헌영은 당내로부터 다시 한번 공격의 대상이 되었는데 그 중 심인물은 조봉암이었다. 그는 조공의 서투른 전술 때문에 민전이 조공 의 하수인임을 누구나 알게 되었다는 비난과 함께 모스크바 삼상회의 지지투쟁이 또한 졸렬하게 대처했다고 주장하고 나섰다. 이로 인해 많 은 대중이 당을 이탈하였다고 주장하였다. 또한 당의 인사문제에 대해 서도 무원칙하고 종파적, 봉건적인 정책을 추구하며 간부들의 정실에 치우쳤다고 비난하였다.[161] 이러한 당내의 비판을 계기로 박헌영은 조공의 주도권에서 거리가 멀어졌으며 김철수, 이주하, 이강국, 홍남표 등이 전면에 등장하였다. 그러나 이러한 인물들은 박헌영계의 인물들 이었다.

결국 남한 내의 공산주의를 표방하는 핵심적인 3당에 대해 합당을 시도하였지만 자신의 조선공산당과 여운형의 조선인민당 및 백남운[162]

---

161) 尹基禎, 「韓國共産主義運動批判」(서울: 미상, 1959), pp.256-489.
　　그러나 조봉암은 일제하에서 활동 중 체포되어 전향한 인물이었다. 그
　　취약점 때문에 해방 후 지방의 당 간부로 전락하는 수모를 겪었다. 여
　　하튼 이 사건과 관련하여 조봉암은 당을 떠났으며, 이후 그는 우익에
　　가담하여 1948년에 제헌국회에 성공적으로 진출했으며, 이승만에 의해
　　농림부 장관에 임명되었고 1950년에 국회위원에 선출되어 국회 부의장
　　이 되었다. 1952년 대통령에 입후보하여 이승만의 5,238,769표에 비해
　　797,504표에 그쳤다. 1956년에는 야당 후보자 신익희의 急逝에 힙입어
　　이승만 5,046,437에 비해 2,163,808을 얻었다. 그해 12월에는 평화통일을
　　주요강령으로 하는 進步黨을 조직하였다. 그 뒤 그는 공산당과 기도했
　　다는 소위 국회 프락치 사건으로 기소되어 사형언도를 받고 1959년 7
　　월 31일 처형되었다.

의 남조선신민당은 모두 하나같이 반대를 표명하였다.

박헌영은 1946년 6월초에 북한을 다녀온 뒤 좌파일색의 합당을 하기 위하여 강경한 입장을 고수하였다. 특히 민전 공동의장으로 특별회의를 개최하여 우익이나 중간파와는 어떠한 합작도 강력히 반대하였다. 그리고 그는 평양에서 당 비서로서 자신의 위치를 확인하였으므로 자신의 권위에 도전하는 자는 과감히 제거하겠다고 경고하고 좌익정당의 통합을 계속 추진하였다. 그리고 박헌영은 미군과 남한 정부에 대해서 1946년 후반부터 급격히 폭력화로 일관하였다.

1946년 7월 박헌영은 소련의 고무를 받아 미국의 정책과 미 군정에 대한 공격에 초점을 맞춘 새로운 전술을 채택했고 이러한 폭력적인 전투성향은 9월의 총파업을 낳았다. 이것은 남한에서 미 군정의 힘을 약화시키기 위한 것이었다. 이를 위해 운수와 전기산업을 주대상으로 하였다. 당시 대규모 운송 수단인 기차의 운행을 막고 전기의 공급을 차단하는 것은 경제에 막대한 피해를 끼치는 것이었다. 이러한 공산당의 폭력성향은 곧 바로 미 군정 측의 강경대응을 가져왔으며 공산당이 미 군정과 우익을 비판하게 되자. 미 군정은 9월 6일자로 조선민보를 위시한 3개의 좌경신문에 대해 정간 명령을 내렸다. 또한 9월 7일

---

162) 남한의 저명한 마르크스주의 경제학자였던 白南雲은 원래 1947년 5월 여운형이 서울에서 창건한 勤勞人民黨의 잔당을 이끌고 월북했다. 백남운은 월북해서 성공적으로 변신한 몇 안 되는 群小政黨 지도자들 중의 하나였다. 한때 그는 북한정권의 교육상을 지냈으며, 그 기간 동안 과학원 원장을 겸임했다. 그러나 이 사실은 근로인민당에는 아무런 도움도 되지 못하였다. 당원들과 분리된 근로인민당(이 정당은 애당초 머리만 있고 몸통은 없는 정당이었기 때문에 당원수가 많지 않았다.)은 곧 사라져 버리고 말았다. 더구나 근로인민당의 대표자들이 모두 백남운처럼 운이 좋았던 것은 아니었다. 예를 들어 서울파의 중심인물로 해방 후 장안파의 지도자가 되어 활동하다가 월북한 李英은 1958년 10월 숙청되어 공식 무대에서 사라졌다.

에는 박헌영, 이주하, 이강국 등에 대한 체포 영장이 발부되었다. 따라서 이주하 이외에 홍남표, 서중석, 김근 등을 포함하여 다수의 인물들이 체포되었으며 이들은 더 이상 남한에서 활동할 수 없게 되었고 나머지는 지하로 잠입하였다.[163)

한편 합당 과정에서 박헌영에 대한 체포 영장이 발부된 날 인민당의 위원장 대리 장건상은 "朝共이 남로당 창당을 위해 다른 좌익정당에 대해 고압적인 자세를 취하고 있다."고 하면서 합당 반대의사를 분명히 하였다. 또 9월 19일 신민당의 백남운 위원장도 초기에는 합당의 사를 비쳤으나 당원들이 반대를 표시하여 사표를 제출하였다. 이로서 신민당은 공산당과의 합당문제로 인하여 분열되고 말았다.[164)

그렇지만 3당의 합당운동은 계속 진행되어 1946년 9월 6일 합의되었고 그해 11월 23~24일에 남조선노동당 약칭 남로당 창당이 〈표 3-12〉에서와 같이 창당이 되었다.

---

163) 미 군정은 공산당이 불법적인 행동을 취하지 않는 한 소련과의 관계 때문에 전면 탄압은 하지 않았다. 때문에 민전은 용인되었으며 김두봉, 박헌영, 허헌, 여운형 등 1947년 1월 29일에는 최고지도부로 재선되었던 것이다.

164) 김남식, 전게서, pp.257-260.
조선공산당에서는 姜進, 鄭栢, 李英, 崔益翰, 徐重錫, 文甲松 등이며 이들은 전당대회를 개최하여 통합하자는 제의를 하였다. 이들을 所謂 大會派라고 한다. 또한 신민당에서는 韓斌과 崔昌益 등이 반대하였다.

〈표 3 - 12〉 조선노동당 합당과정

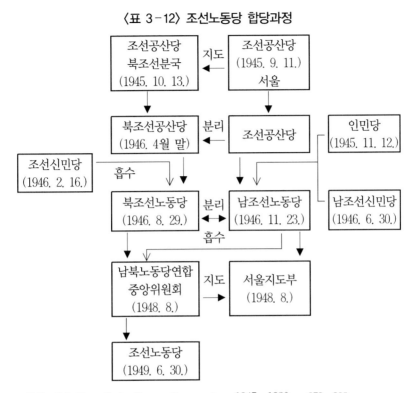

출처: Suh Dae - Sook, *Korean Communism, 1945 ~ 1980*, pp.273 - 308.

그러나 여운형은 비밀리에 평양을 방문하여 김일성에게 "자신은 남로당 창당에 찬성하지 않는다고 말하고 남로당은 현재 큰 규모의 폭동을 준비하고 있는데 폭동을 일으키면 그것은 엄청나게 큰 유혈 사태를 빚어 낼 것이고, 남한의 주민들은 좌익으로부터 점점 멀어져 갈 것이며, 미군의 남한 주둔은 길어지게 될 것이다."라고 경고했다. 그는 서울로 돌아온 뒤 조선인민당을 재건하여 근로 인민당을 세웠다.

여운형의 방북직후 경상북도 일대에서는 10월 인민 항쟁이 벌어졌다는 사실이며, 이 일에는 북조선 주둔 소련 점령군사령부의 지시 및 자금지원 그리고 조선공산당이 깊숙이 개입되었다고 알려지고 있다.

이에 따라 남한의 미 군정청은 10월 폭동의 배후 주모자 박헌영에게 체포령을 내렸으며 이제 더 이상 남한에서 은거할 곳이 없는 박헌영은 10월 11일에 월북하였다. 그리고 남한내에서 공식적인 활동은 하지 못했다.

남한의 공산주의자들에게는 내외적으로 불리해져 가는 상황에도 당원들은 합법·비합법 활동을 병행하면서 11월 22～23일 남로당 창당대회를 강행하였다.[165] 〈표 3-12〉참조 선출된 중앙위원은 45명에 불과했으며 이후 3개월에 1회의 중앙위원회를 개최하기로 되어 있으나 역시 정기적으로 열리지 못하였고 대신 중앙상무위원회가 그 기능을 담당했다.[166] 그리고 남로당의 정치노선을 제시하였던 사람은 허헌과 이승엽, 이주하, 이기석, 김삼용, 구재수, 김용암 등 7인으로 구성된 중앙정치위원회였다. 허헌과 이승엽은 간판격이고 실제는 박헌영이 사주하는 이주하와 이승엽이었다고 할 수 있다.

남로당의 조직구조는 11명에서 13명으로 구성된 중앙상무위원회가 정치위원회의 결정사항을 집행했다. 그 예하에 조직과 선전으로 노동자, 농민, 청년, 부녀자와 같은 직능단체의 활동에 대한 당 업무의 모든 분야를 담당하는 13개의 부서가 구성되었고 중앙감찰위원회가 반당파에 대한 투쟁을 임무로 하는 기구로 구성되었다.[167]

---

165) 상게서, pp.263-218.
166) 朴馹源, 「南勞黨 總批判」(서울: 일조각, 1985), pp.87-88.
　　 45명의 중앙상무위원은 구 조공출신이 28명이며, 인민당이 9명, 신민당 출신이 8명으로 조직되었다.
167) 김남식, 「남로당 연구」(서울: 돌베개, 1984), pp.263-265.
　　 13개 부서는 중요도에 따라 3개 부서로 나뉘는데 제1부는 조직부(김삼용), 간부부(具在洙), 선전부(姜文錫)였으며, 제2부는 노동부(李鉉相), 농민부(宋乙秀), 청년부(高贊輔), 부녀부(金相赫)였으며, 제3부는 구호

11월 중순 북한에서 박헌영을 맞이한 북로당 간부들은 남한 상황에
대해 평가 회의를 가졌다. 이 자리에서 박헌영은 극좌모험주의 노선이
비판되었다. 김일성은 박헌영에게 남한으로 돌아가지 말고 북한에 남
아서 남한의 공산주의 운동을 지도하도록 당부했다. 박헌영은 그렇게
할 수밖에 없었다. 그는 38도선에 가까운 황해도 해주시에 사무실을
열고 이승엽을 비롯한 남로당 간부들을 소집하였다. 그래서 해주의 사
무실은 사실상 남로당 본부와 같았다. 문인 임화도 이때 월북했으며
남로당원들의 월북은 그 이후 계속되었다.

1947년 5월 제2차 미·소공동위원회의에 소련과 북로당은 민주주의
적인 인민공화국 형태의 임시정권 수립 및 인민위원회 형태의 지방행
정기구의 수립을 요구하고 관철하려 하였다. 그러나 미군은 이를 거부
함으로써 제2차 미·소공동위원회도 결렬되었으며 한국 문제는 유엔
으로 이관되었다. 그리고 유엔에서는 11월 14일 유엔 한국임시위원단
을 설치하기고 결정하였다. 12월 초에 개최되었던 남북노동당 연석회
의에서 북로당은 단독선거, 단독정부 수립에 반대하는 모든 세력을 규
합하는 조치를 추진할 것을 결정했고, 남로당은 유엔한국임시위원단을
분쇄할 것을 결의했다. 북로당은 1947년 8월에 제2차 당 대회를 개최
했어야 했지만 상황이 불투명한 상태에서 실시하지 못하고 있다가 남
한에서 單選單政의 정치상황에 대해서 북로당은 3월 27~30일 사이에
북로당 제2차당대회를 개최하였다.[168] 당 대회를 통하여 빨치산파의

부(金龍岩), 재정부(李天鎭), 협조부(鄭魯湜, 朴景洙), 문화부(金台俊),
조사부(鄭泰植), 총무부(金光洙)가 있었다.
전국적 조직에는 지방위원회 내지 구역위원회가 구성되었다. 말단조직
으로 3~5명으로 구성된 세포조직이 있었으며, 특수 세포조직으로 프락
치를 구성하였다.
168) 歷史學硏究所 편, 전게서, 「한국공산주의 운동사연구」, pp.414-416.

김일성은 종파주의 비판과 민주기지 노선을 강조하였다.[169] 이러한 민주기지 노선이란 북한의 단선, 단정을 의미하는 것이기도 하였다. 이러한 민주기지 노선에 따라 남과 북은 단독정부의 길을 열었으며 선거를 실시하고 인민회의 대의원을 선출하고 9월 9일 조선민주주의 인민공화국을 수립 선포하였다.

수립과정에서 군은 빨치산파와 소련파가 주축을 이루고, 내각의 핵심부서는 빨치산파와 연안파가 주를 이루었으며, 내각의 주변지위와 최고인민회의 지위는 남로당 및 비노동당 인사들이 차지하는 데 대한 남로당과 북로당의 갈등은 잠재되어 있었다. 그러나 남북한 공산주의자들을 대표하는 조선민주주의 인민공화국의 수립은 지금까지 여러 파벌들이 힘겹게 이루어낸 결과이기 때문에 형평성의 문제가 야기된 불공평한 권력의 배분문제를 싸고 갈등이 더욱 증폭될 수밖에 없었다. 이러한 갈등을 해소하기 위한 방법은 두 당이 합당하는 외에는 다른 방법이 없었다. 따라서 갈등을 해소하고자 48년 6월 30일 남·북 노동당이 합하여 조선노동당으로 통합이 되었다.

이러한 남·북 노동당의 합당은 남로당이 북로당에 병합, 흡수된 것을 의미하며 박헌영 당이 사실상 붕괴된 것을 의미하는 것이었다. 김일성이 1950년 12월 4일 조선노동당 제3차 정기 대회에서 말하였듯

---

169) 전게서, 「김일성 저작집Ⅲ」, pp.310-315.
　　초기에 이 용어는 서울보다 혁명에 보다 좋은 조건을 갖춘 북한에 공산당의 중앙을 두어야 한다는 빨치산파의 주장에 반대하는 서울과 북한의 국내파에 대항하기 위한 북조선분국의 설치로 귀결된다. 민주기지론의 단초는 이때부터 나타났다. 1946년에 사용되는 민주기지 용어는 토지개혁 등 제반 민주개혁을 북한에서 먼저 해야 한다는 뜻으로 기초, 근거지, 진지, 토대, 책원지, 원천지 등으로 사용되었으며, 남북한의 분단이 명백해진 1948년에는 북한이 미제의 식민지 속화에 따른 분단정책에 대항하는 근거지의 개념, 즉 혁명의 기지로 사용되었다.

이 "남·북 노동당의 합당을 위하여 연합중앙위원회를 가졌다."고 하였다.[170]

박헌영 조직이 사실상 파괴되고 남한에는 더 이상 있을 수 없는 남로당원 대부분이 북한으로서 월경하여 흡수할 수밖에 없었던 것이다. 그러나 하부 당원들은 대부분 당직을 보유하고 당원들 사이는 원만하였지만 고위급인 김일성과 박헌영의 반목은 날이 갈수록 골이 깊어갔다. 월북한 남로당계 학생들이 박헌영 만세를 외치다 문제가 되어 도리어 박헌영을 종파분자를 증명하는 것이라 하여 문제가 되기도 하였다. 박헌영으로서는 참기가 어려운 나날이었다. 이런 중에서도 북로당에서는 비공식적으로 남로당원들의 북로당 입당을 받아들일 것을 각급 당부에 지령하고 남로당원들에게는 북로당 입당을 은근히 종용하고 있다는 것도 공공연한 비밀이었다. 대남 정치공작을 담당한다는 명목으로 남로당의 독립적 존재의의를 주장해 보았지만 별수 없는 일이었다. 이러한 환경과 조건하에서 박헌영을 위시한 남로당 간부들은 남·북 노동당의 합당이 불가피함을 자인하고 되도록 유리한 조건으로 합당할 것을 결심하였다. 그들은 북로당의 중앙위원과 남로당의 중앙위원을 그대로 연합시킨 통일 노동당을 만드는 것이 당면 목적이었다. 북로당에서는 조직이 와해된 상태의 남로당은 귀찮은 존재였다. 동수의 중앙위원으로 구성한다는 것은 어불성설이라고 일축하였다. 또한 남로당의 생살여탈이 북로당에 있는 만큼 당의 통일적 중앙의 지도를 실현한다는 명분으로 합당하기로 하였던 것이다. 〈표 3−12〉에 보는 바와 같이 1949년 6월 30일 북조선노동당과 남조선노동당이 합당하였다.[171] 본부를 평양에 둔 하나의 당으로 합당되었던 것이다. 이리하여

---

170) 상게서, p.320.
171) 공교롭게도 6월 29일은 미군이 한반도에서 모두 철수한 날이었다.

김일성이 조선노동당 위원장, 부위원장에는 김두봉, 허가이, 박헌영이
선출되었다.

물론 합당 후의 가장 큰 문제는 당의 통일적 중앙과 그 지도권을
누가 잡느냐 하는 것이었다. 당시 세력 분포로 보아 박헌영이 김일성
의 우위에 있을 수는 없었다. 이리하여 남북통일 노동당의 지도부 선
출에 있어서 지금까지 북로당의 부위원장이었던 김일성이 위원장이
되고 박헌영과 허가이가 부위원장이 되었던 것이다.

그리고 북조선임시인민위원회는 그해 11월 3일에 도·시·군 인민
위원회의 대표선출을 위한 선거를 실시한다는 법령을 발포했다. 김두
봉은 인민위원회의 의장에 선출되었으며, 김일성은 행정부의 각 부서
에 걸쳐 막강한 권력을 장악한 가운데 수상으로 선출되었다. 북한으로
도피한 박헌영은 부수상 겸 외무상의 한직에 머물러야했다.

제4장 파벌의 합종연횡과 소멸

제1절 6·25 전쟁과 남로당

1. 주전론의 논쟁

6·25전쟁은 일반적으로 김일성이 계획하고 남한에 대한 민족해방
전쟁을 일으키도록 소련이 적극적으로 사주(使嗾)한 것이 원인이 되었
다고 알려져 있다. 물론 북한은 미국과 남한이 북침을 했다고 비난한
다. 전쟁결과는 어느 쪽의 승리도 패배도 아닌 채 끝나버린 6·25전쟁
과 같은 제한전쟁에서 누구나 기꺼이 납득할 만한 원인규명에 도달하
기는 어렵다. 북한이 그들 스스로 "조국해방전쟁"이라고 부르는 전쟁을[1]

---

1) 국방부, 「6·25전쟁에 관한 용어검토지시」(서울: 국방부 군사연구소, 1995년
   7월 13일)
   6·25전쟁에 관한 용어는 事變, 動亂, 內亂, 分爭, 戰亂, 戰爭 등이 다양하
   게 사용되고 있다. 또한 crisis, conflict, dispute, war, 북한에서는 조국해
   방전쟁, 抗美援朝戰爭, 朝鮮戰爭, 조선동란 등으로 사용되고 있다. 動亂은
   전쟁보다 하위개념인 激變, 暴動, 騷擾 등으로 정부를 전복, 또는 국토를
   함부로 차지하려 하거나 그 밖에 國憲을 문란하게 하려는 목적으로 폭동
   을 일으키는 것이며, 事變은 경찰력으로 막을 수 없어 병력을 사용하게
   되는 亂離 또는 한 나라가 상대국에 선전포고도 없이 무력을 쓰는 일이
   며, 戰爭은 국가 간에 상호 자국의 의사를 상대국가에 강제하기 위하여
   행하는 무력행사 상태 또는 두 나라 이상이 평화 상태를 끝내고 상호병
   력에 의하여 적대행위 및 적대조치를 취하는 상태라고 정의할 수 있다.
   국제법상 북한의 남침은 최초 전쟁발발 형태상으로 해석하여 국가 전북

일으켰다는 증거는 명확히 있으나 소련이 어느 정도 부추겼는지 또는
중국이 어느 정도 양해했는지는 명확하지 않다.[2]

　전쟁원인 분석에서 당시 북한 집권자들은 소련의 막강한 영향력 아
래 있었고 유엔을 비롯한 많은 외국 군대가 전쟁에 개입했기 때문에
전쟁의 원인을 규명하려는 대부분의 노력은 국내 요인보다도 국제 요
인에 중점을 두어왔다. 또한 6·25전쟁은 지금까지 냉전의 관점에서
분석되어 왔다. 때문에 초강대국들의 대결이라거나, 북한과 소련과 중
국 사이의 공모라는 복합적인 비난, 또는 조장에 의한 침략이라는 개
념 등이 그것이다. 그러나 그것은 북한 사람들이나 김일성의 관점에서

　　을 위한 내란 동란, 내전으로 해석할 수 있으나 경과되면서 유엔국(16개
　　국)의 참전과 중공의 개입 등으로 전쟁형태가 국제전으로 전개되었음을
　　인지할 때 전쟁의 정의에 따라 한국전쟁으로도 개념 규정이 가능하다고
　　할 것이다. 그러나 전쟁의 주체가 한반도라는 점을 고려하여 한반도에서
　　일어난 수많은 역대 전쟁과 혼동을 피하기 위하여 6·25戰爭으로 표현함
　　으로써 더욱 개념을 명확하게 할 수 있을 것이다.
2)　김학준, 「한국전쟁-원인·과정·휴전·영향-」(서울: 박영사, 1989), pp.55-98.
　　6.24전쟁의 원인에 대해서 전통주의 입장과 수정주의 입장이 대립되고 있
　　기 때문이다. 전통적인 입장은 첫째, Stalin의 침략적 제국주의 전쟁이었으
　　며 둘째, Stalin이 한국전쟁을 지원하여 발생한 전쟁이며 셋째, 북한은
　　Stalin의 꼭두각시에 불과했다. 넷째, 흐루시초프 回顧錄(1970)에 의하면 비
　　록 소련이 북한에게 남침의 청신호를 준 것은 인정했지만, 남침은 원래 김
　　일성의 생각이었고 공격을 위한 최종 계획안을 작성한 것도 북한이었다.
　　("한국전쟁은 內戰이었다"는 소련 측의 주장)
　　수정주의 입장은 미국과 이승만 정권을 비판하면서 첫째, 미국과 이승만 정
　　부가 음모하여 북한으로 하여금 전쟁을 도발하도록 직접적 원인 제공자였
　　으며 둘째, 미국이 이승만의 북진통일론을 지지함으로써 북한으로 하여금
　　선제공격을 하도록 유혹하여 일어났다. 셋째, Issac F. Stone, 「한국전쟁 秘
　　史」(The Hidden History of Korea War)(1952). 저서에서(침묵의 음모설)
　　수정주의를 처음 주장. 넷째, 남침 유도설(남한이 북한으로 하여금 전면적
　　인 반격을 하도록 유인하기 위하여 38선상에서 잦은 분쟁을 일으킴으로써
　　일어났다.)

분석된 것이 아니며, 김일성 입장에서는 전쟁의 목적이 제한전의 개념을 구현하는 것도 아니었으며 아시아에서 공산주의가 팽창되거나 견제되는 것과도 무관한 것이었다. 그에게 한국전쟁은 무엇보다도 자기의 정치적 야망을 실현하기 위한 것이었고 한국의 분단이라는 문제를 해결하여 적화시키고자 했던 노력이었다고 할 수 있다.

그러므로 한국전쟁의 직접적 원인분석을 위해서는 북한의 국내 정치에 비추어 검토되어야만 할 것이다. 주한미군의 철수와 중국대륙에서 중국공산주의자들의 혁명 성공, 미국의 아시아 방위선에 관한 애치슨 선언,[3] 그리고 세계 제2차 대전 뒤의 시기를 특정 짓는 전반적인 냉전분위기 등이 전쟁요인으로 작용했으나 공격결정을 단행한 사람은 김일성이었다.

흐루시초프는 6·25전쟁을 최초 발의한 것은 스탈린이 아니라 김일성이었다고 증언하였다. 그리고 스탈린은 미국의 개입에 회의를 가졌고 모택동과 함께 숙의하였으나 모택동 역시 미국의 개입 가능성에 우려를 나타냈다. 그러나 김일성은 남진과 동시에 남한의 인민이 봉기하기 때문에 전쟁은 단시간 내에 끝날 것이라고 하면서 스탈린의 동의를 구하였다.[4]

---

3) James F. Schabel, Robert J, Watson, *The Korean War* Vol. Ⅲ, (Historical Division Joint Secretariat To Joint Chiefs of Staff 1978. 역, 국방부 전사편찬위원회 「한국전쟁」(서울: 국방부 전사편찬위원회, 1990), pp.30-44.
1950년 1월 10일 미국 국부장관 에치슨(Dean Acheson)은 미국의 태평양 방위선에서 한국을 제외하는 새로운 태평양 방위선을 발표하였다. 對 中共 정책상 태평양에서의 미국의 방위선은 알류산열도-오키나와 -대만-필리핀을 연하는 선으로 정하였다. 그 결과 한국과 대만이 방위선에서 제외되었다.
4) Nikita Khrushchev, *Khrushchev Remembers*, (Boston: Little, Brown & Co. 1970), pp.367-373.
이웅희, 「흐루시초프 비록」(서울: 어문각, 1971), pp.250-278.
흐루시초프는 당시 미국의 개입을 우려하여 전쟁발발 직전 소련군의 고문단 한편 대외적인 요인 이외도 북한내요인도 간과할 수 없다. 첫째, 김일성의 빨치산파와 남한에서 월북한 남로당원들과 갈등 관계가 원인이 되었다. 둘째, 군사적으로 한반도를 적화통일하려는 김일성의 결심이었다. 셋째, 1949~1950년 동안의 2개년 경제계획이 차질을 빚음으로써 비롯된 이를 모면하기 위한 모험이었다고 분석하고 있다.[5]

따라서 한반도를 둘러싼 국제정치 환경이 허용되기를 기다리며 김일성은 호시탐탐 노리고 있었다. 김일성과 빨치산파는 군사력에 의한 통일을 가장 효과적인 해결책으로 여겼으며, 이러한 생각을 가졌던 것은 그 혼자만이 아니었다. 해외로부터 귀국한 많은 한인 혁명가들은 한국이 재통일되어야만 한다고 생각했다. 김일성은 1946년 2월 8일에 임시인민위원회의 위원장으로 임명된 뒤부터 1950년 6월에 전쟁이 발발될 때까지 평화통일을 주장한 적이 없다. 그는 민족 재통일을 달성하는 유일한 길은 오로지 군사력뿐이라고 생각했다.

김일성의 지난날 그의 군사행적에 비추어보아 그가 이 같은 해결방식을 취한다는 것은 당연한 일이며, 특히 당시에 남한이 정치적으로나 군사적으로 혼란 상태에 빠져 있었기 때문에 더욱 그러하다. 김일성이 많은 사회지도자들로 구성된 조국통일민주주의전선으로 하여금 전쟁 바로 1년 전인 1949년 6월에 평화적인 통일을 제안하도록 했던 것은 사실이다. 그러나 그 자신은 평화통일을 위해 남한의 지도자들에게 호소한 적이 없다. 1947년의 신년사를 통해 김일성은 모든 조선 사람들이 희망하는 단합된 민주 조선의 건설은 남한에 있는 반동적인 매국노들에 대한 궁극적인 승리를 통해서만 가능하다고 말했다. 1950년의

을 철수시켰으며, 그러나 흐루시초프는 고문의 파견을 건의했으며 낙동강전선에서 1~2개의 소련의 기갑부대만 지원했어도 전쟁은 끝낼 수 있었다고 회고하였다.
5) 장준익, 「북한인민군대사」(서울: 서문당, 1995), pp.187-190.

또 다른 신년사에서 김일성은 통일은 인민군과 보안대를 강화시킴으로써만 가능하다고 강조했다.[6]

또한 김일성은 1950년 1월 19일에 천도교 청우당의 제3차 당 대회에서 통일문제에 관하여 중대한 연설을 했다. 그는 조국을 통일하기 위해 북한에 혁명 기지를 건설하고 강화하는 것만으로는 충분하지 않으며, 북한 사람들은 남한에 있는 반역자들을 쓸어 없애버려야 한다고 말했다. 나아가 조국통일의 위대한 과업은 빨리 '우리들 스스로'에 의해 달성되어야만 한다고 주장했다. 그는 소련의 10월 혁명과 그 무렵 중국대륙에서 공산주의 세력의 성공을 본보기로 들었다. 10월 혁명 32주년 기념식에서 말렌코프의 연설을 인용하면서 김일성은 자기는 "전쟁을 두려워하지 않으며 인민전쟁을 두려워해야만 하는 것은 바로 남한 사람들이라"고 말했다. 그는 만약 "제3차 세계대전이 발발한다면, 단지 하나 내지 둘 정도의 자본주의 국가가 아니라 모든 반동적인 자본주의 국가들이 멸망하게 될 것이다"라면서, "우리는 승리할 것이다. 그러나 그 승리는 저절로 오는 것이 아니며 쟁취되어야만 한다"라고 말했다.[7]

북한에 강력한 군사력을 갖추려는 김일성의 노력은 처음부터 분명했다. 그는 이러한 노력에 그의 모든 빨치산 동료들을 투입하기 위한 조치를 취했다. 그가 건설한 최초의 공장들 가운데 하나는 총과 탄약을 제조할 군수공장이었다.[8]

---

6) 전게서, 「김일성 저작집 5권」(평양: 조선노동당출판사, 1980), pp.352 - 354.
7) 조선노동당출판사, "조국통일 위업을 위하여 모든 내부적 민주역량을 총집결하자", 「김일성 저작집」(평양: 조선노동당출판사, 1980), pp.358 - 365.
8) 조선인민군이 공식적으로 창립되었을 때에 김일성은 그의 빨치산 동료인 최용건, 김책, 강건, 김일 등에게 북한에서 처음으로 제조된 총들을 건네주면서 이들과 기념촬영을 하는 상징적인 모습을 보여주었다.

김일성은 남한의 군대보다 훨씬 규모가 크고 강력한 군대 건설에 착수했다. 그는 만주에서의 중국 내전을 통해 훈련받은 많은 부대를 거느리고 있었으며, 한국전쟁의 발발에 앞서 중국 동북부로부터 많은 전투부대들을 인수받았다.[9] 1950년 6월 한국전쟁을 도발할 때까지, 남·북한의 군사적 균형은 무너졌으며 북한의 군사적 우위가 확실해졌다. 남한이 6만 명이 조금 넘는 병력을 보유하고 있었음에 견주어 김일성은 약 12만 명 정도의 병력을 보유하고 있었다. 북한의 인구가 남한 인구의 약 절반쯤이었다는 것을 상기해 볼 때에 그것이 얼마만한 동원 규모인지는 가늠되었다. 인민군을 강화하기 위한 목적으로 청년 및 여성단체들로 구성된 "조국보위후원회"가 1949년 7월 15일에 조직되었다. 북한은 이 기구를 통하여 인민에게 방위기금을 기부하도록 촉구하기 시작했다. 많은 개인 및 사기업들이 이 조직을 통하여 비행기와 탱크를 헌납했다.[10]

또한 김일성은 "남조선 인민들에게 꾸준히 우리 당의 영향을 주어 그들로 하여금 미제와 리승만 역도를 반대하여 궐기하도록 해야 하며, 다른 방면으로는 북반부 민주기지를 더욱 철옹성같이 강화해야 합니다."[11]라고 주장하였다.

1949년 4월에 북한과 남한의 많은 정치 및 사회단체들을 통합할 것을 촉구하는 새로운 정책을 채택하였다. 이 정책을 실현하기 위해 먼저 1949년 6월에 북조선노동당과 남조선노동당이 합당하여 조선노동당을 만들어냈다. 그리고 조국통일민주주의전선을 통합하였다.

남·북한 양쪽에 걸쳐 26개의 정치 및 사회단체를 대표한다고 보도

---

9) 제3장 4절 참조. 중국 인민해방군에 소속된 한인의 귀국(166師, 164師)
10) 육군사관학교, 『한국전쟁사』(서울: 육군사관학교 전사학과, 1984), pp.36-46.
11) 전게서, 『김일성 저작집 5권』, pp.355-357.

된 민전 역시 1949년 6월에 통합되었다. 민전 의장단 7명에 김일성이
나 박헌영은 포함되지 않았다. 민전은 1949년 6월 2일 한국의 평화통
일을 위한 선언을 제기했고 그 내용을 유엔 사무총장에게 발송했다. 6월
13일에 민전은 자기 조직에 가입하지 않은 남한의 모든 정치 및 사회
단체 앞으로 보낸 공개서한에서 평화통일에 관한 태도를 반복하면서
"조선인민은 미 제국주의 아래에서 식민지적 노예상태로 머물거나 아
니면 반역자들로부터 조선의 남반부를 구출함으로써 조국을 통일시키
는 양자택일의 길을 가야 한다."고 주장하였다.

무력통일을 위한 김일성의 준비는 성공적으로 진행되었고 객관적
조건 또한 무력 통일계획에 유리하게 진전되었다.

위에서 살펴본 바와 같이 1949년부터 1950년에 걸쳐 무력통일의 내
부적 조건이 거의 완전히 갖추어진 셈이었다. 그러나 무력통일의 결행
에 대해서는 당의 정치위원회에는 알리지 않았고 스티코프 소련대사,
소련 군사고문단의 수뇌부 그리고 인민군내의 自派 고급지휘관에 한
하여 비밀리에 준비를 진행시켰다.

남조선노동당 지하당 중앙부책임자였던 이주하가 1950년 1월 은밀
히 38선을 넘어 평양에 가서 박헌영, 김일성과 함께 합의한 사항 가운
데 무력통일에 관한 사항은 전혀 포함되어 있지 않았기 때문이다.[12]
김일성은 무력통일에 관한 준비를 소련 고문을 중심으로 하는 소그룹
안에서만 엄밀히 진행시켰으며 모든 준비를 완전히 마친 4월경 비로
소 정치위원회를 열어 이 계획을 승인시켰던 것이다.[13]

이 정치위원회는 김일성(중앙위원장), 박헌영(부위원장), 허가이(부
위원장), 이승엽, 김두봉(이상 2명은 정치위원)의 각 정치위원회 멤버

---

12) 金南植, 전게서, pp.142-145.
13) 김학준, 상게서, pp.134-138.

와, 노동당 정치위원은 아니지만 민족보위상이며 인민군총사령관(김일
성은 그 위의 최고사령관)인 최용건(당시 그는 표면상으로는 노동당
원이 아니고 북조선민주당 위원장이었다)이 참석하였다.

1950년 4월 평양에서 열렸던 이 비밀회의는 남한에 대한 군사행동
에 관한 회의였으며, 미국 개입에 대해서는 부정적인 반응이었다. 당
시 애치슨라인을 인정하면서도 만약 미군이 개입한다면 50일 이내에
는 어려울 것이며 남한을 완전 석권하는 데 무력으로 3주일이면 충분
하다고 결의하였다.[14)

그러나 박헌영은 남한에서 리더십을 회복하기 위하여 군사적인 정
복보다는 인민봉기를 선호하였다.[15) 그러나 남한에서 그의 추종자들
이나 지하조직책들이 모두 체포된 상태이기 때문에 그도 어쩔 수 없
이 군사적 행동에 동의할 수밖에 없었다.

인민봉기를 위해 1949년 9월부터 1950년 초까지 김삼용, 이주하를
포함하여 3,000여 명 정도를 남한에 파견하여 지하활동을 강화하였으
며 또한 강동정치학원의 간부급도 600여 명 이상 파견하였다. 그렇지
만 1950년 3월 27일 김삼용, 이주하가 체포됨으로써 남한에서 게릴라

---

14) 박갑동, "내가 아는 박헌영", 중앙일보, 1973년 8.6~8.17자.
   가) 당 기관, 정부기관, 민주청년동맹, 직업동맹(노동조합), 농민연맹 등으
     로부터 대량의 인원을 선발하여 군대를 증강한다.
   나) 남한 출신 당원, 빨치산을 전원 남한 후방 깊이 침투시킨다.
   다) '도'단위로 간부를 선발하여 남한 해방지구의 행정요원으로 특별 훈
     련을 실시한다. (예를 들면 북한의 황해도는 남한의 경기도를 담당하는
     등)
   라) 무력통일을 은폐하기 위하여 평화통일 선전 캠페인을 조직한다.
   마) 남반부 무력해방투쟁의 최고 지휘기관으로서 '최고군사위원회'를 조
     직한다는 등의 구체적인 계획을 작성하였다.
15) Dae-Sook Suh, *Kim Il Sung-The North Korean Leader*, (New York:
   Columbia University Press, 1988), pp.165-167.

에 의한 인민봉기를 포기하여야 했다.[16]

박헌영은 1950년 4월 정치위원회 회의에서 기정사실이 되어 있는 무력통일계획을 그 자리에서 반대한다면 주위로부터 비겁분자, 미 제국주의의 스파이라는 오명을 쓰게 될 것은 자명한 사실이었다. 그러므로 그는 직언을 할 수 있는 입장과 용기부족으로 이것이 그로 하여금 이 같은 비굴한 태도를 취하게 했던 것이다.[17]

결국 박헌영은 무력통일은 지지하였으며 이러한 지지발언이 끝난 후 정치위원 전원이 김일성의 보고를 찬성 지지하는 토론을 했다. 그 사이 김일성을 비롯하여 어느 누구 하나 미국의 군사개입에 대한 의견을 말한 사람은 없었다.

그러나 김일성의 이러한 전쟁관에 관해서 박헌영은 남조선 내의 혁명역량에 의존하여 스스로의 목표를 독단적으로 추구한다는 점에 주목할 필요가 있다. 이러한 노선은 彼我 힘의 관계나 현실의 혁명 상황에 의해서 설명되기보다는 운동에 있어서 지도성의 획득을 목적으로 결정되었기 때문이다.[18]

따라서 한국전쟁의 기원은 이러한 두 노선 사이의 정통성을 둘러싼 지도권 투쟁의 결과로서 박헌영의 남조선 혁명역량의 실패였다고 볼 수 있다.[19]

박헌영의 지지기반인 남조선노동당 입장 역시 남한 민중들의 인민

---

16) 김남식, 전게서, pp.427-429.
  1949년 2월 말 당 조직부장 李重業의 체포, 8월 25일 尹淳達의 체포, 9월 중순에 서울시 특수부 일망타진, 3월 말 서울시 당을 재수습하려던 조용복이 체포되었다.
17) 박갑동, 「박헌영」(서울: 인간사, 1983), pp.75-90.
18) 최장집, 「한국전쟁연구」(서울: 태암, 1990), pp.32-33.
19) 小此木政夫, "民族解放戰爭としての朝鮮戰爭", 「國際問題」 182號, 1975), pp.46-48.

봉기에 의한 통일 방안이었다. 그것은 남조선노동당의 가장 취약한 점이었던 자체 군대 조직을 갖추지 못하였다는 점에서도 그들이 할 수 있는 최선의 방법은 통일 후 지도권을 확보하기 위해서도 인민봉기에 의한 통일 방법을 지지할 수밖에 없었던 것이다.

박헌영의 지지기반을 기지고 있는 남조선노동당은 재건 조선공산당과 조선인민당 그리고 남조선 신민당의 3당이 1946년 11월 23일~24일에 합당하여 생긴 남한의 공산주의자들의 당이다. 남로당의 혁명적 전통은 1925년의 조선공산당에서 이어받은 것이며 동시에 한인 공산주의 정당이 국내에서는 처음으로 조직된 한국공산주의 정통정당이라고 자신들이 주장하고 있다.[20] 그런데도 1949년 6월 30일 평양에서 남북노동당이 합당할 때 남한의 지하에서 투쟁하고 있던 남조선노동당원에게는 전혀 알려지지 않았다.

남조선노동당 서울 지하당 최고책임자는 김삼룡으로[21] 조직부문을 겸임하고 있었다. 김삼룡을 보좌하는 것은 이주하와 정태식이었다. 이주하는 군사부문 담당이며, 정태식은 선전·이론·기관지 부문을 담당했다.

남조선노동당 서울지하당 김삼룡 지도부는 전 남한의 당 조직, 즉

---

20) 북조선노동당은 해방 전의 조선혁명과 조선공산당과는 직접 관계가 없었던 김일성이 해방 후 비로소 외국에서 들어와 소련군의 원조로 지도권을 탈취한 조선공산당 북조선분국과 이 또한 중국 연안에서 들어온 김두봉, 최창익 등이 만든 신민당이 1946년 6월 28일부터 30일 사이에 합당하여 만든 당이다.
21) 충청북도의 빈농 집에서 태어나 초등학교를 겨우 졸업한 후 공장노동자로 일했다. 서울 영등포에 있는 공장에서 일할 때 박헌영의 조선공산당 재건그룹과 접촉이 되고 서울 콤 그룹을 조직하였다. 1939년 서울에서 체포되어 해방을 전주 형무소에서 맞았다. 박헌영과 함께 조선공산당을 재건하고 중앙위원, 서울특별시당위원장, 중앙조직부장, 그리고 남조선노동당 서울지하당 최고책임자가 되었다.

서울특별시당, 경기도당, 충청남북도당, 강원도당, 전라남북도당, 경상남북도당, 제주도당 및 지리산 독립유격대를 직접 지도 명령하는 강력한 대규모의 조직이었다. 그뿐 아니라 군사부는 한국군 내부에 숨어있는 많은 비밀당원 장병들을 장악하고 있었고 특수정보공작부는 한국정부기관 내에 상당수의 비밀당원을 갖고 있었다.

남한에 있는 지하당원의 반대를 우려하여 김일성은 평양에 있는 남조선노동당 지도부에 남북노동당의 합당을 비밀에 부치도록 지시하였다.[22]

박헌영은 1946년 9월 미 군정의 체포령을 피하려 할 수 없이 월북하였고 다른 남조선노동당 간부들은 1948년 8월 해주에서 남한 출신의 최고인민회의 대의원선거를 실시한 후 조선민주주의인민공화국 수립을 위해 대거 평양으로 월북하였다.[23]

박헌영은 모스크바와 상해에서 코민테른 시대의 지도를 받았던 공산주의자로 국제노선을 제일 존중하고 이에 맹종하는 경향이 있었으나 김삼룡은 박헌영의 직계이지만 만주나 일본에도 다닌 바 없는 토착 노동자 출신이므로 민중의 여론을 가장 존중하고 민중의 요구에 밀착하려는 경향이 있었다.

따라서 박헌영, 이승엽이 남로당을 지도했을 때는 다른 나라 공산당과 마찬가지로 미 제국주의를 '타도(打倒)'한다는 슬로건을 사용하였다. 그러나 김삼룡은 용어가 비현실적이라고 판단하여 '구축(驅逐)'으로 바꾸었으며 이것은 남한 인민이 현실적으로 투쟁하기 쉽도록 배

---

22) 朴甲東, 전게서, pp.80-85.
23) 國史編纂委員會, 「北韓關係史料集 Ⅵ」, pp.133-212.
    1948년 7월부터 남한의 지하 선거에 의해 남한에 할당되었던 최고인민회의 대의원수의 3배의 선거인을 선출하고 이 선거인이 8월 29일 해주에 모여 최고인민회의 대의원을 선출하였다. 이처럼 남한에서는 '지하간접선거'라는 형식을 취했다.

려하였다.

"남조선 인민의 당면한 임무는 미제를 타도하는 것이 아니고 남조선에서 구축하는 것이다. 남조선 인민이 미제를 타도할 수는 없다. 일본인민도 중국인민도 미제를 타도할 수는 없다. 일본인민은 일본으로부터 미제를 구축할 수는 있다. 중국인민도 중국으로부터 미제를 구축할 수가 있다. 세계 각국의 인민은 각자 자기 나라로부터 미제를 구축한다. 그리하여 최후로 미제를 타도하는 것은 미국의 인민 자신이다."라고 평소 김삼룡은 주장하였던 것이다.[24]

이처럼 김삼룡의 견해는 소련군에 의해 해방되고 소련에 의해 조종당하면서 김일성이 지도하는 북한의 사회주의가 한국 인민의 이상과는 크게 왜곡되어 있다고 보았던 것이다.

김삼룡은 남북한의 관계를 기계적이 아닌 변증법적으로 해석하였다. "남·북한이 하나로서 둘이 아님과 동시에 둘이며 하나가 아니다."라는 것을 이해하고 있었다. 이승만 정권의 통치하에 있는 남한 인민 자신이 이승만 정권에 반대하여 투쟁하는 것이야말로 가장 바람직한 투쟁방법이라고 보았다. 38선 이북의 별도의 나라인 김일성이 아무리 이승만 타도를 부르짖는다 하더라도 타도되지 않는다는 것을 알고 있었다.

"미군이 간섭한다면 한국의 통일은 안 된다. 혁명에 있어 가장 두려운 것은 외국 군대의 간섭이다. 남한의 혁명과 남북한의 통일을 시도함에 있어 미군의 간섭을 피하는 데는 두 개의 길밖에 없다. 하나는 남한인민 자신의 힘으로 이승만 정권을 타도하는 길이며, 또 다른 하나는 남·북한이 평화적인 합의에 의해 통일하는 것이다."라고 주장하였다.[25]

---

24) 박갑동, 전게서, pp.37－38.
25) 박갑동, 「한국전쟁과 김일성」(서울: 바람과 물결, 1988), pp.68－75.

이상과 같은 생각을 갖고 있었던 김삼룡은 절대적으로 인민봉기에 의한 통일론자였다. 김삼룡이 지도하는 남조선노동당중앙기관에서는 평화통일론으로 당원을 지도하고 교육하였다.

김삼룡은 김일성이 무력통일에 한국의 운명을 거는 것을 가장 두려워하였다. 만약 김일성이 전 한국의 헤게모니를 쥘 것을 노려 모험적인 행동으로 나온다면 한국의 분단은 반영구적으로 고정되는 것이라 생각했다. 김일성의 모험적 도발을 견제할 수 있는 것은 강력한 남조선노동당의 조직력밖에 없다고 보았다. 그렇기 때문에 이승만의 탄압에 대하여 남조선노동당의 지하당 세력을 온존시키고 발전시키려 했다. 남한 내에 강력한 남조선노동당의 조직이 있어야만 평양에 있는 박헌영이 김일성의 모험을 막을 수 있다고 보았다. 남조선노동당의 강력한 지하조직이야말로 김일성의 모험을 견제함과 동시에 이승만의 북벌계획도 견제하는 중요한 요점이었다. 그러나 남조선노동당 지하조직은 1950년 3월 말에 붕괴되고 말았다.

1950년 5월에는 두 번째로 남한 총선거가 실시 될 예정이었다. 김삼룡은 수개월 후로 임박한 총선거를 앞에 두고 평양에 있는 박헌영, 김일성과 함께 대책을 협의하기 위해 1950년 1월 초에 지하당 부책임자 이주하를 비밀리에 평양으로 파견하였다.

2년 전인 1948년 5월 10일 한국 제헌국회의 총선거에 대해서 남조선노동당은 적극적으로 거부하여 이를 파괴 방해하려 했으나 결과적으로는 실패로 하였다.

이번 두 번째 총선거에 대해서는 남조선노동당은 2년 전처럼 적극적으로 거부할 수 있는 조직역량을 갖고 있지 못했다. 여기서 김삼룡은 이번 총선거에는 "남조선노동당은 물론 공식적으로는 참가할 수 없지만 무언가 은밀한 방법으로 총선거에 참여하여 한국 국회 내에

동지를 심어 두는 것이 현실적인 정책이다."라고 박헌영과 김일성에게 협의하도록 이주하를 파견했던 것이다. 이주하는 평양에서 김삼룡의 선거대책에 대한 의견을 승인받고 돌아왔다.

이때 무력통일에 대한 지시는 없었다. 이것을 보면 1월경에는 북에서 아직 무력통일에 관한 당정치위원회가 열리지 않았음을 알 수 있다.

서울의 남조선노동당 지하당이 총선거 대책을 세우고 있던 3월 초 평양으로부터 박헌영의 편지가 도착하였다. 박헌영은 1946년 가을 북한으로 망명한 후 편지 형태로 지시를 보내 지하당을 지도하고 있었다.[26]

그 내용은 "남북통일은 어디까지나 남북의 모든 정당·사회단체가 협의하여 평화적으로 통일한다. 그러나 이승만 도당이 어디까지나 평화통일을 거부하고 남한인민을 학살하며 무력 북진통일을 기도한다면 남한인민의 봉기에 의하여 이승만 정권을 타도하여 남북통일을 실현할 것"이라는 대강의 편지였다.[27]

그 당시 남한의 지하당 간부는 평양에서 무력통일의 움직임이 있다는 것을 알지 못했다. 그러나 박헌영의 긴급지시에 의해 평양의 최고 지도부 통일에 관해 무엇인가 움직임이 있음을 감지하였다.

김삼룡은 박헌영의 지시를 남한 지하당의 두뇌이며 정책입안 및 정세분석을 담당하고 있던 중앙선전 이론 기관지「블록」에 전파하고 보고서를 작성하도록 지시하였다. 김삼룡이 가장 신임하는 두 사람의 입안자 즉「블록」의 책임자 정태식과 부책임자 박갑동이 극비에 보고서

---

26) 박갑동, 전게서, 「박헌영」, pp.120-125.
　　남조선노동당 지하당은 김일성의 지시를 직접 받지는 않았다. 남조선노동당 지하당의 간부들 사이에는 이들 지시를 '박헌영 동지의 편지'라 부르고 있었다.
　　1950년 3월의 박헌영 편지는 한국 통일에 관한 구체적인 방책 및 지하당의 의견을 긴급히 보고하라는 것이었다.
27) 김남식, 전게서, pp.393-407.

를 기안하였다.[28]

이 보고서에는 남조선노동당 지하당은 될 수 있으면 평화적으로, 그리하여 남한인민 자신의 힘에 의해 자기 자신의 문제를 해결하려 하였다. 북한 군대의 무력에 편승하여 자기 자신의 문제를 해결하려고 는 생각하지 않았다. 또한 그것은 될 수 없는 것임도 잘 알고 있었다.

북한인민군은 "민주기지인 북한인민의 노동의 성과를 지키기 위해 조직된 군대이다. 건군의 기본목적에 위반하여 군대를 움직이는 것은 폭력주의이며, 극좌 모험주의의 잘못을 저지르는 것이며 반혁명의 결과를 가져온다는 것을 의미한다."고 남조선노동당 지하지도부는 판단하였다.

위와 같은 내용으로 박헌영에게 보내는 보고서 초안을 가지고 50년 3월 27일 밤 입안자인 정태식과 박갑동 두 사람은 직접 김삼룡을 만나려 했으나 김삼룡은 27일 밤 자택에서 경찰에 포위되어 일단 탈출했으나 다음 날 체포되어 전달하지 못했다.

김삼룡과 같은 날 이주하도 체포되었다. 김삼룡을 구하려던 정태식도 1주일 후인 4월 3일 심야에 체포되고 말았다.

박헌영이 김일성의 무력통일 주장에 반대하기 위해서는 상대적인 논리를 찾기 위한 남한 지하당의 보고서는 이처럼 남한 지하당의 최고지도부의 궤멸에 의해 마침내 박헌영의 손에 들어가지 못하고 끝나고 말았던 것이다.

그러나 이때는 남한의 지하당 최고 간부들도 겨우 3개월 후에 전쟁이 일어날 것은 생각지 못하였던 것이다.[29]

---

28) 박갑동, 전게서, pp.130-135.
　　이 보고서에는 국제정세와 국내정세 그리고 통일정책에 대해 기록하고 있는데 이러한 정황으로 미루어 남한은 민중봉기에 의한 혁명은 무난하지만 무력통일은 절대 안 된다는 내용을 담고 있다.

　박헌영은 자기가 신임하던 남한 지하당의 최고 간부들이 궤멸된지도 모르고 긴급 지시한 보고서를 기다리다가 할 수 없이 김일성의 무력통일 주장에 동조할 수밖에 없었던 것이다. 만약 박헌영이 처음부터 무력통일에 찬성했다면 남북의 비밀연락이 극히 곤란한 때에 남한지하당에 대해 통일방책에 대한 긴급보고서를 요청하지는 않았다고 생각되기 때문이다.

　동년 5월 17일 김삼룡, 이주하, 정태식 등 3명에 대한 특별군법회의가 서울 육군본부에서 열렸을 때 이들 3명은 "남조선노동당은 조국의 민주화와 남북한의 평화적 통일을 위해 활동해 왔다."고 주장하였다. 검사가 압수한 남조선노동당의 중앙기관지 「노력인민」이란 문헌을 제시하면서 "남조선노동당은 살인 방화를 일삼은 파괴극좌분자의 집단이기 때문에 피고들은 극형에 처해야 한다."고 극렬히 비난하자 남조선노동당의 이론적 지도자인 정태식이 일어서서 "남조선노동당의 기관지나 문헌의 어디에 살인 방화를 선동한 곳이 있는지 지적하라."고 검사의 논고를 극렬히 반박하고 "남조선노동당은 한국의 민주화와 조국의 평화적 통일을 갈망하여 그를 위해 자기를 희생하며 싸우고 있는 가장 애국적인 정당이다."라고 논리를 전개하여 검사와 논쟁을 벌였다.[30] 결국 판결은 김삼룡, 이주하에게는 사형, 정태식에 대해서는 20년의 장기금고형이 언도되었으나 남조선노동당이 무력통일을 획책하고 있다는 법적 결론을 내릴 수가 없었다. 다만 10월 인민항쟁 등 경찰과 공산당원 사이의 부분적 충돌을 가리켜 살인 방화를 했다고 비난했을 뿐이었다.

　6월 10일 평양의 '조국통일민주주의전선'은 평양에 구금하고 있는

29）상계서, pp.138 - 141.
30）박갑동, 전게서, 「한국전쟁과 김일성」 pp.150 - 158.

우익반동과 조선민주당 당수 조만식과 김삼룡, 이주하의 신병을 상호 교환하자고 제안하였으나 이승만 대통령이 응하려 하지 않아 실현되지 못하고 준비된 무력전쟁을 도발하였다. 김삼룡과 이주하는 이승만 대통령이 총살을 명하여 1950년 6월 27일 한강변 서빙고 육군형무소에서 총살형에 처해졌다.

결국 박헌영을 비롯한 남로당의 전략이었던 인민봉기에 의한 통일을 관철시키지 못하였으며 월북한 남로당 간부들은 자기들이 주도하는 인민봉기 통일의 가능성이 희박함을 확인하였다. 그리고 남한에서의 유격투쟁이 외부의 대량원조 없이는 실패로 끝날 수밖에 없다는 결론을 내리고 38선 이남 지역의 무력 해방준비에 착수하였던 것이다.

2. 패전의 책임전가

북한 인민군은 국군과 유엔군이 인천상륙작전 이후 연전연패하여 미군 및 한국군을 대적할 형편이 못 되었다. 이어서 북한의 주요 지역이 급속히 함락되었다. 한국군 3사단은 이미 10월 10일 원산을 점령했고 국군 제1사단이 10월 19일에 평양시에 입성하였다.[31] 김일성과 북한 내각의 최고 각료들은 북쪽으로 피난하여 신의주에 임시 수도를 세우고 최후의 일인까지도 평양을 사수하라는 명령을 내렸다. 10월 말이 되어 많은 패잔부대가 만주와 소련의 접경 산악지대로 패퇴하였다. 유엔군은 북한전역을 거의 점령하였다. 11월 셋째 주에는 미군이 혜산진에 도착 압록강너머 만주지역을 눈앞에 두게 되었다. 급기야 북한은 임시수도를 신의주에 정하였다.

이러한 혼란한 와중에서 1950년 12월 조선노동당중앙위원회 제3차

---

31) 陸軍士官學校, 전게서, 「한국전쟁사」, pp.252-267.

전원회의가 '현 정세와 조국이 당면한 긴급과업'을 토의하기 위해 소집되었다. 많은 문제가 산적해 있었지만, 이 회의 실제 목적은 패전의 책임을 문책하여 내부 위기를 미연에 방지하려는 것이었다. 김일성과 침식을 같이하면서 정치고문 역할을 하던 전 소련군 군정사령부 정보 및 조직책임자 레베데프(Lebedev) 소장이 김일성에게 조속히 중앙위원회 전원회의를 소집하여 패전의 책임을 다른 사람에게 전가함으로써 자신의 책임을 면해야 한다고 권유했기 때문이다.[32]

한편 중공군의 6·25전쟁 참전을 계기로 중공이 한국문제에 깊이 관여했기 때문에 국내정치는 파벌 간의 관계가 한층 더 복잡하였다.

자강도의 만주접경에 위치한 강계시에서 12월 21~23일 걸쳐 개최된[33] 제3차 전원회의에서 상당수의 군 간부 및 당 간부들의 무능력과 과오, 반동행위 등으로 문책당하여 숙청되거나 강등되었다. 당시 전황은 북한 측에 불리했기 때문에 소련의 신임을 받고 있는 김일성으로서는 불안했다. 예기치 않았던 패전의 결과 군은 물론 당도 와해되었고 패배주의 의식과 명령불복종의 풍조가 당 내외에 만연하였다.

김일성은 제3차 전원회의에서 북한의 경제문제에 초점을 맞추려 하였지만 군사 및 정치선전에서 많은 결함들을 지적하지 않을 수 없었다. 김일성은 "당은 조선인민군과 조선인민들은 옳게 조직·훈련시켰고 소련을 위시한 우방 국가들과 특히 중국인민지원군이 북한을 원조하고 있으나 내부 모순이 증대하고 있다."[34]는 사실을 지적한 뒤 북한이 갖고 있는 엄중한 결함들에 대해 언급하였다. 김일성이 지적한

---

32) 「김일성 저작집 제6권」, pp.179-221.
33) 정치사전, "조선노동당중앙위원회 제3차 회의", (평양: 사회과학출판사, 1973), p.788. 50년 12월 21~23일까지 자강도 강계에서 개최하였다. 金昌順은 만주 접경 滿浦 別午里라고 주장한다.
34) 전게서, 「김일성 저작집 6권」, pp.179-219.

결함은 인민군이 자기의 예비부대를 더 많이 준비하지 못했고, 군 간부들의 경험이 모자랐으며 많은 부대들이 규율 문란으로 명령이 제대로 실현되지 않았으며, 유격전 전술은 창조성 없이 기계적으로 추구되었고, 후방 공급 사업은 잘 조직되지 못하였고 핵심간부들은 위기의 순간에 당황하였다는 점을 지적하였다.

김일성은 계속하여 오류나 죄과를 범한 간부들을 비판하였다. 무정에 이어 여러 간부들이 문책당했다.[35] 인민군 내부의 정치공작을 담당하던 민족보위성 부상 김일은 패배주의 의식을 유포했다는 혐의로 비판을 받았다. 그의 죄상은 비행기 없이는 적들과 싸울 수 없다는 패배주의 경향을 가지고 있었다는 것이었다.[36]

---

35) 김학준, 「한국전쟁」(서울: 박영사, 1989), pp.350 - 355.
　　그러나 북한지도자들은 중공군의 參戰으로 전쟁의 가장 암담한 국면을 모면할 수 있었다. 12월 6일 평양의 재탈환에 고무되었다. 그리고 중공군이 이제 북한의 중심세력으로 등장함에 따라 김일성은 제2군단장 武亭을 잠재적인 경쟁자로 간주하게 되었다. 이 시점에서 인민군은 이미 유명무실한 존재가 되어 버렸고 중국인민지원군을 통솔하였던 彭德懷 등 중국의 老將들이 실권을 장악하게 되었다. 그들이라면 당연히 소련파보다는 무정과 같은 옛 전우나 연안파의 기타 인물 편을 들어줄 사람들이었다. 더구나 당시의 중·소 관계를 감안해 볼 때 이러한 가능성은 김일성은 물론 소련에게도 우려가 되었을 것이다. 따라서 제3차 전원회의의 주된 희생자가 바로 무정이라고 할 것이다. 그는 전체적인 군사정세를 올바로 판단하지 못했으며 평양의 死守領을 어겼다고 문책당했다. 사실 당시에 평양방어는 불가능하였으므로 무정이 만주로 퇴각하여 瀋陽지역에서 인민군을 재편하려 한 것은 현명했다고 할 수 있다.
　　그러나 무정은 통렬하게 비판받았는데, 그의 죄 가운데는 부하를 법적 수속 없이 마음대로 총살한 사실도 포함되어 있었다. 개회 당시에는 중앙위원으로 참석했던 무정이 이제는 죄수와 다를 바 없는 존재가 된 것이다. 그는 군단장 직책에서 강등되어 囚人部隊 대장으로 재직하다 후에 모란봉 지하극장 건설 감독을 하던 중 중공 당국의 요청으로 중공으로 인도되었다. 그러나 당시에 그는 폐인이나 다름없었고 얼마 후에 병사하였다.

36) R. A. Scalapino & Chong-Sik Lee, op. cit., pp.400-405.

최강이나 김한중 같은 사단장들은 비겁행위 때문에 철직처분을 당했으며, 강원도당위원장 임춘추 등은 후퇴를 계획적으로 조직하지 못했다고 문책당했다.[37] 그의 죄목은 주요한 당 문서를 버리고 자신이 도망치기에 급급하여 계획적인 퇴각을 조직하지 못했다는 것이었다.

제3차 전원회의의 결과를 총괄하면 군 및 당 조직의 일대개편이라 할 수 있다. 남일은 총참모장이 되었고[38] 그는 소련파였다. 일제강점기에 그는 시베리아로 이주해 간 부모에서 태어나 그곳에서 대부분의 생애를 보냈다. 남일은 소련군의 대위로서 스탈린그라드에서 독일군과 전투를 한 경험이 있으며 나중에는 사단의 참모장이 되어 바르샤바 해방전쟁에 참여한 바 있다. 또한 빨치산파의 김책은 인민군 최전선사령관으로 임명되었다.

전쟁 기간 중 연안파에서는 단지 무정만이 정치적인 희생물이 되었을 뿐 타 파벌에 대한 가해는 없었으며 군 요직에 대해서만 문책이 가해졌을 뿐이다.

1953년 7월 25일 정전회담이 완전한 합의에 도달했다고 발표되었다. 28일에는 김일성과 중국인민지원군 사령관 팽덕회가 북한전역에 정전을 선언하였다. 공산주의자들이 남한을 무력적화 시키기위해 시작한 한국역사상 가장 비참했던 전쟁은 막을 내렸다. 전면적 승리를 거둘 것이라고 오랫동안 선전해 온 북한지도자들은 이제 정전협정을 조국해방 승리 전쟁이라고 해석하기 시작했다. 노동신문의 사설은 "제국주의의 침략적 전쟁세력을 타승한 거대한 승리"라고 보도하였다.[39] 김

이때 同名異人이 있었는데 빨치산파의 김일과 작은 김일이었는데 옛 예 동료인 金一은 內閣第一副首相이었으며 숙청되자는 소련파의 金日이다.
37) 임춘추는 복권되어 1967년 재숙청까지 주요보직을 경험하였다.
38) 김창순, 전게서, pp.133. 당시 前參謀長 姜健은 전사하였다.
39) 노동신문, "조선정전 담판은 완전합의에 도달하였다." 1953년 8월 28일자.

일성 역시 역사적인 승리였다고 강조하였다. 그리고 당 고급 간부들에게 상훈이 내려졌다. 주로 연안파와 소련파 중심의 잔치였다. 김두봉, 박정애, 박창옥, 등은 국기훈장 1급, 최용건은 부수상에 임명되었지만 발치산파와 박헌영에게는 아무런 언급이 없었다.

그들에게는 6·25전쟁의 패전에 대한 책임문제가 남아 있었다. 패전의 책임을 남로당에 전가시키고 북한 주민의 불만감정 돌파구를 남로당의 숙청에 찾고 자신의 공신력을 회복하려 하였다.[40]

주요 대상 인물들은 남한 출신들이었고 박헌영과 오랫동안 친분을 맺어온 사람들이었다. 이러한 것을 뒷받침하기 위해 노동신문 사설은 1951년 11월 4차 전원회의 이후 당 고급 간부들 사이에 종파적 밀모가 진행 중이라는 단서를 제시하였다. 박헌영의 측근 즉 이승엽, 조일명, 김응빈, 박승원 등이 박헌영의 사무실에 자주 모임을 갖고 김일성의 노선에 반대하는 투쟁을 준비하였다는 것이었다. 또한 그들은 허가이 및 그 일파와도 내통했다고 하였다.[41] 따라서 김일성은 이러한 정보를 입수하고 빨치산파인 김일, 박정애, 한설야 등과 만나 패전의 책임을 박헌영에 전가하려는 계획을 준비하였다. 이러한 준비가 완료되자 1952년 12월 15일 제5차 전원회의를 소집하였다. 18일까지 전원회의를 개최하면서 국내파를 대거 숙청할 명분을 찾고 있었다.[42] 김일

---

40) 김학준, 전게서, pp.350-353.
41) R. A. Scalapino & Chong-Sik Lee, *op. cit.*, pp.401-408.
  이때 허가이는 박헌영 일파와 연루시키려는 일단의 음모를 미리 알고 있었다. 그러나 평양에 머무르는 동안 그를 命令不服從으로 감금해 버리고 1953년 4월 초 심문차 법정에 소환되자 허가이는 자살을 하였다.
42) 김일성은 임화의 체포를 발단으로 행동을 개시하였다. 임화는 남한출신의 시인으로서 박헌영의 추종자였다. 그는 1952년 가을에 전쟁시를 발표한 것이 도화선이 되었다. "숲들은 소실되고 집들도 다 타버렸네 스탈린 원수가 조선에 오시면 어느 집에 묵을 꼬"라는 시를 쓴 것이 화근이 되었다.

성과 빨치산파는 우선 임화를 반공사상혐의로 체포하였다. 그와 함께 이승엽, 조일명, 김남천, 김기림, 권오직 등에 대해 1952년 10월과 12월 사이에 숙청작업이 이루어졌다.[43] 1946년 박헌영의 월북 이후 북한 내 권력투쟁은 계속되어 왔으며 박헌영은 남한 내에 20만의 남로당 지하당원이 존재하고 있다고 주장하였다. 그러나 남침결과 20만의 지하당원은 나타나지 않았다고 김일성은 비판하였다. 이 때문에 6·25전쟁 직후 박헌영은 인민군 총정치국장으로 강등시켰다.

남침 초기 전략은 이승엽을 남로당 비서로 등용하여 남한 내의 유격전과 대남공작의 효과적 수행을 기대하였다. 이때부터 중앙당 연락부는 대남공작의 총참모부로 확대되고 이를 배철이 주관하였다. 배철은 중앙당 연락부장이 되었고 그 산하에 금강정치학원이 있었던 것이었다.[44]

1952년 12월 15일 노동당중앙위원회 제5차 전원회의를 열고 김일성은 '노동당의 조직 사상적 강화는 우리 승리의 기초'라는 제목으로 연설을 하였는데 "우리의 전체 당원들은 혁명적 경각심·당성을 더욱 높여 종파분자들의 행동을 엄격히 감시하며 그자들이 우리 당내에서 한 걸음도 움직일 수 없도록 해야 한다. 만일 종파분자들을 그대로 둔다면 그들이 결국은 적의 정탐배로 된다는 것을 깊이 명심해야 한다."[45]면서 숙정을 암시하였다. 그리고 직후에 국내파 남로당계열인 이승엽, 조일명, 이강국, 임화, 박승원 배철, 이원조, 조용복, 맹종호, 설정식, 백형복, 윤순달 등을 체포 구금하였다. 박헌영을 공식적으로 체포되지 않았

---

43) R. A. Scalapino & Chong-Sik Lee, op. cit., pp.411-415.

44) 1951년 10월 노동당 서울 지도부(부장 이승엽)가 대남정치공작 및 유격대원 양성기구인 서울정치학원을 확대 개편하여 만든 기구이다. 학원장은 南勞黨系의 金應彬이 맡았다.

45) 「김일성 선집 제1권」(평양: 조선노동당출판사, 1960), p.380.

지만 이들과 격리하여 사실상 구금상태에 있었다. 이들은 1953년 8월 3일 부터 6일까지 평양의 북한 최고재판소 특별군사재판에 회부되었다.46)

재판은 1953년 8월 3~5일 최고재판소 군사재판부에서 공개로 진행 되었다. 판결문은 "이승엽과 그의 일당은 미국의 고용 간첩으로서 미 국 정탐기관에 군사, 정치, 문화 사업에 관한 중요기밀 정보자료를 제 공하기 위해 조선노동당과 조선민주주주의 인민공화국의 고위직에 잠 입한 자들이었다. 미제의 군사 작전에 호응하여 무장폭동을 일으켜 조 선인민의 총의로 창건된 조선민주주의인민공화국을 전복하고 미 제국 주의 지배 밑에 식민적 지주, 자본가 정권을 수립하려는 반인민적 범 죄와 목적달성을 위하여 온갖 흉악한 음모와 책동을 감행해 온 것이 다."47)라고 하였다.

이와 같이 박헌영 일파를 김일성에 대한 반대행위로만 문책하는 것

---

46) R. A. Scalapino & Chong-Sik Lee, op. cit., pp.439-451.
　　1953년 8월에 고위당직자 12명을 被告로 하는 재판이 시작되었다.
　　이승엽: 조선노동당중앙위원회 전 비서 겸 사법상, 남한점령 시 서울시 인민위원장
　　조일명: 해방일보 전 편집국장 겸 문화선선 전 副相
　　林　和: 시인 朝·蘇문화협회 중앙위원회 전 부위원장
　　朴勝源: 조선노동당중앙위위원회 연락부 전 副部長
　　李康國: 북조선 인민위원회 전 외무국장(외무상)
　　裵　哲: 조선노동당중앙위원회연락부 전 부장
　　尹淳達: 조선노동당중앙위원회 연락부 전 부부장
　　李源朝: 조선조동당중앙위원회 선전선동부 전 부부장
　　趙鏞福: 인민겸열위원회 전 上級檢閱員
　　孟鐘鎬: 조선인민군 유격대 전 제10支隊長
　　薛貞植: 전 미 군정청 공보처 여론국장, 조선인민국 최고사령부 총정치 국장 전 제7부원
　　白亨福: 한국 내무부 치안과 사찰과 중앙분실장
47) 김남식, 「남로당 자료집 제2집」(서울, 지문각, 1974), pp.382-632.

이 불충분하여 그들은 미 정보기관과 직접 연결된 간첩활동을 했다는 식의 반역죄로 기소하였다.

더구나 재판부에 따르면 그들의 활동은 최근에 시작된 것이 아니라 이승엽과 조일명은 1946년 3월부터 미 군정청 공보처 여론국 정치연구과 책임자인 미 육군 소위의 간첩이 되었다는 것이었다. 이때부터 간첩의 역할을 자행하였다는 것이다.

그 이후 박헌영의 숙청 죄목은 "이승엽 등과 함께 정권장악의 정치적 야망을 실현할 목적으로 조선 노동당 부위원장 및 공화국 내각 부수상의 직위에 잠입하여 각종 모략을 획책한 것이다."라고 하였다. 특히 "이강국은 그의 애인인 김수임을 통해 미군 제24사단 헌병 사령관이던 미군 대령에게 정보를 제공하였으며[48] 또한 1935년부터 미국 정탐부의 주구 노릇을 서약하였다."고 하였다. 특히 이강국은 1946년 9월 미 군정청이 조작한 체포령에 의하여 북한에 잠입하여 간첩활동을 한 者라고 하였다.

이들의 공식적인 죄목은 '미국의 간첩 행위', '반정부 쿠데타 음모'로 대부분 사형언도를 받았다.[49] 뒤이어 남은 국내파 이태준, 김남천, 주영하, 장시우, 김점권, 김요한, 강태민, 유원식, 홍현기, 이중업, 한병옥, 김학용, 김광수, 김응빈 등이 제거되었다.

마지막으로 박헌영은 1955년 12월 5일 내무성 내의 비밀재판을 받고 사형언도를 받았다.[50] 그리고 그에 대한 처형은 1955년 12월에 실행되었다.[51]

---

48) 吳制道, 「평화의 적은 누구냐」(부산: 미상, 1952년), pp.9-23.
　　김수임은 공산당 핵심간부 李重業의 탈출을 방조하였다는 혐의로 체포되었다.
49) 이원조는 징역 12년, 윤순달은 15년에 처했다.
50) 조선민주주의인민공화국 최고재판소 특별재판, 「박헌영 판결문」 1955년 12월 15일 재판장 최용건, 김익선, 림해, 방학세, 조성모

그의 공판은 남로당계 숙청의 결정판이었다. 1955년 12월 15일 최고 인민회의 상임위원회의 결정으로 바로 전날 구성된 최고인민회의 특별 재판부에 기소되었다. 공개로 열린 이 재판은 하루 만에 끝이 났다. 재판부의 구성은 재판장에 박헌영의 후임으로 부수상이 된 최용건, 국가 검열상 김익선, 조선노동당중앙위원회위원장 임해, 내무상 방학세, 최고재판소 재판장 조성모였다. 검찰 측의 대표로는 검사총장 이송운이 참가하였고 증인으로는 한철, 김소목, 권오직 등이 동원되었다.[52]

따라서 국내파의 운명은 6 · 25전쟁에서 실패와 더불어 이미 결정되었다고 볼 수 있다. 권력을 행사할 물질적 기반을 갖추지 못했던 박헌영과 그의 일파로서는 스스로 소수의 지위에 안주하든가 아니면 파멸을 무릅쓰고 모험을 감행하지 않으면 안 되었다. 만일 빨치산 측이 전쟁에서 승리하여 자기들의 통치 아래 한반도를 통일시켰다 하더라도, 파벌 간의 권력 장악을 위한 유혈투쟁의 가능성은 더욱 높았을 것이다. 남한에서 일부를 장악하고 있을 때부터 그리고 대부분의 정치권력이 북한에 집중되어 있었으므로 그때부터 남북대결이 시작되었다고 할 수 있다. 하지만 남한 출신의 공산주의자들이 월북할 당시에는 이미 국내파의 급속한 몰락은 예정되어 있었다고 할 수 있다.

박헌영일파의 숙청은 또 다른 목적을 가지고 있었다. 즉 그것은 누가 패전의 책임자이며 그 이유는 무엇이었던가? 하는 점에서 해답을 제시한 것이다. 이리하여 박헌영과 그의 추종자들은 어이없게 속죄양이 되고 말았다. 우선 재판은 전쟁의 책임이 김일성과 그의 군대에 있는 것이 아니라 미국과 남한의 침략 결과라는 거짓 명제를 제공했다.

---

51) 朴在厚, "남로당 박헌영의 최후" 「북한」(서울: 북한문제연구소 1984년 6월호), p.134.

52) 「노동신문」, 1955년 12월 18일자. 2면.

더욱 중요한 것은 재판을 통해 패전의 비참한 상황은 김일성 일파의 잘못 때문이 아니라 내부의 반역자들이 적을 공공연하게 도왔기 때문이라고 합리화하였던 것이다.

이와 같이 남한에서 월북한 좌익 지도자들은 전쟁직후 권력투쟁에서 밀려났다. 1950년대 말까지 구남로당원들이 거의 숙청되었을 뿐만 아니라 적지 않은 군소정당의 지도자까지도 공직에서 추방되어 일부는 투옥되거나 처형되었다.

제2절 8월 종파 사건과 파벌갈등

1. 반 김일성세력의 대두

북한에서 공산주의 운동을 재건하고 그에 필요한 정치적 외피를 씌우는 과정에서 김일성의 개인숭배가 새로운 수준에서 제기되었다. 김일성은 이제 당과 국가에 의해 소련의 스탈린과 거의 동등한 방식으로 충성의 대상이 되었다. 그것은 1952년 4월 2일자 노동신문의 사설에 잘 나타나 있다.[53] 또한 1952년 4월 10일자 노동신문을 통해 김일성의 생애를 극단적으로 이상화시킨 4면의 특집호가 발간되었으며 며칠 후에는 박창옥, 박헌영, 박정애가 각각 김일성에 관한 논문을 발표하였다.[54] 박헌영, 박창옥 두 사람의 논문은 소련에 대한 찬사와 감사

---

53) 노동신문, "수령에게 드리는 인민들의 경애심" 1952년 4월 2일자 사설.
54) 박창옥의 논문은 조선의 해방에 있어서 소련의 역할을 강조했고 박헌영은 소련의 역할과 반일 투쟁 시 조선과 중국 유격대사에 형성된 깊은 동지애를 강조했으며, 김일성에 대해서는 조국통일민주주의전선 조직자 중의 한 사람

에 여념이 없었다. 따라서 스탈린에 대한 찬양 역시 가장 극단적인 형태를 취하고 있었다. 즉 북한이 당면한 문제를 언급함으로써 김일성에 대한 개인숭배를 견제하려는 의식적 노력을 기울이고 있었다. 한편 박정애는 순전히 김일성의 찬양에 전부를 할애하고 있었다. '조선인민의 영웅 김일성 동지'로 표현하면서 지도자로서의 모든 능력을 갖추고 있다고 하였다.[55]

충성심을 계발하고 패배주의를 불식하기 위해 북한공산주의자들은 단순히 당과 국가기구의 조직을 활성화하거나 김일성 개인숭배를 통해 인격화된 정권을 창출하는 데 의존하면서 소련과 중공과 같은 방식으로 충성심을 고취하였다. 또한 미국을 악랄한 국가로 묘사를 하는 선전활동을 지속적으로 진행하였다.[56]

반면에 빨치산파는 6·25전쟁으로 인하여 상대적으로 세력화된 연안파나, 소련파를 견제하기 위해 주체성, 자주성이라는 것을 새롭게 창출하여 북한식 공산주의 사상을 만들려는 움직임을 나타내고 있었다. 그 첫 번째의 시도는 비주체적 파벌인 연안파와 소련파를 제거하기 위한 구실을 찾았다. 박헌영이 사형 선고가 있은 후 1955년 12월 28일 김일성은 당 선전선동 일꾼들을 모아 놓고 연설을 했다.[57] 내용은 주체라는 것의 필요성을 주장하는 것이었다. 즉 고유한 것에 대한 필요성과 경험을 필수적인 기준으로 삼고 자주성을 조선혁명의 중심과제로 삼는 일의 중요성을 극히 강조하면서 연설을 시작했다. 그에 의하면 "당의 사상사업은 당의 선전선동 일군들이 교조주의와 형식주

이라고 강조하였다.

55) 박정애, "김일성 동지는 조선인민의 수령" 노동신문 1952년 4월 15일자. 3면.
56) 노동신문, 1952년 3월 14일자, 미군이 한반도에서 독가스와 세균전을 사용하였다고 流布하였다.
57) 전게서, 「김일성 선집 Ⅳ」. pp.299-300.

의에 빠져 있으며, 문제를 깊이 파고들어 가지 못하고 겉치레만 하며 창조적으로 사업하지 않고 남의 것을 베껴다가 외우기만 했기 때문에 큰 손실을 보았다."고 했다.[58]

김일성은 다음과 같이 주장했다. "우리는 어떤 다른 나라의 혁명도 아닌 바로 조선혁명을 하고 있는 것입니다. 이 조선혁명이야말로 우리 당 사상사업인 것입니다. 그러므로 모든 사상사업을 반드시 조선혁명의 이익에 복종시켜야 합니다.'[59]

그는 이어 박창옥의 이름을 지명하면서 공격을 퍼부었다. "박창옥과 그 일파는 조선역사 연구를 폄하하는 중대한 과오를 저질렀고 따라서 조선인민들이 자기들의 위대한 전통을 깨달을 수 없도록 만들었다고 비난했다. 예를 들어 이들은 조선의 문예운동, 특히 해방 전의 조선 프롤레타리아예술동맹(카프)의 투쟁을 외면했으며 또 광주학생운동과 같은 사건에서 극대화된 조선인민의 항일투쟁을 무시했다."는 것이다.

빨치산파와 김일성은 이 같은 상황을 유리하게 전환하였던 것이다. 그래서 빨치산파와 김일성은 소련파와 연안파에게 초점을 맞춘 것이

---

58) 조선노동당 역사연구소, 「김일성 선집IV」(평양: 조선노동당 출판사, 1960) pp.325 - 354.

「사상사업에서 교조주의와 형식주의를 퇴치하고 주체를 확립할 데 대하여」라는 연설을 하였다고 주장한다. 이것은 주체라는 용어를 북한에서 처음 언급하였다. 그러나 북한은 주체사상을 체계화하는 과정에서 그 기원은 항일무장투쟁의 시기로 거슬러 올라가게 된다. 즉 한설야의 「민족의 태양 김일성 장군」에서는 김일성이 1931년 안도회의에서 주체사상에 입각한 항일무장투쟁을 제시한 것으로 되어 있으며, 1971년 사회과학원 력사연구소에서 간행된 력사사전에는 김일성이 18세 때인 1930년 6월 카륜회의에서 '조선혁명의 진로'라는 연설을 통해 주체사상에 입각한 무장투쟁노선을 제시한 것으로 되어 있다. 이후 북한의 모든 간행물에서는 카륜회의를 주체사상이 창시된 시점으로 잡고 있다. 그러나 이 회의에서 행한 조선혁명의 진로라는 연설은 공개되지 않았다.

59) 이명영, 전게서, 「권력의 역사」, pp.310 - 315.

다. 남한 출신들은 극히 제한된 지지기반 밖에는 없었으며, 그나마 그 숫자는 매년 줄어들어 갔다. 마찬가지로 외부로부터 지원을 받지 못하고 있던 소련파와 연안파 역시 북한의 전후 세대인 청년층에 대해 호소력을 상실해 가고 있었다. 이제 이들 소련파나 연안파에게 소련과 중국에서 활동했던 혁명적 시기의 경험은 아무런 의미가 없었다. 이미 자신의 신화를 구축한 김일성을 전후 세대에게는 유일한 지도자이자 "온 몸으로 본받아야 할 유일한 혁명 전통"으로 받아들여졌다. 살아남은 자에게만 정통성이 주어질 수 있는 것이다. 그러므로 김일성은 해방 후 10여 년간의 세월은 파벌 투쟁에서 간난신고하여 생존하였다. 더구나 이 10여 년이란 세월은 당원 90% 이상이 정치적 경험의 전부였다. 이것을 김일성은 최대로 이용하였던 것이다.

한편 조선노동당 제3차 전당대회에서 선출된 각 파벌 간의 세력 분포는 〈표 4-1〉에서 보는 바와 같이 상무위원의 핵심부서는 빨치산파가 우위를 확보하고 있다.

〈표 4-1〉 제3차 당대회 파벌 분포(1956년 4월)

구 분	국내파	빨치산파	연안파	소련파	기타
중앙위원(71명)	21명(30%)	19명(27%)	15명(21%)	13명(18%)	3명(4%)
상무위원(11명)	2명(18%)	5명(55%)	2명(18%)	1명(9%)	1명(9%)

출처: 조선노동당 제3차대회(평양: 외국문출판사, 1956), pp.541-543.[60]

---

60) 제3기 중앙위원의 출신 파벌관계는 김일성의 빨치산파 12명, 新直系(1945년 이후 입당하여 한국전쟁 후 중앙위원에 선출된 젊은 층) 7명, 전 북로당계 14명, 전 남로당계 7명, 연안파 15명, 소련파 13명, 일본 공산당 출신 1명, 미상 2명, 총계 71명이다. 이 같은 분류는 이들 각 개인들이 과연 이때까지 자신의 원래의 출신 파벌에 계속 속해 있었는가 하는 의구심도 있다. 그러나 김일성은 본래 소속 사람들이 승진을 보장하여 이들을 끌어들

4월 29일 71명의 제3기 중앙위원이 선출되었을 때 나타난 교체의 폭은 예상했던 것보다는 크지 않았다. 그러나 중앙위원의 서열 10위까지는 김일성, 김두봉, 최용건, 박정애, 김일, 박금철, 박창옥, 최창익, 박의완, 정일룡 등 빨치산파의 인맥으로 구성되어 있다.[61] 당정치국격인 중앙위원회 상무위원회는 김일성, 김두봉, 최용건, 박정애,[62] 김일, 박금철, 임해, 최창익, 정일룡, 김광협, 남일 등으로 구성되었으며, 상무위원의 후보위원으로는 김창만, 이종옥, 이효순, 박의완 등이 선임되었다. 중앙위원회 서열 5위에서 7위로 격하된 박창옥은 중앙위원회 상무위원에도 선임되지 못했으며, 최창익은 서열 6위에서 8위로 격하되었지만 상무위원에는 선출되었다. 그러나 박영빈[63]은 중앙위원회에서 완전히 탈락했다.

최고 지도자들 중에서 두각을 나타낸 사람들은 최용건[64](박정애를

이려 하고 있었다. 김일성은 비록 당의 통일과 종파주의의 청산을 부르짖고 있었지만 살아남은 자들은 자신의 출신파별과는 상관없이 김일성파에 가담해야 했다. 그러나 개괄적으로 김일성이 1955년 12월의 연설에서 분명히 지적한 바와 같이 소위 국내파는 이 당시 잔영만 남았을 뿐이었고, 소련파들 역시 불편한 관계에 있었다. 반면 연안파는 상대적으로 일시나마 세력이 신장되었다고 할 수 있다.

61) 「노동신문」, 1956년 4월 30일자.
　　서열 11위에서 20위까지는 한상두, 하앙천, 김황일, 박훈일, 이효순, 박일영, 이일경, 한설야, 서휘, 임해 등이다.

62) 과거 공산주의 지도자 김용범의 아내로 한국공산주의 운동의 대표적인 여성지도자였던 박정애는 소련에서 교육과 훈련을 받고, 1930년대에 여러 차례 일제에 의해 투옥된 경력 있는 혁명가였다. 박정애는 뛰어난 개인적 능력을 지니고 있었지만 박정애가 이렇게 부상할 수 있었던 것은 그녀가 김일성의 열렬한 추종자였기 때문이다. 따라서 독자적인 권력기반을 갖고 있지 못했던 박정애의 지위는 전적으로 김일성의 정치적 운명 또는 김일성의 총애 여부에 달려 있었다.

63) 소련파의 한 사람인 박영빈은 1953년 10월 당중앙위원회 조직지도부장이라는 중요한 자리에 선임되었다.

제치고 4위에서 3위로 부상), 김일(박창옥을 제치고 6위에서 5위로 부상), 박금철[65] (박창옥, 최창익, 정일룡, 박의완을 제치고 10위에서 6위로 부상) 등이었다. 이들 세 사람은 앞서 지적한 바와 같이 김일성의 측근들이었다. 당 서열 6위까지에서 김일성파에 속하지 않은 사람은 김두봉 뿐이었다.

중앙조직위원회[66] 등 주요 상설위원회와 여타의 중앙위원을 살펴 보면 임해, 김광협, 남일, 김창만, 이종옥, 이효순, 한상두, 하앙천, 김황일, 박훈일, 박일영, 이일경 한설야, 서휘, 등이 승진되었다. 이 중 김일성의 직계로 분류할 수 있는 6명 중 한 사람만을 제외한 나머지 는 그 후 10여 년간 북한의 정치무대에서 화려한 각광을 받았다. 당시 이종옥은 내각의 국가계획위원장이었고 이효순은 당검열위원장, 한상 두는 당 조직지도부장이었다. 박일영은 곧 동구 제국의 대사에 임명되 었고 이일경은 1956년 2월 당 선전선동부장에 선임되었다. 김일성의 전기작가이자 당내의 소설가로 유명한 한설야는 1956년 5월 내각의 교육문화상에 선임되었다.[67] 이 무렵 김일성은 당과 정부의 거의 모

---

64) 최용건은 중국공산주의자들과 오랜 기간 관계를 맺어 왔지만 결코 연안 파의 일원으로 활동하지 않았다. 그는 파벌에 개입하지 않았다. 실상 이 때문에 그는 빨치산파의 중요 인물이 되었고, 김일성에 대한 그의 충성은 언제나 변함없는 것으로 보였다. 최용건은 知的인 면에서 재능 있는 사람 이 아니었다. 두드러진 정치적 야심도 없고 이렇다 할 두뇌도 없었기 때 문에 그는 그의 권력을 계속 유지할 수 있었던 인물이라고 할 수 있다.

65) 일찍부터 김일성과 관계를 맺어 온 박금철은 일제에 의해 투옥될 때까 지 김일성 유격대의 연락원으로 갑산지방에서 활약했다. 1953년 3월 중 앙당 간부부장에 선임된 그는 1954년 이후 당의 최고 지도부의 일원으 로 활동했다.

66) 중앙조직위원회의 서열은 김일성, 최용건, 박정애, 박금철, 정일룡, 한상 두 등이었고 위원장은 물론 김일성이었다. 모두 다섯 명인 당 부위원장 은 최용건, 박정애, 박금철, 정일룡, 김창만 등이었다.

67) 그는 1962년에 숙청되었다.

든 요소요소에 자기가 절대적으로 신임하는 사람들을 배치하였다.

급속히 부상한 사람들 중 하앙천, 박훈일, 서휘, 김창만 등 네 사람은 연안파 출신으로 이는 제3차 당 대회 무렵까지 연안파 출신들이 상당한 영향력을 행사하고 있었던 점을 반영한다. 실제로 이 대회가 연안파 성원들에게 커다란 승리를 안겨주었다. 이들이 승리를 거둘 수 있었던 이유는 6·25전쟁으로 인하여 항미원조의 명분으로 전쟁에 개입한 중공군의 후방지원 덕택이라고 할 수 있다.[68] 그러나 중국의 영향력이 점차 쇠퇴하면서 이들 역시 정치권에서 서서히 사라지게 된다.[69] 연안파 출신의 하앙천은 충성스러운 지식인으로서 조선노동당 학교교육부장의 직책을 한껏 이용하여 '반동적' 지식인들을 열심히 공격했다. 그러나 그는 더 이상 승진할 수가 없었으며 몇 년 후에는 곤경에 처하게 되었다.[70] 역시 연안파 출신으로 당 농업부장이었던 박훈일과 작업총동맹 부위원장에서 1956년 5월 위원장으로 승진한 서휘 또한 곧 숙청을 당했다. 그러나 김창만은 이미 언급했던 바와 같이 과거의 동지를 배반하고 김일성파에 가담함으로써 격동의 시기에 살아남아 권력을 향한 행진을 계속할 수 있었다.[71]

이러한 와중에서 소련파는 거의 숙청되었지만 당시 외무상으로 있

---

68) 軍事科學院軍事歷史研究所, 「中國人民志願軍 抗美援朝戰史」(北京: 軍事科學出版社, 1988), 역, 「중공군의 한국전쟁사」(서울: 世經社, 1991), pp.25-27. 중공군은 1950년 10월 25일 국군 6사단과 처음 온정리에서 조우하면서 시작된 전투로 북한에 진주하였다. 53년 7월 27일 휴전회담 이후에도 계속 북한에 잔류하고 있다가. 54년 10월 3일 1단계 7개 사단 철수, 1958년 8월 15일 2단계 철수, 1958년 10월 26일에는 북한에서 완전 철수하였다.

69) 한재덕, 「한국의 공산주의자와 북한의 역사」(서울: 지문각, 1965), pp.306~313.

70) 하앙천은 1960년 12월 김일성 종합대학교 총장으로 전임하여 1965년까지 재직했다. 1966년 그는 당중앙위원회 후보위원으로 선임되었는데 이는 그의 전력에 비추어 볼 때 강등이나 다름없었다.

71) R. A. Scalapino & Chong-Sik Lee, op. cit., pp.230-240.

던 남일만은 건재하였다. 그는 소련계 한인 2세로서 이후 요직에 오른 유일한 소련 출신 한인이었다. 그 다음으로는 소련파로 일컬어지는 임해가 있는데[72] 실상 그는 소련으로 이주하기 전 만주에서 최용건의 유격대에 가담하여 활동했었다.

한편 빨치산파 중심으로 형성된 북한의 권력구조는 새로운 상황에 직면하였다. 1956년 2월 제20차 소련 공산당대회로 말미암아 변화가 발생하게 된 것이다. 이 대회는 스탈린의 사후 4년 만에 개최되는 당 대회로서 크레믈린궁을 향한 권력투쟁과정이 얼마나 진통을 겪었는가를 증명한다. 결국 베리야, 말렌코프, 몰로토프를 제치고 새로 등장한 흐루시초프는 스탈린 격하운동과 개인숭배 사상의 배척에 따른 집단지도체제의 중요성을 주장한 것이었다. 그러므로 그동안 스탈린적 독재체제를 굳히고 있던 김일성 권력체제에 중대한 위협이 아닐 수 없었다. 북한은 소련공산당 제20차 대회에 대해서는 쉐필로프(Shepilov), 수술로프, 흐루시초프 등의 연설 중 상당히 긴 발췌문을 노동신문에 싣는 등 호의적으로 보도했다. 그러나 대외비로 행해진 흐루시초프의 스탈린 비판에 관해서는 전혀 언급이 없었다. 제20차 대회에 대한 찬양은 북한 문학·예술계의 부르주아 이데올로기적 잔재에 대한 주기적인 공격과 더불어 3월에 접어들어서까지 거의 매일 행해졌다. 외국 공산주의자들의 대회참가보고서는 공개된 반면 북한이 소련공산당 제20차 대회에 파견한 대표단의 단장인 최용건의 공식보고서는 발표되지 않았다.[73]

대회가 끝난 지 약 6주 후인 4월 2일에 노동신문은 소련공산당 기관지 프라우다의 사설 '어째서 개인숭배는 마르크스-레닌주의 사상

---

72) 그는 소련에서 공산대학을 마친 후 다른 사람들과 함께 귀국한 것으로 되어 있다. 북한정권의 소련주재 대사, 당 연락부장, 농업상 등 요직을 지낸 그는 얼마 후 숙청되어 노동자로 전락하여 협동 농장으로 쫓겨났다.
73) R. A. Scalapino & Chong-Sik Lee, *op. cit.*, pp.580-585.

과 인연이 없는가'를 번역 게재하여 북한 주민들에게 처음으로 스탈린이 우상숭배를 포함한 여러 가지 과오를 저질렀다고 소련공산당 지도자들로부터 비판받았다는 사실을 공개했다. 6일 후인 4월 8일, 노동신문은 중공의 인민일보 4월 5일자의 '프롤레타리아 독재와 관련한 역사적 경험에 관하여'를 그대로 보도했다.[74]

김일성과 그 일파는 크레믈린의 긴장완화 정책을 시사하는 흐루시초프의 스탈린 비판이 있자 상당히 입장이 난처해졌다. 그러나 그때까지도 북한에서는 김일성에 대한 우상화 운동은 계속 진행되고 있었다. 1956년 1월 1일자 노동신문 사설에서 홍순철이 김일성에 대한 우상화 헌시는 이 무렵 전개된 김일성 우상화와 관련된 일련의 과정 중 한 예에 지나지 않았다. 이 당시 김일성의 기념비는 도처에서 건립되었고, 김일성의 유격대시절 활동은 그 누구도 따를 수 없는 최상급의 찬사였으며, 훌륭함, 진실함, 순수함을 지칭하는 모든 어휘가 그의 천재성을 수식하기에는 모자랐다. 여기에 또한 스탈린에 대해서까지도 어마어마한 찬사를 늘어놓았었고, 그의 동상까지도 세웠으며, 평양의 한

---

74) Robert C. Tucker, *The Marxism Revolutionary Idea*, (New York: W.W. Norton Library, 1970), p.67-70.
프롤레타리아 독재에 관한 논쟁은 카우츠키(Kautsky)에 의해 처음 제기되었다. 그는 1818년 9월 「The Dictatorship of the proletariat」라는 글을 쓰는 가운데 볼셰비키혁명을 비판하였다. 그 뒤 레닌은 「proletariat Revolution and Renegade Kautsky」라는 글을 발표하면서 카우츠키를 痛駁하였다. 이 두 가지 주장에서 프롤레타리아 독재에 관한 정의를 내릴 수 있다. 카우츠키는 러시아 볼셰비키를 공박하는 가운데 그것은 독재정권을 수립하기 위해 마르크스주의에서 프롤레타리아 독재를 이용하여 무력과 폭력으로 통치하기 위한 것이라고 하였다. 반면 레닌은 민주주의와 사회주의는 분리할 수 없는 것이라면서 獨裁라는 것은 文字的인 의미에서 獨裁가 아니라 한 개인에 의한 지배이며 프롤레타리아에 의한 계급지배이고 일반적으로 받아들여진 민주적 절차와 소수를 보호하는 다수의 지배를 일컫는다고 주장하였다.

광장을 스탈린 광장이라 명명하였고, 거의 모든 군중집회에 스탈린의 초대형 초상화를 걸었다. 모스크바에서 시작된 갑작스런 탈스탈린 운동이 얼마만큼 평양을 당혹하게 만들었는가를 쉽게 짐작할 수 있다.

이러한 상황 속에서 1956년 4월 13일 조선노동당 제3차 대회가 개최되었다. 8년 만에 열리는 당 대회는 복잡한 문제를 해결해야 하는 중대한 시점에 처해 있었다.

당 대회에서 김일성은 난국을 타개하는 민첩한 수완을 과시했다. 소련파 공격의 예봉을 피하면서 이미 전에 처형한 박헌영 도당의 범죄 행위에 주의를 집중시킨 김일성은 종파주의에 대한 투쟁이 당 내일부에 남아 있는 개인숭배 사상 때문에 당의 활동에 방해를 받고 있다고 주장했다. 김일성은 "만약 해방 직후 남반부에서 당원들과 간부들이 박헌영과 그의 악당과 기타 종파분자들을 우상화하지 않고 그들과 강한 투쟁을 전개했더라면 이 악당들의 죄행은 제때에 폭로되었을 것이며, 남반부에서 우리 당이 그처럼 파괴되지 않았을 것"이라고 말했다.[75] 김일성은 이와 같이 소련공산당 제20차 전당대회에서 제기되는 개인숭배에 대한 책임을 종파분자란 이름으로 또 한번 국내파들을 단죄하게 되었던 것이다.

결국 소련공산당 제20차 전당 대회 직후에 개최되면서 기대되었던 조선노동당 제3차 당 대회는 소련공산당 당 대회 테제를 조금도 반영하지 않은 채 책임회피만 하고 막을 내렸다. 뿐만 아니라 김일성은 당 지도부 내에 자파의 등용을 더욱 서둘렀고 당원과 주민들에게 혁명교양 강화 등, 자신의 우상화 사업을 가중만 시켰다. 이렇게 되자 김일성의 일인독재에 불만을 품고 있던 빨치산파를 제외한 각파 간에는 반 김일성사조가 조금씩 준동(蠢動)하기 시작하였다.

---

75) 노동신문, 1956년 4월 24일자, 1~8면.

그런데 북한은 전쟁기간 동안 공업생산 시설과 에너지, 수송 등 사회간접 자본이 파괴됨으로써 인민경제가 마이너스 성장을 거듭하여 이를 복구하기 위해 3개년 계획(1954~1956)을 실시하였으나 이를 뒷받침할 자본과 기술의 부족으로 실패하고 말았다. 즉 인민경제복구발전3개년계획이 실패함에 따라 다시 1956년 4월에 제1차 5개년 인민경제 계획을(1957~1961) 실시한다고 발표하였다. 그러나 문제는 자본과 기술의 부족이었다. 이를 해결하기 위하여 김일성은 동구 유럽과 소련으로 경제원조 협조차 6월 1일부터 8월 초까지 대표단을 이끌고 평양을 떠나 순방에 올랐다.[76]

김일성이 평양에 없는 두 달 동안 소련파 박창옥이 세 가지의 주장을 펴면서 반김일성 연합세력을 형성하여 지금까지 소외되었던 타파 사람들을 고무하였다. 첫째, 소련공산당 제20차 대회의 결정에 의거하여 김일성 일인 독재를 비난하고 인민위원회와 직업총동맹이 당과는 별도로 보다 중요한 역할을 수행해야 한다고 주장했다. 둘째, 정부의 경제 개발계획을 수정하여 국가에만 이익이 되는 중공업 발전보다 일반 인민들의 생활수준 향상에 보다 많은 관심을 기울일 것을 촉구했다. 마지막으로 그는 당 간부의 인선에서 정실과 파벌 안배를 배격하고 개인의 능력에 따라 간부를 인선해야 한다고 주장했다.

박창옥과 이에 합세한 최창익 등 두 사람은 대중매체를 통해 개인 숭배를 비난하면서 집단지도체제를 주장하고 나섰다.

---

76) 정현수 외, 「북한정치 경제론」(서울: 박영사, 1995), pp.247-248.
　　대표단은 박정애, 남일, 이종옥, 고준택(조선민주당 부위원장), 김병제(천도교청우당 부위원장), 최현, 조금송 등으로 이루어져 있었다.

2. 연안파와 소련파의 합종

6·25전쟁 이후 각 파벌 간의 관계는 국내외에서 발생한 정치적 소용돌이와 밀접하게 관련되어 있었다. 전쟁이 끝날 무렵 박헌영과 그의 추종세력 등 이른바 국내파에 대한 대규모 숙청이 단행되었으며, 그 후에도 수년간 암투가 계속되었다. 각 파벌 간에 서로 프락치를 침투시키며 끊임없는 선전과 반선전이 되풀이되는 동안 빨치산파를 중심으로 연안파와 일부 변절한 국내파를 포함한 세력은 박헌영 일파에 치명적 타격을 가했다. 1953년 8월 이후 발표된 당중앙위원회 서열에서 알 수 있는 바와 같이 이러한 숙청의 여파로 정치 엘리트의 위계질서에도 큰 변화가 있었다. 조선노동당 내에서는 소련파와 연안파가 손을 잡고 있었고, 이 제휴의 배후에 다소 모호하고 불확실한 형태로 소련과 중공이 자리 잡고 있었다. 그렇지만 빨치산파는 이에 동요됨이 없이 김일성을 중심으로 여타 파벌들의 도전을 물리치면서 김일성을 절대적인 지도자로서의 기반을 마련하고 있었다.

연안파는 중공의 막강한 전쟁 지원과 중공군의 장기 주둔으로 그들의 영향력은 크게 증대하였다.[77] 이러한 중공의 배후에서 연안파는 그들의 세력을 확장해 나갔다. 그러나 상대적으로 소련파의 세력은 미약하였지만 아직까지 빨치산파에게는 경외의 대상은 분명하였다.

---

77) 한국전략문제 연구소 譯, 「抗美援朝戰史」(서울: 世經社, 1991), pp.392 - .393. 중공군은 1950년 10월 25일부터 1953년 7월 25일까지 적살상 671,954명, 적 포획 46,088명, 적 투항 435명 등 합계 718,477명으로서 기간 동안 조선인민과 함께 섬멸한 총 敵軍數 1,093,839명 중 2/3 이상을 중공군이 담당한 셈이다. 적군수의 손실과 관련한 1953년 7월 27일까지 AP통신사는 1,474,269명이며, 1976년 韓國 國防部 戰史編纂委員會가 출판해 낸 「韓國戰爭史」는 1,168,160명이다.

때문에 중국과 소련의 배후를 의식한 빨치산파의 제거대상은 국내
파와 소련파였다. 빨치산파는 그들을 종파분자에 비유하면서 "박헌영,
이승엽 도당들은 허가이, 주영하, 박일우 등의 종파 분자들을 자기 주
위에 규합하면서 우리 당내의 공기를 더럽히는 데 급급했다."[78] 라고
비난한 바 있다. 이때 빨치산파는 동조세력으로 먼저 연안파와 합세하
였던 것이다. 1951년 노동당 전원회의를 개최하고 먼저 소련파 허가이
를 규탄하였다. 이로서 허가이는 중앙당 부위원장과 조직부장에서 추
방되었다. 허가이는 1952년초 평양근교의 저수지개수공사 책임자로 임
명되었으나 공사 실패의 책임을 물어 호출 심문당한 후 자택에서 자
살하였다. 또한 김열 등도 빨치산파의 반감을 사서 숙청되고 말았다.

소련파는 결국 1956년 조선노동당 제3차 전당대회에서 "사상사업에
서 교조주의와 형식주의를 퇴치하고 주체를 확립할 것"[79] 이라는 연설
직후 대부분 붕괴되었다. 조선노동당 제3차 대회는 소련공산당 제20차
전당대회 직후에 개최된 당 대회란 점에서 의미가 있는 것이다. 이는
소련공산당 제20차 당 대회에서 제기된 개인숭배 비판에 대한 각국의
사회주의에로의 독자노선을 규정한 2가지의 테제 중에서 북한은 후자
인 사회주의 독자노선만을 선택하였다. 그리고 이를 이유로 소련에 대
한 탈소노선의 기회로 이용하는 한편, 이에 따라 소련파들을 종파분
자, 반당분자라는 죄명으로 제거하였던 것이다.[80]

빨치산파는 국내파를 제거할 때도 역시 국내 기반이 약한 점을 보

---

78) 「김일성선집 제4권」(평양: 조선노동당출판사. 1960), p.536.
79) 상게서, pp.537 - 539.
80) 이들 소련파는 박창옥(부수상), 박일(김일성대부총장), 김진(국립예술극
　　장총장), 박영(한남도당위원장), 태성수(김일성대부총장), 기석복(문화선
　　전성부상), 정율(문화선전성부상), 박의완(부수상) 김승화(건설상), 김재
　　욱(평남도당위원장) 이용성(농림성 부상), 허익(중앙당학교교장) 등이다.

완하기 위해 연안파와 연립하였으며, 이후에는 연안파 계열의 신민당과 합당을 하였던 것이다.

빨치산파는 이와 같이 타파들을 연횡하면서 격파해 나갔다. 이렇게 점점 막강해져 가는 빨치산파는 김일성을 우상화함과 동시에 자신들의 경력도 함께 치장하기 시작하였다. 그렇지만 김일성 개인의 우상화는 지나칠 정도였다. 바로 이러한 시기에서 소련공산당 20차 전당대회는 김일성의 정치 상황을 어렵게 하였던 것이다. 또한 경제 상황 역시 어렵기는 마찬가지였다. 그래서 국내 경제 상황을 타개하기 위해 김일성은 경제원조차 동구국가 등을 방문하였다. 그러나 그는 스탈린주의자라고 냉대만 받고 아무런 성과 없이 귀국하였다. 이렇게 됨으로써 1956년 8월 전원회의에 이르기까지 북한에서는 광범위한 반김일성 세력이 형성되었으며, 이들은 소련 및 중공 당국과 접촉하면서 김일성과 빨치산파의 비리에 대한 폭로를 준비하고 있었다. 박창옥이 위에 언급한 문제를 제기하면서 은밀히 최창익, 고봉기(황해북도 당 위원장, 연안파), 윤공흠(상업상, 연안파), 김승화(건설상, 소련파), 이상조(소련 주재 대사, 연안파) 등을 규합하여 세력을 형성하였다.

최고인민회의 상임위원장 김두봉의[81] 지원을 받은 이들은 당중앙위원을 비롯하여 평양시당 위원회 및 기타 지방당 위원회, 과학원, 김일성대학 교수들과 접촉했다. 이 과정에서 이들은 앞서 말한 사람들과 박의완(부수상, 소련파), 허빈(황해북도당 위원장, 소련파), 박훈일(당 농업부장, 연안파), 서휘(직업총동맹 중앙위원장, 연안파), 조영(양강,

---

81) 공식적으로 북한의 서열 제2위였던 급진적 민족주의자 김두봉은 연안파의 원로로서 이데올로기적으로는 그다지 세련되지 못했고 실제 권력기반도 취약한 인물이었으나 정권에 도전할 위험성이 없었기 때문에 명목상의 혁명지도자로 내세우기에는 적임자였다. 이 같은 유형의 인물은 정치의 위계질서에서 종종 필수적이고 언제나 유용한 법이었기 때문이다.

강도당 위원장, 연안파) 등 11명의 중앙위원을 포함하여 상당히 광범
위한 지지를 획득했다.

박의완, 이상조, 서휘 등은 각각 평양주재 소련대사관, 모스크바의
소련 정부, 평양주재 중공대사관 당국과 접촉하여 이들의 지지를 얻기
위한 공작을 벌였다.[82]

조선노동당 창당 이래 파벌 간 최대의 사건이었으며 김일성과 빨치
산파의 최대 위기였던 8월 전원회의의 정확한 내용은 아직까지 밝혀
지지 않고 있다. 그리고 만일 8월 전원회의를 노동신문 지면에 보도된
대로만 파악한다면 이 회의는 아주 일상적인 회합에 불과한 것이었다.
당 기관지 노동신문은 8월 전원회 내용을 두 가지로 발표한 바 있
다. 첫째, 형제국가(소련 및 동구 공산국가)를 방문한 정부 대표단의
사업총화와 우리 당의 몇 가지 과업들에 관한 것이었으며 둘째, 인민
보건사업을 개선·강화할 데 대하여 등 두 가지 의제를 놓고 개최되
었다고 짤막하게 보도했다. 또한 노동신문은 각각의 "보고들에 근거하
여 토론이 전개되었으며 해당 결정들이 채택"되었고 "또한 조직문제

---

82) R. A. Scalapino & Chong-Sik Lee, op. cit., pp.567-575.
　　그러나 일부 내부자의 고발에 의해 사전 발각되었다는 설도 있다.
　　이들이(연안파의 金昌滿과 金昌德) 이 계획을 수상 직무대리 최용건과
　　박금철 등에게 밀고했고 이를 보고받은 김일성은 즉각 귀국하여 철저한
　　조사에 착수했다. 조사 결과 반김일성 세력이 인민군이나 내무성에까지
　　침투하지 못했다는 것을 파악한 김일성은 이들의 처단을 8월 회의까지
　　미루기로 결심했다고 한다. 8월 전원회의는 원래 종파문제를 다루기 위
　　해서가 아니라 인민보건사업을 다루기 위해 개최되었다. 그러나 지도력
　　에 대한 반란의 성격을 지닌 정책비판이 전개되자 숙청이 단행되었다는
　　것이다. 8월 전원회의의 실질적인 주제는 集團指導體制였다. 당시 동구
　　에서 출판된 많은 간행물들이 북한에 유입되었고 이들 중 몇몇은 이 같
　　은 간행물들을 소개하는 월간지에 번역·게재되었다. 따라서 북한의 학
　　자들과 당 간부들은 소련공산당 제20차 대회 이후 불확실한 黨內 균형
　　을 뒤흔들어 놓은 새로운 사상의 세례를 받고 있었던 것이다.

도 취급"되었다고 전했다.[83]

　그러나 사실상 이 회의 중에 연안파 윤공흠은 발언권을 얻어 김일성의 실정과, 부패상 등 문제들을 몇 가지 제기했다. 윤공흠은 "당이 중공업에만 치중하여 인민생활 향상을 무시했고, 그 결과 인민은 영락하였고 인민의 불만은 고조되고 있다."고 당을 비난했다.[84] 그는 경공업을 즉각 발전시켜 보다 많은 의복·식량·주택 등이 인민에게 돌아갈 수 있도록 노력해야 한다고 덧붙였다. 이어서 윤공흠은 "수상 동지는 개인숭배 문제와 관련하여 전혀 자아비판을 하려 하지 않으며, 이 점에서 당은 소련공산당 제20차 대회의 정신과 결정을 위반하고 있다."고 주장했다. 실로 한 개인을 미화하려는 시도 때문에 조선 현대사에 수많은 가공의 사실이 날조되었다는 것이다.[85]

　이 연설이 진행되는 동안 회의장에서 다수를 점하고 있던 김일성의 지지세력 빨치산파에서는 동요가 일어났고 수적으로 월등한 이들은 윤공흠을 반당 반동분자로 몰아붙여 그를 침묵시키고자 했다. 제1일 회의가 정오경 휴회에 들어갈 때까지 혼란이 계속되었다. 반김일성파의 몇몇 지도자들은 대세가 불리하게 되자 자신들의 신변에 위험이 닥칠지도 모른다는 사실을 깨달았고, 윤공흠을 비롯한 네 명의 간부들은 중공으로 망명하기로 결정했다.[86] 이 사실이 발각되자 김일성 세

---

83) 「노동신문」, 1956년 9월 5일자, 제1면.

84) R. A. Scalapino & Chong-Sik Lee, op. cit., pp.580-584.

85) 윤공흠은 다른 무엇보다 임금문제를 거론하여, 노동자·농민은 너무도 가혹한 대우를 받고 있는 반면 인민군 장교들의 봉급은 너무나 높이 책정되었다고 지적했다.

86) 반김일성파 지도자들은 제1일 회의가 정오경 휴회된 후 집에 돌아와서 자택 전화선이 절단되고 승용차가 내무서원들에 의해 압수된 사실을 알았다고 한다. 사태가 이렇게 되자 윤공흠, 서휘, 이필규 등은 아직 반김일성파로 지목되지 않았던 金剛의 집에 모였고 이들 4인은 자기 동료들에게조차 알리지 않고 金剛의 차편으로 평양을 떠나 신의주를 거쳐 압

력은 제2일의 회의에서 나머지 반김일성파 박창옥, 최창익 등을 반당·반동분자들로 몰아붙여 정부직책과 당중앙위원회직책을 박탈하였으며 중공으로 망명한 윤공흠, 서휘, 이필규, 김강 등에게는 출당처분을 내렸다.[87]

그러나 사태는 진정되지 않았다. 소련과 중공이 이 사건의 내용과 관련자들에 대해 어느 정도 미리 알고 있었기 때문에 이로부터 두 국가들이 북한 내정에 개입하기 시작하였다. 북경으로 달아난 사람들은 즉각 중공의 국방상 팽덕회와 접촉하여 자신들의 입장을 변명했다. 반김일성파에 가담한 바 있던 이상조 역시 8월 전원회의 이전부터 소련 지도자들에게 계속 김일성의 과오를 알려주고 있었다.[88] 이 같은 사태를 파악한 소련의 미코얀(Mikoyan, 당시 소련 부수상)은 북경으로 달려가 팽덕회와 함께 9월 15일로 예정된 중국공산당 팔전대회가 개최되기 직전인 9월 초순 사태수습을 위해 비밀리에 급히 평양을 방문했다. 그 결과 9월 23일에 다시 열린 조선노동당중앙위원회에서 두 공산강대국은 김일성과 빨치산파에 대해 압력을 가해 최창익과 박창옥을 중앙위원으로 복귀시키고 윤공흠, 서휘, 이필규 등의 출당처분을 취소하는 결정을 내렸다. 중앙위원회 결정서는 이 같은 결정이 내려지

록강 넘어 安東으로 달아났다. 오후에 속개된 회의에 이들 네 사람이 참석하지 않자 김일성파에서는 이들이 남한으로 탈출하려고 한 것으로 판단하고 이들을 중도 차단하기 위해 곳곳에 검문소를 설치했다. 다음 날 회의에서 김일성파는 나머지 반김일성파를 집중적으로 추궁하고 이들을 공직에서 추방했다.

87) 사회과학출판사, 『정치사전』(평양: 사회과학출판사, 1973), pp.800-801. 전원회의 과정에서 최창익을 두목으로 한 반당반혁명 종파분자들이 당과 정부를 공격하고 도전하는 행위를 정면으로 하였다.

88) 박창옥은 소련 駐在大使 이상조를 통해 김일성 수상의 포악상을 서면으로 소련 정부에 전달했다고 한다. 이상조는 8월사건 이후 소련대사직책에서 물러난 뒤 귀국하지 않고 그대로 소련에 머물렀다.

게 된 배경이 "당내의 사상의지의 통일을 더욱 강화하여 우리 당의 단합된 모든 역량을 당면한 혁명과업 수행에 경주하는 것이 필요하다는 절실한 염원으로부터 출발하여, 이들의 과오는 엄중하다 할지라도 그들을 관대하게 포용하여 그들로 하여금 자기의 과오에 대하여 반성할 기회를 주며, 그들이 과오를 시정하고 올바른 길에 들어서도록 꾸준하게 교양하기 위한" 것이라고 밝혔다.[89]

미코얀과 팽덕회는 김일성과 빨치산파에 대해 철저하게 내정간섭을 하면서 압력을 가하였다. 이 당시 김일성은 중공과 소련의 충고를 받아들이는 외에는 달리 선택의 방도를 갖고 있지 못했다. 그러나 그는 박창옥과 최창익이 과거 그들이 행사한 영향력을 회복할 수 있도록 방치할 의향은 조금도 없었다. 고위층에서의 숙청이 좌절된 후 김일성 세력은 아래로부터 반종파투쟁을 단행했다. 1957년에 접어들자 각급 지방당과 정권기관 간부들은 중앙당 집중지도란 명목하에 종파주의에 대한 비난을 전개하는 데 동원되었다. 1957년에서 1958년 초반까지 점차 고조되어 간 이 사업은 1958년 3월의 조선노동당 제1차 대표자회에서 절정에 달했다.[90]

1957년초에 반김일성파들은 당 기관지에 의해 구체적으로 이름이 지목되면서 다시 한번 비난을 받았다. 1957년 8월과 9월 전원회의에서 철저히 폭로되었고 "전 당에 의해 분쇄된 최창익, 박창옥, 윤공흠, 서휘, 리필규 등 반당 종파분자들의 주장과는 정반대로 우리 당의 경제정책이 과거에 있어서나 현재에 있어서나 시종일관 정확하였다."라고 주장했다.[91] 조선노동당 당 기관지 근로자 7월호에서도 김승화의 이

89) 「노동신문」, 1956년 9월 29일자. 1면.
90) R. A. Scalapino & Chong-Sik Lee, op. cit., pp.586-588.
91) 박연백, "우리 당 제3차 대회와 그의 력사적 의의", 「근로자」, 1957년 2월호, p.3.

름을 지적하여 이들이 "부르주아 선전에서와 마찬가지로 이른바 자유와 민주주의의 신장을 들먹이면서 당의 통일을 파괴하려 했다."고 주장했다. 자유와 민주주의를 외치는 이들의 구호가 노린 진정한 목적은 당을 현학적인 사람들의 종파집단으로 만들려 함이라는 것이다.[92]

1957년 11월 김일성은 최창익과 그 추종세력을 극도로 부패한 반혁명분자라 비난하면서 "이들의 극악무도한 음모가 조기에 적발되어 분쇄되지 않았던들 당과 우리의 혁명은 막대한 타격을 입었을 것"이라고 지적했다. 그리고 이들의 나쁜 영향력이 계속되는 한 "이는 당을 내부로부터 와해시키고자 하는 외부의 적들에게 이용될 소지가 있다."고 하였다. 따라서 모든 당원과 당 조직은 종파분자들의 잘못된 이데올로기를 분쇄하기 위해 동원되어야만 했다. 김일성은 "아직도 많은 사람들은 종파적, 반당 반혁명적 활동에서 헤어나지 못한 채 당 앞에 자신의 과오를 털어놓기를 거부했다."고 지적했다.[93] 이 같은 방식으로 김일성은 최창익, 박창옥 일파를 철저히 분쇄하려는 굳은 결의를 드러냈다.[94]

---

92) 근로자 편집부, "소련공산당의 레닌적 통일은 필승불패이다", 「근로자」, 1957년 7월 25일자.
  "그러나 일부 당원들은 레닌적 당 생활원칙에 근거한 개개 당원들의 당 생활이 가지는 극히 중요한 의의를 깊이 인식하지 못하고 그를 소홀히 하는 경향을 아직도 청산하지 못하고 있다. 그러한 당원들은 불가피하게 당의 통제와 규율에서 벗어나 출세주의, 개인 영웅주의, 무책임성 등을 발로시킴으로써 당 대열의 사상의지 및 행동상 통일을 약화시키게 되는 것이다.…… 그러므로 우리들은 당 대열의 통일과 단결을 강화함에 있어서 당원들의 당 생활을 한층 강화하여 낡은 사상 잔재를 극복하기 위하여 당원들에 대한 마르크스-레닌주의 교양사업을 더욱 활발히 전개해야 한다. 그리고 당원들 속에서 당 정책에 대한 유일한 견해와 해석으로 관통되게 함으로써 당내의 사상의지 및 행동상 통일을 한층 강화하여야 한다."
93) 전게서, 「김일성 저작집 6권」, pp.112-115.
94) Chong-Sik Lee, op. cit., pp.89-93.

그의 이러한 의지가 실천된 것은 1958년 3월 3~6일 평양에서 개최된 조선노동당 제1차 대표자 회의에서 실현되었다.[95] 이 회의에서는 나머지 소련파와 연안파들까지도 대부분 거명되면서 탄핵을 받았다. 김일성과 빨치산파들에 의해 의심과 불신을 받아왔던 연안파, 소련파, 그리고 남은 국내파 인물 중에서 유축운과 전 인민군 총참모장 김웅 등이 종파분자로 지목되었다. 오기섭 역시 "당에 대한 불충과 출세주의와 명예욕에 사로잡혀 개인 영웅주의에 빠져 있다."고 다시 한번 비난받았다. 서휘는 "조선인민군이 당의 군대가 아니라 조국통일민주주의전선의 군대라고 주장했다."고 비난을 받았다. 결국 이 회의에서 이들 연안파와 소련파, 일부 남은 국내파까지 제거되었는데 연안파의 김두봉은 순안 농목업장의 노동자로 추방되었고, 김승화, 박창옥은 소련으로 도망하였으며 박의완, 오기섭 또한 제거되었다.[96]

1958~1959년 사이 8월 종파사건과 관련되어 적어도 90명가량의 지도급 인물들이 숙청되거나 공직에서 추방되었다. 이들 중 약 30명가량은 비당원이며 이들의 대부분은 남한 출신으로 공산주의자들이 후원한 재북평화통일촉진협의회의 간부들이었고 나머지는 군소정당의 지도자였다. 당내 위기가 겨우 진정되면서 빨치산파는 이와 유사한 사건의 재발을 방지하기 위해 당외의 위험요소를 적발해 내는 데 몰두했다. 물론 이러한 공격의 선봉은 빨치산파들이었으며 공격의 대상은 남은 소련파와 연안파와 국내파였다.

---

95) 「노동신문」, 1958년 3월 6일자. 제3~4면.
　　"당의 통일과 단결을 더욱 강화할 데 대한 조선노동당중앙위원회 부위원장 박금철 동지의 보고"
96) 사회과학출판사, 전게서, 「정치사전」, pp.804-805.

제3절 당내 갈등의 해소

1. 갑산계의 숙청

1958년 3월 조선노동당 제1차 대표자회의 이후 북한에서 각 파벌 간의 균형은 무너졌으며 특히 국내파는 박헌영과 관계를 맺었던 남한 출신은 모두 거세되어 버렸고 나머지 몇몇 사람들에게조차도 살아남기란 극히 어려운 상황이었다. 소련파와 연안파 역시 1958~1959년 무렵 그들의 충성심에 대해 김일성과 빨치산파로부터 의심을 받고 있었다.

당시 조선노동당의 상임위원 21명 중 4명(김원봉, 강양욱, 성주시, 이만규)은 빨치산파가 아닌 군소정당의 대표자였는데 이들 중에 인민 공화당의 김원봉과 성주식은 1958년 12월 국제간첩이란 죄목으로 숙청되었으며 조선민주당 대표인 강양욱은 김일성의 외척이기 때문에 제거되지 않았고, 근로인민당 출신인 이만규만이 예외적으로 계속 건재할 수 있었다.

이러한 현상은 최고인민회의에서도 마찬가지였다. 상임위원 중 나머지 김병제, 원홍구, 이면상, 송영 등 네 사람을 제외하고는 다른 파벌의 사람들은 거의 모두 제거되었다.

제2차 내각(1957. 62. 10)에는 수상 1명, 부수상 6인, 각료 25인 등 모두 32명으로 구성되어 있었는데 이들 중 세 사람(김일, 이종옥, 문만욱)만이 빨치산파의 직계로 분류될 수 있었다. 문만욱은 한때 강등되는 비운을 겪었지만 나머지 사람들은 대체로 영화를 누렸다고 할 수 있다.

제2차 내각에서는 약 13명가량의 사람들이 다른 파벌 출신이었다. 이들 중 네 사람(이병남, 박문규, 김응기, 허성택)은 남한 출신으로 구

남로당과 관련을 맺고 있었다. 허성택은 1959년 숙청되었고 이병남도 같은 해 해임되었지만, 나머지 두 사람은 더 이상의 수난을 피하기 위해 변절하여 빨치산파에 가담했다. 13명 중 다른 두 사람(이주연, 한전종)은 북한 출신의 국내파 공산주의자로 모두 변절하여 빨치산파에 입당하였다. 13명 중 4명(박의완, 남일, 방학세, 진반수)은 모두 소련을 배경으로 갖는 사람들로서 이들의 대부분은 소련에서 태어나 그곳에서 자랐다. 이들 중 박의완[97]은 1958년, 진반수는 1959년에 숙청되었고 방학세는 1960년 말 담당 직책에서 해임되었다. 오직 남일만이 북한권력구조의 최상층에 살아남을 수 있었고 다른 몇몇은 소련으로 돌아갔다. 13명 중에는 연안파 출신으로는 마지막 한 명이었던 허정숙은 변절하였기 때문에 잠시 숙청은 면할 수 있었다.

빨치산파가 소련계 한인에 대해 이중 국적을 포기하고 북한이나 소련 중 어느 하나를 택하라고 강요한 것은 바로 이 무렵이었다. 1960년 말 당과 정부의 고위층에서 소련파와 연안파를 찾아보기가 극히 어렵게 된다. 실상 살아남은 사람들은 소위 종파주의에 물들지 않은 김일성과 빨치산파에게 충성을 맹세한 사람들이었다.[98]

1957년 8월 29일 최고인민회의 제2기 대의원들의 요직안배는 개개인의 당내 지위뿐 아니라 조선노동당의 공식구조와 외부에 있는 각 개인과 사회단체의 지위를 반영하였다. 최고인민회의 상임위원장에는 최용건이, 부위원장에는 이극로(남한, 남로당, 민전 지도자), 현칠종(북한의 토착공산주의자, 농민동맹 부위원장), 김원봉(인민공화당) 등이 서기장에는 강양욱이 각각 선임되었고 16명의 상임위원에는 상징

---

97) 한국에서 태어나 소련에서 교육을 받은 박의완(Ivan 박)은 철도상을 비롯하여 내각과 당의 요직을 두루 역임한 뒤 1954년 부수상 겸 경공업상에 임명되었다.

98) R. A. Scalapino & Chong-Sik Lee, *op. cit.*, pp.610-611.

적인 의미를 신중히 고려하여 공산주의자들과 비공산당원들을 대표하
는 사람들이 선출되었다.[99]

9월 20일 김일성은 최고인민회의에 대해 김일, 홍명희, 정일룡, 남
일, 박의완, 정준택등을 부수상으로 하는 새로운 내각의 승인을 요청
했다. 내각에서 가장 중요한 자리인 민족보위상과 내무상에는 김광협
과 방학세가 각각 임명되었다.[100] 한편 남일은 외무상에 유임되었고,
허정숙은 사법상에 임명되었다.[101]

이들 최고인민회의와 내각의 고위 간부들은 정치적으로 빨치산파와
직접적인 관계를 갖고 있었다.[102] 이들은 첫째, 김일성 直系 사람 둘

99) 박정애, 강진건(조선농민동맹위원장), 성주식,(인민공화당 부위원장), 김
　　병제(과학원문화연구소 소장), 원홍구(생물학자, 과학원 원사), 이만규
　　(근로인민당), 이송운(조선노동당 평양시당 위원장), 한상두(직업총동맹
　　중앙위원장), 김창덕(中將, 노동당 간부), 정로식(노동당중앙검사 위원),
　　김천해(조국통일민주주의전선의장, 노동당중앙위원), 하앙천(노동당중앙
　　위원, 당 학교교육장), 장해우(전남로당원, 조국보후원회 중앙위원장),
　　계응상(남한출신, 내각 농업위원회 농업과학원장), 이면상(작곡가, 조선
　　작곡가 동맹 중앙위원장), 송영(작가, 조선작가동맹 중앙위원) 등이었다.
100) 소련계 한인인 방학세는 1960년 11월 내무상에서 해임된 직후 소련으
　　로 돌아간 것으로 알려졌다. 이 당시 소련계 한인이 치안문제를 전담하
　　는 직책을 가지고 있었다.
101) 연안파 출신인 허정숙은 許憲의 딸이자 최창익의 아내로 1948년 9월부
　　터 1957년 8월까지 거의 10년간 文化宣傳相으로 재직했다. 그 후 최고
　　재판소장(1959년 10월~1960년 11월)을 역임한 그녀는 1961년 초 숙청
　　되고 말았다. 1972년 8월 남북적십자회담이 개최되자 북한정권은 남한
　　사람들에게 잘 알려져 있는 허정숙을 祖國戰線書記局長으로 재등용하
　　였고, 같은 해 12월 最高人民會議副議長에 선임된 그녀는 祖國戰線 의
　　장을 하였다.
102) 이 당시의 북한 내각은 수상, 부수상 6인, 각 부처의 相 25인(무임소상 2
　　인 포함)으로 구성되어 있었다. 김일성에 의해 새로이 내각에 등용된 사
　　람들은 위에서 언급한 인물들 외에도 朴文圭, 이종옥(국가계획위원장),
　　박의완(국가건설위원장), 정일룡(금속공업상), 許成澤(석탄공업상), 李

째, 여타의 파벌에 속하거나 다른 출신배경을 가진 노동당원 셋째, 군소정당 대표 넷째, 당내 지식분자 다섯째, 전문기술자(당원이지만 전문적인 기술 때문에 선발된 사람) 등의 다섯 범주로 나누어 볼 수 있다.

21명의 최고인민회의 상임위원회 구성원 중 5명(최용건, 박정애, 이송운, 한상두, 강진건)이 김일성 직계이기 때문에 이들은 1963년 사망한 강진건을 제외하고는 모두 장래가 보장되어 10여 년간 무사히 공직을 역임할 수 있었다.

다른 파벌에 속하거나 출신배경이 다른 사람은 모두 8명으로 이들 중 4명(이극로, 정노식, 장해우, 계응상)이 전 남로당원이었는데 그중 한 사람(장해우)은 곧이어 1959년 숙청되고 말았다. 연안파 소속은 두 사람(김창덕, 하앙천)으로 하앙천은 1965년에 강등되었으며, 일본 공산주의 운동에 종사했던 김천해는 활동을 계속하였다. 마지막 남은 현칠종은 북한 출신의 국내파 공산주의자로 1958년 종파혐의를 받고 숙청되고 말았다. 이와 같이 이들 8명 중 두 사람은 바로 숙청되었고 다른 한 사람은 강등되었다.[103]

天(화학공업상), 한전종(농업상), 金斗三(전기상), 文萬郁(경공업상), 주광섭(수산상), 金會一(교통상), 崔載羽(건설건재공업상), 李周淵(재정상), 陳潘秀(대내외 상업상), 高準澤(체신상), 한설야(교육상), 李炳南(보건상), 金應基(노동상), 鄭聖彦(지방경리상), 金達鉉(무임소상), 洪基璜(무임소상) 등이다.

103) *Ibid.*, pp.520 – 525
1937년 빨치산파의 혜산진 사건에 관련되어 투옥된 장해우는 해방과 더불어 출옥하여 1946년 북조선노동당 함경북도당 부위원장을 지냈고 이듬해 최고재판소장에 선임되었다. 이 같은 경력으로 미루어 볼 때 장해우를 南勞黨員이라고 보기는 어려울 것이다. 한편 1923년 火曜會를 조직한 현칠종은 모스크바 공산대학에 유학한 뒤 火曜系 만주총국 간부로 활동했다. 그 후 그는 프로핀테른에 의해 국내로 파견되어 1935~36년 조선공산주의자동맹을 조직했고 1936년에는 명천 赤色農民組合 사건의 주모자로 활동했다. 해방과 더불어 출옥한 그는 1945년 9월 박그러한 현상의 결과는 1961년 9월에 개최되었던 조선노동당 제4차 전당대회의 각 파벌의 분포를 보면 알 수 있다.〈표 4-2〉참조

〈표 4-2〉제4차 당대회 파벌 분포(1961년 9월)

구 분	국내파	빨치산파	연안파	소련파	기타
중앙위원(71명)	25명(35%)	11명(16%)	18명(25%)	9명(13%)	8명(11%)
상무위원(11명)	2명(18%)	5명(46%)	2명(18%)	1명(9%)	1명(9%)

출처: 노동신문 1961년 9월 19일자 인용

1967년에 접어들면서 종전의 파벌 간의 숙청에서 새로운 형태의 숙청작업이 이루어졌다. 숙청의 대상은 빨치산 파벌 내의 주요 인물인 당 서열 제4, 5위의 박금철과 이효순이었다. 박금철과 이효순의 숙청은 1967년 4월의 당중앙위원회 전원회의에서 이루어졌다. 이들 두 사람은 4월 24일 개최된 최고인민회의 제3기 제7차 회의의 개막 당시 공식석상에 나왔지만 1주일 후인 5월 1일의 군중집회에서는 사열대에 그 모습을 드러내지 않았다. 이들에 대한 숙청은 김일성의 지위를 강화하기 위한 목적으로서 지금까지 타벌과의 투쟁에서 진행되었던 숙청과는 다른 양상을 띠고 있었다.

이때 숙청의 핵심은 빨치산파 갑산계열의 박금철과 이효순을 숙청

헌영의 再建派와 長安派 간에 통일된 조선공산당을 조직하려는 노력으로 이루어진 열성자 대회에도 참석하였지만 곧 월북하여 1946년 1월 北朝鮮農民同盟 부위원장에 선출되었다. 현칠종은 1958년 9월 最高人民會議 상임위원자에서 해임되어 이듬해 12월 종파혐의로 농장으로 추방되었는데 그 이유는 박헌영과 사돈 관계에 있었기 때문인 것으로 알려졌다. 이상으로 볼 때 장해우보다는 현칠종이 박헌영계와 밀접한 관계를 맺고 있었던 것으로 보인다.

된 사람들 중 가장 중요한 인물로 꼽을 수 있지만, 이외에도 1966년 12월에 임명된 10명의 내각 부수상 중 한 사람인 고혁과 새로운 정치위원회 위원이자 최고인민회의 상임위원회 서기장인 임춘추 등도 부가적으로 포함되었다.

어쨌든 이들 중 아무도 1967년 12월 16일 새로운 최고인민회의와 새 내각이 구성될 때까지 복직되지 못했으며 당 간부 명단에서도 이름이 사라졌다.

갑산계 공산주의자인 이효순은 그의 형인 이제순과 함께 갑산 지역에서 지하활동을 하였던 인물이다. 이들은 김일성의 소위 보천보 전투를 가능하게 한 것도 바로 이 같은 지하공작원 덕분이었다고 할 수 있다. 해방 직후 지방당 간부에서부터 활동을 시작한 이효순은 숙청될 당시 정치위원회 상무위원회 위원, 비서국 비서였을 뿐 아니라 대남사업을 담당하는 중앙당 연락국장이기도 하였다.

박금철 역시 일찍이 갑산 시절부터 박달, 이제순 등과 더불어 김일성의 공작원으로 활동해 온 사람이었다. 해방 직후에야 비로소 감옥에서 풀려난 박금철은 이후 오랫동안 김일성의 측근 중의 측근으로 일해 왔다. 그는 김일성, 최용건, 김일 등 삼두 마차에 뒤이어 당 서열 4위로서 당과 국가기관의 여러 요직을 겸임했다. 이들 두 사람의 숙청은 김일성과의 오랜 친밀함만으로는 결코 오랜 기간동안 구원을 받을 수 없다는 사실을 다시 한번 일깨워 준 것이다.[104]

고혁은 내각 부수상 외에도 당중앙위원회 문화예술부장직을 맡고 있었다. 임춘추는 앞서 살펴본 바와 같이 1945년 이전에는 김일성 휘하에서 유격대 중대장을 지냈으며 숙청될 당시에는 최고인민회의 상임위원회 서기장, 당 정치위원회 후보위원으로 있었다. 한편 김도만은

---

104) *Ibid.*, pp.530–536.

당위원회 서기장, 당 정치위원회 후보위원으로 있었다. 또한 그는 당 선전선동부장이었으며 박용국은 당 국제부장이었다. 김도만과 박용국은 김일성의 친아우인 김영주와 더불어 젊은 세대 내에서 부상하고 있는 트리오로까지 주목하던 인물들이었다.

이들은 1961년 노동당 제4차 전당대회에서 정치위원으로 기용되었다.

이와 같이 북한권력의 핵심부 인물들이 대거 숙청되었던 이유는 강경군부의 무단파와 갑산계의 문치파간의 대립의 결과라고 할 수 있었다. 즉 그들은 군부와 민간지도자(문치파) 간의 갈등에 휘말려 희생된 인물들이었다. 이효순과 박용국은 당에서 대남정책을 담당하는 주요 인물이었기 때문에 이들의 숙청은 대남정책의 실패와 약간은 관련되었고 할 수 있다. 한편 고혁과 김도만이 숙청되었다는 사실은 당의 지식인 정책 및 선전정책과 밀접한 관계가 있었다. 1968년 4월 중앙위원회 제4기 제17차 전원회의에서 김일이 행한 보고에서 경제건설과 국방건설을 병진하는 새로운 노선을 천명하는 연설을 통해 김일은 "당의 새 노선을 관철하기 위한 투쟁은 온갖 낡고 침체한 것과의 격렬한 투쟁을 통하여 이루어졌다."고 밝혔다.[105]

1967년 3월 15일 제4기 15차 회의에서 갑산계인 박금철, 이효순과 그들의 몇몇 추종세력은 당 경제정책의 실현 가능성에 의문을 제기하면서 속도를 늦출 것을 주장하였다. 이들은 1966년의 극단적인 경제침체를 겪고 난 뒤 그동안 당이 사람들과 기계 모두를 너무 무리하게 몰아세웠으며 앞으로 당은 생산량에만 관심을 쏟을 것이 아니라 생산품의 질을 높이기 위해서 진정한 현대과학의 기초를 수립하는 데 노력을 기울여야 하며, 과도한 국방비 지출을 줄이면서 전쟁준비계획을 수행해 나갈 수 있는 가능성을 모색하기 위해 정책의 우선순위를 재

---

105) 「김일성 저작집 제13권」, pp.125-128.

조정해야 한다고 주장했다.[106]

　한 가지 분명한 것은 이들이 당의 새로운 계획에 확신을 가지지 못하고 의구심을 가지고 있었던 사람들이었다. 김일성은 이들 속에 자리잡고 있는 보수주의는 한 나라의 경제수준이 일정수준에 이를 때까지는 높은 연평균 성장률을 유지할 수 없다는 노선을 주장한 것이라고 하였다.[107] 또한 김일성은 이들 집단이 프롤레타리아에 대한 확신의 결여로 인해 저지른 또 다른 죄악의 증거라고 경멸했다.

　이 같은 당내 갈등이 직업군인으로 구성된 무단파와 갑산계를 중심으로 하는 문치파와의 갈등으로 나타났으며, 이 시기에 직업군인들이 정치위원회에 대거 진출해 있었기 때문에 그들의 우위는 명약관화하였다. 특히 군부 인사들은 어떤 형태로든 군사비를 감축한다거나 정책의 우선순위를 변경하는 것을 백안시하였기 때문이다.

　따라서 빨치산파 갑산계의 박금철, 리효순은 경제건설을 앞세울 것을 주장한 데 반하여 빨치산파의 현역 군 장성으로 있는 김창봉, 허봉학, 최광, 최현, 오진우는 군비확장에 우선권을 두자고 주장하였다. 이러한 엇갈린 주장 때문에 경제파 즉 빨치산파의 갑산계와 전쟁파 즉 빨치산파의 강경군부의 두 세력의 투쟁은 노선투쟁으로 비쳐졌다. 이 때문에 김일성은 1967년 3월에 조선노동당중앙위원회 제4기 15차 전원회의를 개최하여 갑산계를 숙청하고 빨치산의 본류인 군부파의 손을 들어주었다. 따라서 당 정치위원회 상무위원 겸 비서인 박금철과 리효순, 김도만, 김왈룡 등이 반당 종파분자로 단죄되었다. 또한 이들과 연계된 간부들 약 100여 명이 함께 숙청되었다.[108]

---

106) 상계서, pp.130 - 150.

107) 상계서, pp.185 - 188.

108) 전계서, 「김일성 저작집 25집」, p.154.
　　　박금철의 죄명은 일제시대의 변절했다는 죄목이었다. 일제하에서 항일

이로서 박금철, 이효순, 김도만(당선전담당비서), 허석선(당교육과학부장), 고혁(부수상) 등이 숙청되었으며 일부는 사형선고를 받고 일부는 구금됨으로써 빨치산파 내의 갑산계열은 자취를 감추었다.

결국 이들은 반전론자 내지는 반전 소극론자라는 죄명과 부르주아 분자, 수정주의 분자 반당종파분자로 낙인(烙印)되었다.

한편 이들에 대한 숙청 이유를 유일사상체계확립에 방해가 되었기 때문에 숙청되었다는 설도 제기되고 있다. 이들은 당시 김일성이 강행하고 있었던 유일사상체계확립작업에 기조를 둔 개인 우상화 운동에 대한 도전하거나 대립되는 당내 분파 분자의 출현을 두려워했고 그것은 당내의 위협적 존재로서 갑산계로 비화되었다는 주장이다. 1967년 5월 당중앙위원회 제4기 15차 전원회의는 당의 유일사상체계확립을 토의하고 갑산계의 숙청을 위하여 갑산계의 일부가 김일성 수령이 성취한 혁명전통을 좀먹고 당내에 부르주아 사상, 수정주의 사상, 봉건유고사상, 교조주의, 사대주의, 종파주의, 지방주의, 가족주의, 등 반혁명사상을 퍼뜨려 인민을 사상적으로 무장 해제하려고 책동하고 있다고 하였다.[109] 또한 자본주의적 생활양식을 유포함으로

운동을 하다 투옥된 박달은 일제에 협력을 거부하였기 때문에 심하게 고문을 당하여 앉은뱅이가 되어 해방 후 서대문 형무소를 업혀 나왔는데 박금철은 살이 쪄서 나왔으니 일제에 투항했던 것이 확실하다는 것이었다. 그 뒤 박금철은 반성의 기미는 보이지 않고 항일운동을 자랑하였으며 당의 부위원장으로 있으면서 불성실하게 집행하였다는 것과 또한 당 간부들에게 봉건시대의 책자인 정약용의 목민심서를 읽게 하여 사상적으로 문제가 있다는 비판도 받았다. 리효순은 당시 대남공작을 책임진 연락부장으로서 그 책임의 막중함을 망쳐놓았다는 비판과 함께 김일성의 노선에 어긋나는 사상을 가지고 있어 당의 노선에 불만이 많은 것도 단죄되었다.

109) 김일성, "당 사업 개선하여 당 대회 결정을 관철할 데 대하여", 「김일성 저작집」, p.139.

써 사회주의적 생활양식을 위한 인민의 투쟁을 방해하고 특히 혁명의 경험이 없는 청년들을 타락시키려 했고 당의 유일사상체계의 수립을 방해하여 수정주의 길로 오도하려 했다는 것이다. 결국 갑산계의 숙청을 결정한 당중앙위원회 제4기 15차 회의에서 주도적 역할을 한 것은 오진우였다.[110]

이들에 대한 숙청 이유는 위와 같은 두 가지 이유 중에서 어느 하나만이 사실이라고 적시할 수 없지만 동시에 숙청된 이들이 모두 1937년 혜산사건에 관련되었던 조국광복회의 갑산계라는 점과 군출신이 아니라는 점에서 경제와 관련되어 숙청되었을 가능성을 배제하지 못하는 것이다. 또한 이들과 관련되어 있는 고혁, 김도만 역시 기술관료계 출신이라는 점에서 그것을 뒷받침한다고 할 수 있다. 이외도 그들과 연루된 모든 인물들은 공직에서 추방되었다.

결국 갑산계 및 일부 군부에 대한 숙청은 종래의 활동지역과 리더를 중심으로 했던 다른 파벌에 대한 숙청과는 성격을 달리하고 있다는 점이다. 김일성과 빨치산 투쟁을 같이하였다는 소위 유일혁명전통의 구성인맥에 대한 숙청이었다는 것이다. 이 사건을 미루어 볼 때 두 가지 의미를 발견할 수 있다. 첫째, 초기 공산정권 수립부터 존재하였던 각 파벌 세력은 제거되었으며 다른 파벌의 남은 사람들은 빨치산파에 흡수되었다는 점, 둘째, 이 사건 이후로는 유일하게 빨치산파 만으로 구성된 당내에서 충성도와 정책이 다를 수 있으며 이 두 가지 기준에 따라서 파벌이 형성될 소지를 안고 있다는 점이다.

---

110) 김완식, 김태서, 『북한 30년』(서울: 현대경제일보, 1975), p.264.

2. 紅과 專의 선택

공산주의를 표방한 국가들의 발전과정을 역사적으로 보면 대체적으로 체제 형성기(System Building), 체제 강화기(System Consolidation), 체제관리기(System Management)의 3단계를 거치게 된다.[111] 이 과정에서 초기 엘리트 충원은 이데올로기나 정치적 충성을 우선시하는 당성을 기준하지만 점차 관리 및 행정능력을 중요시하는 전문성에 역점을 두고 진행된다는 것이다.

북한의 경우 이와 같은 기준 틀에 적용한다면 1946년부터 1960년까지를 체제형성 및 강화기, 1961년부터 1980년까지를 체제관리기로 구분할 수 있다.[112]

체제형성 및 강화기에 북한에서 엘리트 충원은 대체로 파벌을 중심으로 한 당료파 인물들이었다. 즉 공산정권 수립과정에서 광범위한 대중적 지지를 받은 인민혁명에 의해 수립된 정권이 아니기 때문에 정치적인 엘리트를 충원하는 데 합리적이고 전문적인 기준보다는 정치적인 충성도와 출신성분이라는 귀속주의적 기준이 우선 고려되었던 것이다.

자유주의 국가처럼 경쟁에 의한 공개적인 충원이 아닌 특히 공산주의 국가인 경우에 마르크스-레닌주의에 입각한 계급노선을 견지하고 있기 때문에 거기에 알맞은 신분으로 태어나지 않는 사람은 능력의 여부를 불문하고 엘리트의 상향적 유동성이 극히 제약되었다고 할 수 있다. 그러나 이에 걸맞은 신분으로 출생했어도 현실적인 통치자에 의해 해석된 교의에 동조하지 않는 사람은 엘리트 계층에 접근하기가

---

111) 최완규, 「북한은 어디로: 전환기 북한적 정치현상의 재인식」(마산: 경남대학교, 1966), p.325.
112) 상게서, p.326.

불가능하다.[113] 즉 공산주의 국가에서는 엘리트의 접근이 인간의 능력과 관계가 없는 조건들로 차단되어 있어서 비좁고 어렵다는 것이다. 북한에서도 이와 같은 공산주의 선례를 크게 벗어나지 못했다. 따라서 초기 체제형성 과정에서 출신성분에 따라서 파벌위주의 인사들이 당과 내각을 구성했다고 할 수 있다.

1961년 이후부터 체제관리기(System Management)에 접어든 북한에서는 제1차 7개년 계획(1961~1970)[114]을 추진하기 위해 행정능력과 전문성을 갖춘 엘리트의 충원이 필요한 시기였다고 할 수 있다.

이와 같이 정치체제 성격의 변화와 함께 엘리트 구성의 변화는 함수관계가 있는 것이다. 즉 구소련의 경우 정치체제형성기의 주도적인 역할을 담당했던 정치적인 엘리트(Red)들은 체제관리기에 접어들면서 서서히 등장한 전문기술적 엘리트(Expert)들과 점차적으로 대체된다는 것이다. 이들의 특징은 지적으로 오만하고 기술적으로 유능한 사람들이며 이들은 특수한 정치적 특권을 가지고 과학, 기술적인 합리적인 명령에 따라 세계를 지배해야 한다는 전문적·기술적 엘리트들의 사고방식은 정치적 엘리트들의 커다란 위협으로 존재하게 된다.[115]

---

113) 상게서, p.320.
114) 정현수 외, 「북한정치경제론」(서울: 신영사, 1995), pp.245-249.
    북한에서 본격적인 경제계획이 시작되었던 시기라고 할 수 있다(1961~1967). 경제 목표는 중공업의 우선적 발전, 경공업과 농업의 병행발전, 전면적 기술혁신, 그리고 문화혁명과 국민생활향상 등으로 삼았다. 그러나 결과는 군사력강화로 인한 부문 간의 불균형의 심화, 자원의 낭비, 생산의욕감퇴, 기술부족 등으로 전면적인 경제침체는 계획기간을 3년간 연장시켰다. 이때까지 소련의 원조에 의지해 오던 북한은 정치적으로 反蘇親中國의 노선을 정책으로 전환함으로써 소련의 대북한 원조는 急減하여 불가피 북한의 대외 경제협력의 방향을 서방세계로 향하게 되는 계기를 제공하였으며 따라서 북한의 자립적 경제정책에 입각하여 1차 상품의 가공과 제조 발전에 주력하였다.

<표 4-3> 당료형과 전문가형의 비교

구 분	Red(당료)전형	Export(전문가의 전형)
충 원	상향 변동은 정치적 충성심	상향변동은 교육수준과 기술훈련에 기초
리더십	개인적 리더십	제도상의 리더십
참여동기	조직에 대한 헌신	이기적 동기
접근형태	일반적 접근: 역할과 기능에 대한 특수 지식 결여	명확한 분업: 역할과 기능에 대한 특수지식 보유
인간관계	인간적 유대	기술상의 유대

출처: 최완규, 「북한은 어디로」, p.324. 재인용

북한에서 제1차 7개년 계획의 추진은 정책의 개발 내지 문제해결에 있어서 사회의 발전을 위해서는 불가결의 요인으로 작용하였다. 1961년 4월에 개최된 당 대회를 계기로 정치성보다는 전문적 경영 관리능력을 갖춘 과업(task elite)유형의 관리들이 중앙위원의 상위 서열에 올랐다.[116] 그러나 과업엘리트의 상층부 진출이 현저해짐에 따라서 양자 간에는 심한 갈등이 유발하게 된다. 그러나 북한에서 김일성의 단극적인 권력체계와 당 조직의 일원적 체계로 인하여 전문성보다는 당성을 중요시하여 전문적인 능력을 갖춘 엘리트라고 해도 당성이 약한 사람의 경우 권력의 상층부에 진입을 허용하지 않고 있다는 것이다. 그렇지만 북한 체제의 생존과 관련된 변화의 과정 속에서 이러한 과업엘리트의 충원은 불가피하였다. 이에 따라 발생되는 당료엘리트와의 초기 충돌의 결과로 갑산계의 제거였으며, 이후에 충원되는 기술계관료는 막강한 군부의 세력에 밀려 그들의 능력을 제대로 발휘하지 못

115) 최완규, 전게서, p.316-317.
116) 정일용, 이종옥, 한상두, 정준택 등이다.

하고 있었다. 그러나 군부자체 내의 기술관료파와 정치파의 파쟁은 결국 1969년 1월 6일-14일에 있었건 인민군 당 제4기 총회에서 기술작전계관료들이 제거되었던 것이다.[117]

이들에 대한 제거는 1968년에 이르러 빨치산 출신 장성들이 대두와 북한의 군사화가 여러 가지 폐단이 있었음을 깨닫게 된 것이다. 북한의 인민들에게 4대 군사노선 정책으로[118] 군사적 대비태세는 갖추었지만 결국 1961년부터 계획한 7개년 계획은 큰 차질을 빚었으며 3년의 연장이라는 대가를 지불하였다. 그리고 그들이 시행한 대남공작은 당과 정부의 지원에도 불구하고 실패하였다.[119] 또한 빨치산 계열과 조금이라고 관련이 있는 사람들은 모두들 지위 있는 자리에서 북한의 모든 부문에서 그들의 영향력을 과시하려 하였다. 장군들은 심지어 비군사적인 부문까지도 관여하였다.[120]

또한 그들은 1968년 1월 21일 서울의 청와대 기습 미수사건, 1968년 1월 23일 미 해군 정보수집 보조함 푸에블로호 납치사건, 1968년 10월 30일 울진, 삼척 무장공비 침투사건, 이어지는 1969년 4월 15일 미국

---

117) 배원달, 「북한권력투쟁론」(서울: 학문사, 1988), pp.264-265.
　　　金昌鳳 大將(副首相 겸 民族保衛相), 許鳳學 大將(對南工作 總責), 崔光 大將(人民軍 總參謀長 77년 再起用), 崔民哲 上將(제1군단 사령관), 鄭炳甲 上將(제7군단사령관), 金陽春 上將(咸興 주둔사령관), 柳昌權 중장(해군 사령관), 金正泰 中將(民族保衛省 偵察局長), 趙東哲 少將(생산유격대 당 책임비서), 김창만의 兄 金昌基 中將, 김창만의 弟 金昌德 少將, 당 비서 겸 사회안전상 石山 등이다.
118) 전인민의 무장화, 전군의 간부화, 전국토의 요새화, 장비의 현대화 등이다.
119) Suh Dae-sook, Korean Communism, 1945~1980, (Honolulu: The University Press of Hawaii, 1981), pp.320-326
　　　김일성, "공화국북반부에 불법 침입하여 정찰활동을 감행한 미제 침략군의 정찰기를 쏴떨군 조선인민군 제447군 부대 장병에게", 「김일성 저작집 21권」, pp.505-506.
120) Suh Dae-sook, Ibid., pp.327-328.

정보기 EC-121기 격추 사건 등은 군사력에 대한 과신을 가졌으며 이것들은 모두 빨치산 출신 장군들이 용맹을 과시하기 위해 주도면밀하게 계획하여 시도한 것이었다. 이러한 일련의 행동들은 김일성으로 하여금 위기일발의 상황으로 몰고 가는 것이었으며 광적인 군장성들의 위세등등은 김일성 자신에게도 위협적인 존재였다.

따라서 특수부대 기습사건과 무장 게릴라 남파를 책임지고 있던 연락국 총책 허봉학은 북조선 적십자 상임위원이던 비빨치산파인 민간인 기술계 관료 김중린으로 교체되었다. 이와 함께 허봉학 외에도 강경파 군장성들은 기술계 관료들로 대체되었다.

1969년 1월 6~14일에 있었던 조선인민군 당위원회 제4차 전원회의에서 김일성은 "민족보위상 김창봉은 현대화된 정교한 무기체계만을 고집했으며 한국의 산악지형에 적합한 재래식 및 현대식 무기체계 모두를 갖추어 균형 잡힌 군사력을 이루어야 하는 점을 무시하였다."고 비난했다. 즉 "한국의 지형에 맞는 저공비행기가 적합한데도 고공의 비행기만 고집했다."고 비판했다. 또한 김창봉은 전 지역의 요새화를 등한시하여 무기와 장비를 안전한 곳에 배치하지 못했으며, 노농적위대의 중요성을 인식하지 못했으며, 한국의 산악지형에 맞는 부대를 창설하지 못했으며, 정규군과 민병대의 합동작전을 무시하였다는 것이다.

급속한 군 현대화를 옹호한 빨치산 장군 기술계 출신들과 적정한 수준을 옹호한 정치적으로 유력한 빨치산 장군들과 심각한 갈등이 발생한 것이다. 이때 오진우가 1969년 1월 13일 비판의 회합을 주도하면서 김창봉이 그 집단이 저지른 과오 13개항을 제시하였다.[121]

---

121) 극동문제연구소 편 『북괴군사전략자료집』(서울: 경남대 극동문제 연구소, 1974), "인민군 당 제4기 4차 전원회의 시의 김일성의 결론 연설" p.331. 『김일성 저작집 23권』, p.472.
　　이들의 공식적인 제거 사유는 당 정책의 불이행, 반당혁명분자, 군벌관료

이들을 숙청하는 데 앞장을 섰던 인물은 갑산계 숙청과정에 앞장섰던 인민군총정치국장 오진우였으며, 이를 기화로 그를 정점으로 하는 내각 및 각급 당조직 총력의 강화를 뜻하는 것이었다. 즉 기술작전계열인 김창봉 등 군수뇌의 숙청으로 김일성을 옹립하고 있던 오진우 등의 정치계열과의 갈등 관계에서 오진우 계열의 승리였다고 할 수 있다. 김일성은 "전쟁은 현대적 병기나 군사기술에 의하여 결정되는 것은 아니며 정치사상만 우월하면 최신의 군사기술로 완전무장한 적을 격멸할 수 있다."고 하였기 때문이다.

이로서 자파 세력까지 존재하던 종파주의는 제거되었다고 할 수 있다. 그 후 정치위원은 새로운 인물로 충원하였으며, 김일성에게 절대 충성하는 자들로 구성되었다.

이와 같이 빨치산파의 핵심 군 간부를 제거했다는 것은 다음의 중요한 몇 가지 의미를 가진다고 할 것이다.

첫째, 김일성을 중심으로 결합했던 빨치산파들의 붕괴를 의미하는 것이다. 이것은 김일성이 이제 더 이상 그들의 지지가 필요 없다는 것을 의미하며, 비록 같은 빨치산파일지라도 정치적 우위를 점하고 있는 강력한 군사집단은 불편한 존재라는 것을 일깨워 주는 것이었다.

둘째, 빨치산파의 강경파 장군들의 숙청은 1960년대의 군사정책의 종식을 뜻하는 것이었다. 김일성은 1960년대 말에 소련 및 중국의 양국과 정상적인 관계를 회복한 뒤 그동안 소홀했던 경제 개발 사업과 정치체제의 개선 작업에 되돌아가기를 원했으며 군장성들을 제어하기 위해 이 같은 극단적인 조치를 취했다. 또한 중요한 것은 전문기술관료들

주의화 등이었다. 그리고 당에서 아끼던 간부들을 수천 명씩 숙청하였으며, 軍民關係를 심각하게 악화시켰고 富華放蕩한 생활을 했다고 비판되었다. 심지어 이들은 푸에블로호가 領內로 들어왔을 때 침몰시키지 않고 체포하였다는 것은 수정주의 발상이라고 비판되었다.

과 아울러 빨치산 전통에 따라 훈련받은 젊은 지도자들의 진출이었다.

셋째, 조선 노동당이 군 장악을 확고하기 위해서 이후에 사단, 연대에 당이 지도하는 정치위원들을 두었으며 군 간부들은 당 비서국이 관장하고 정치 간부들은 당중앙위원회 조직지도부에서 관장하도록 하였다.[122]

넷째, 당 정책의 불이행이라는 용어는 숙청 대상자들이 유일사상화에 반대하였거나 미온적인 태도를 취했을 가능성을 배재하지 못한다. 즉 건국초기부터 마르크스-레닌주의 이상을 실현하기를 원했던 적지 않은 수의 당 간부가 1967년 이후 김일성 개인의 숭배에 반대했음을 배제하지 못하는 것이다.

이후 김일성의 지시에 따라 1968年末부터 군내부에 대한 사상개조 운동이 일어났다. 김일성에 대한 절대적 충성을 강요하기 위한 작업이 필요했던 것이다. 김일성은 "조선 노동당은 인민군대 안에서 정치 사업을 소홀히 하고 군사기술적 사업에만 매어 달리는 경향을 철저히 경계하고 군인들의 정치적 각성과 사상의식 수준을 높이는 데 끊임없이 힘을 기울여 왔다." "더구나 이제 전 인민은 무장화되었고 전 국토는 요새화되었다."고 강조했다. 김일성은 이렇게 주장했다. "우리나라에서는 전체 인민이 다 총을 쏠 줄 알며 총을 메고 있습니다. 사상혁명은 사람들의 의식영역에서까지 자본주의를 종국적으로 없애기 위한 심각한 계급투쟁이었습니다."[123] "모든 인민 특히 장래의 혁명을 짊어진 젊은 세대들은 개인주의와 이기주의를 반대하고 집단과 조직을 사랑하도록 교육받아야 합니다." "이들은 남조선에서 미제를 몰아내고 조국통일의 혁명위업을 끝까지 완수하기 위하여 언제나 억세게 싸울

---

122) 김일성, "인민군대 당 조직 사업을 개선할 데 대하여", 「김일성 저작집 24권」, pp.306-319.
123) 상게서, p.317.

수 있도록 사회주의적 애국주의 교양을 받고 사회주의 조국을 사랑하고 원수를 증오하라는 교양을 받아야 합니다." 이 같은 목적을 달성하기 위해 혁명적 조직생활이 크게 강화되었다. 김일성은 또 이렇게 말했다. "조직생활은 사상단련의 용광로이며 혁명적 교양의 학교입니다. 모든 사람들이 다 조직생활에 적극 참가하며, 조직규율을 자각적으로 지키며, 조직에서 주는 위임분공을 성실히 실행하며, 조직의 지도와 통제 밑에서 생활하며, 끊임없이 혁명적 교양을 받도록 하여야 하겠습니다."124) 그것은 당에 의한 군의 지배를 굳히고 인민군을 김일성의 사병화로 만들기 위한 전초작업이었다.

이와 병행하여 북한식의 문화대혁명 즉 사상교육을 통한 김일성 우상화 정책을 더욱 강행하게 되었고,125) 그 일환으로 주민을 상대로 하는 통제 사업을 추진하였다.126) 한편으로 김일성이 강력하게 추진하던 군사제일주의는 일단 멈추고 경제 개발에 주력하였다.

그리고 1970년 11월 2일 조선 노동당 제5차 당 대회를 개최하였다.127) 〈표 4-4〉의 표와 같이 5차 당 대회에서 나타난 엘리트의 출

---

124) 상게서, pp.310 - 312.
125) 「조선중앙연감」(평양: 중앙통신사, 1970), p.154.
　　 김일성 저작물을 1969년 한 해만 100만 부 정도 전국에 배포하였으며,
　　 김일성 저작물과 해설서는 3000만 부 정도를 발행하였다. 당에서 사용
　　 한 문화활동비는 예년의 30배에 이른다고 발표하였다.
126) 이상우 외, 「북한40년」(서울: 을유문화사, 1990), pp.240 - 243.
　　 1969년부터 1970년까지 진행된 집중 사업으로 북한 주민을 3계층(핵심,
　　 동요, 적대) 51개 성분으로 세분화하는 작업을 마무리하였다.
127) 「노동신문」, 1970년 11월 14일자.
　　 제5차 당 대회의 결과로 1970년 11월 13일에 선출된 정치위원들의 면
　　 모를 서열순으로 살펴보면 정위원-김일성, 최용건, 김일, 박성철, 최현,
　　 김영주, 오진우, 金東奎, 徐哲, 金仲麟, 韓益洙, 후보위원-玄武光, 鄭準
　　 澤, 楊亨燮, 金萬金, 순이다. 이들이 담당하는 기본역할 최용건-의전상
　　 의 인물, 김일-행정 및 경제 분야 총감독, 박성철-외교문제 담당, 최

신별 분석은 파벌의 의미는 무의미해졌으며 또한 홍의 문제 즉 김일성 우상화에 도전하는 세력도 사라졌음을 의미하며 대부분 김일성에 충성하는 기술계관료(기타 67%)들이 부상한 것을 알 수 있다.

〈표 4-4〉 제5차 당대회 파벌 분포(1970년 11월)

구 분	국내파	빨치산파	연안파	소련파	기타
중앙위원(117)	5명(4%)	32명(27%)	0명(%)	2명(2%)	78명(67%)
정치위원(11명)	0명(%)	10명(91%)	0명(18%)	0명(%)	1명(9%)

출처: 노동신문 1970년 11월 14일자 인용

　새로 신설된 정치위원회에 신임 정치위원은 김일성의 절대적인 권위를 반영해 주고 있다. 〈표 4-4〉와 같이 정치위원 11명 전원은 오랫동안 김일성의 측근으로 여겨져 온 사람들이었으며 이 중 10명(김중린을 제외한 나머지)은 1930년대에 만주에서 빨치산 활동을 해 온 것으로 되어 있다. 후보위원 4명 중 2명도 이와 같은 범주에 속하는 인물이라 할 수 있다. 새로운 정치위원회에서는 군부요인들의 비중이 현저히 격감했다. 군부의 핵심인물로 등장한 사람은 김일성의 휘하에서 유격대활동을 했었고 지난 30년간 계속 김일성과 관계를 맺어 온 사람들 중 그 누구보다도 개인적인 신뢰를 받아 온 최현과 오진우였다. 그리고 김일성의 유격대 출신인 또 다른 인물 한익수를 포함하여 이

　현-군부 최고 지도자, 김영주-당 조직, 오진우-군부의 제2인자, 김동규-당 관료(평양시당 책임비서), 서철-외교문제, 김중린-대남공작, 한익수-군부 지도자(인민군 총정치국장). 이상 정치위원회 정위원들의 구성을 살펴보면 총 감독자 2명, 제2선의 당 지도자 3명, 군부 지도자 3명, 외교문제전문가 2명, 정권의 의전상 최고인물 1명(최용건) 등으로 되어 있다. 후보위원의 구성은 3명은 경제관리자이고 나머지 한 명(양형섭)은 이데올로기 · 교육 분야의 전문가이다.

들 세 명만이 정치위원회 내에서 유일하게 현역 직업군인을 대표하는 세력이었다. 서철 역시 장군이라는 직함을 갖고 있기는 했으나 이미 지휘관직을 떠난지 오래된 인물이었다.

이렇게 됨으로써 몇몇의 경제전문가들을 당 권력의 제2의 서열에 부상하게 되었다.

정치위원회 후보위원 4명 중 3명이 바로 이와 같은 범주에 속한다고 할 수 있다. 이들 중 현무광은 중공업담당, 정준택은 경공업담당, 김만금은 농업담당이었다. 더구나 현무광은 한때 해직된 경력조차 있는 인물로서 이는 일단 처벌을 받은 뒤에도 재등용될 수 있다는 사실을 말해 주었다. 일찍이 조선노동당중앙당학교장과 고등교육교육상을 지낸 바 있는 양형섭은 당시 관료구조의 상층부에서 김일성을 제외하고는 유일하게 이데올로기를 관장하는 인물이었다. 또한 전문직 기술 관료 출신들인 박성철, 김동규, 서철, 한익수, 허담 등은 외교문제와 국제연락관계의 업무에 종사하는 사람들도 포함되었다.

제5장 마무리

지금까지 이 책에서 분석한 결과와 유용성은 다음과 같이 정리할수
있다.

북한 공산주의 체제에 있어서 실존했던 파벌들이 '김일성의 정치적
희생물' 또는 '들러리'라고 규정짓는 단순 논리에서 벗어나 실존했던
파벌들의 형성과정과 입국과정, 정권수립과정, 파벌 간의 합종연횡 등,
이러한 역동적(dynamical) 과정 속에서 파벌의 역기능적인 면과 순기
능적인 면을 규명해 본 작업은 가치 있는 것이라고 할 수 있다.

많은 논란과 제약이 있겠지만 이 책에서 그 나름의 자료와 사실증
명, 확인을 통해서 파벌의 기원은 한인의 독립운동 과정에서 발생하였
으며, 파벌이 공산정권수립과정에서 중요한 영향을 미쳤으며, 파벌이
소멸될 때까지 김일성을 위요한 빨치산파에게 견제와 균형자 역할을
하였다는 점이다.

한인에 있어서 공산주의 기원은 레닌의 볼셰비키혁명이 동쪽으로
한창 진행 중이던 시베리아 한인사회에서 시작되었다고 할 수 있다.
그곳에는 이미 조선 중기부터 경제적인 이유로 이주해 간 한인들과
정치적 목적으로 이동한 독립 운동가들이 있었다.

국내에서 조직적으로 독립운동을 하지 못하게 된 독립 운동가들은
레닌의 볼셰비키혁명을 추종하면서 그를 이용하여 한국독립을 쟁취하
려 했던 것이다. 그들은 1918년 6월 하바로프스크에서 독립 운동가 이

동휘에 의해 아시아 지역의 최초의 한인사회당을 발족하였다. 이들은 모스크바로 요원을 파견하여 레닌 정부에 재정지원을 요청한 사실에서 잘 나타나고 있다. 때문에 이들은 공산주의 사상을 이해하고 충실히 받아들인 것이 아니라 독립운동의 한 방편이었다는 점이다. 그런데 독립 운동가들이 노령(露領)으로 활동무대를 옮기기 전에 이미 그곳에서는 조선 중기부터 경제적 이유로 이주해 간 한인들이 터전을 잡고 있었으며 이들이 일크츠크 공산당 조직을 발족하면서 반목과 갈등이 시작되었다.

한인 이주민들과 독립 운동가들 사이에는 공산주의 운동과 공산주의 혁명에 대한 태도가 문제였다. 이주민들은 생계와 관련되어 공산주의를 신봉한 반면, 독립 운동가들은 독립투쟁을 위해 그들을 이용하려는 태도였다는 점이다.

또한 공산주의 사상이 유입되는 과정에서도 한인들에게 많은 혼란이 왔다. 즉 소련공산당의 역할과 코민테른의 역할을 구분하지 못하고, 그들 간의 정책을 잘 이해하지 못하였기 때문에 한인들 간에 분열과 혼란이 일어날 수밖에 없었던 것이다. 러시아에 정착한 이주민들은 러시아의 국민으로서 러시아 공산당의 지도만 받아야 했다. 볼셰비키 공산혁명을 이용하여 독립운동을 하려고 한 사람들은 주로 코민테른의 지도를 받아야 했다. 그러나 러시아 공산당 지도자와 코민테른 지도자가 잘 구분이 되지 않았고 특히 독립 운동가들에게는 이 두 단체의 계열과 목적도 같은 것으로 이해되어 있었기 때문에 혼란이 일어났던 것이다.

이와 같이 공산주의 사상에 대한 정확한 이해가 없는 상태에서 한인의 공산주의 활동이 혼란스러웠으며 소련공산당과 코민테른 역시 이 둘을 구분 없이 지도함으로써 한인사회당과 일크츠크당 사이에는 주도권 다툼으로 알력과 반목이 계속되었던 것이다.

양파 간의 갈등은 해결점을 찾지 못하고 결국 코민테른의 12월 테제에 따라 중령(中嶺)과 노령(露嶺)에서 활동하던 한인 공산주의 활동은 국내지역으로 전환하게 되었다. 이 두 단체의 반목과 갈등은 국내까지 이어지게 되었다. 이미 국내에서는 당시 일본에서 유입된 좌파들과 국내에서 발생한 좌파 사이에 갈등이 존재하는 가운데 상해파와 일크츠크파까지 가세하여 국내에는 치열한 주도권 분쟁이 전개되었다. 이러한 과정에서 일크츠크파가 주동이 되어 제1차 조선공산당을 창당하지만 파벌 간의 알력으로 화요회, ML계, 서울파의 헤게머니 투쟁으로 이어지는 2차, 3차, 4차 조선 공산당사건으로 국내 공산당조직은 끝내 붕괴되었다.

국내에서 활동을 하지 못하게 된 이들은 만주, 중국본토, 국내, 일본 등지에서 분산되어 활동하게 되었다.

이로써 한인의 공산주의 운동은 새로운 국면으로 전개되었다. 즉 크게 4개의 지역에서 분리되어 서로 연계 없이 활동하게 됨으로써 지역적으로 노선상의 차이, 리더십의 차이 등이 특징적으로 나타나게 된다.

지역적으로 분리된 활동과 경험을 바탕으로 인맥이 구성되었기 때문에 연안파, 국내파, 빨치산파, 소련파로서 쉽게 구분이 되었다. 즉 김두봉·무정을 중심으로 중국 연안에서 활동했던 연안파, 국내를 중심으로 박헌영과 활동했던 국내파, 만주를 중심으로 김일성, 김책 등과 활동했던 빨치산파와 그들과 함께 국내지역에서 활동했던 갑산 지역의 박금철, 이효순 등의 빨치산파 갑산계, 주로 한인 2세로서 소련의 행정관료출신들로 이루어진 소련파 등이다. 북한의 초기 파벌 형태는 이념이나 정책을 중심으로 발생되었던 다른 공산국가들의 파벌 형태와는 특징적인 차이점을 발견할 수 있었다.

이러한 지역 간 각기 다른 경험으로 인한 파벌 간의 차이는 노선상의 특징도 수반하게 되었다. 즉 공산주의 혁명의 방법론적 측면에서 해외파라고 할 수 있는 빨치산파와 연안파는 주로 군사력에 의한 폭력적 극좌모험적인 성향으로 나타난 반면 국내에서 활동한 국내파는 혁명의 방법이 과격한 투쟁에 의한 것이 아닌 프롤레타리아혁명 즉 인민봉기에 의한 혁명방법을 근간으로 하고 있다. 그 대표적인 것이 6·25전쟁에 관한 공산주의 혁명의 방법 문제에 대해서 해외파와 국내파의 주장이 상이하게 나타났다는 점이다. 해외파는 군사력에 의한 폭력적 방법으로 남북한의 공산주의 혁명을 주장하는 반면, 국내파는 통일방법에 있어서 부르주아 민주주의 혁명 즉 민중봉기를 야기하여 공산국가 수립을 하려고 하였다는 점에서 해외파와 국내파는 대립되었던 것이다.

리더십에 있어서도 각 파벌 간에는 특징적 차이점을 발견할 수 있었다. 국내파는 지하활동을 하면서 소수 단위의 핵심요원을 관리하는 것은 뛰어난 능력을 소유하였지만 대규모의 인원과 그 인원을 운영하는 데는 한계점을 가지고 있었다. 즉 10만의 남로당원을 조직적이며 체계적으로 운영하지 못하였다는 점이다. 반면 빨치산파는 수년간에 걸친 유격대 활동과 군 지휘관을 역임한 경력으로 탁월한 리더십을 발휘하였던 것이다. 만약 초기 정권수립 시 국내파와 연안파가 중심이 되어 공산정권이 수립되었다고 하더라도 치밀한 조직력과 강한 응집력을 바탕으로 한 빨치산파들에 의해 정치적 변동이 발생할 수 있는 소지를 안고 있었다고 할 수 있다.

반면 군 지휘관을 역임한 연안파 세력들도 중국군 예하에서 활동한 경험이 있었다. 그렇지만 이들은 중공당의 지시만 기다리는 상명하복의 복종에만 익숙하여 독자적인 판단과 역경을 헤쳐 나가는 능력이 부족하였다고 할 수 있다. 즉 중공군에서 고급 지휘관 경험의 결여로 인한 부하들의 통제능력이 부족하였다고 할 수 있다. 또한 이들이 북한에 입북하여 주도권을 잡지 못한 것은 그 배후세력인 중국 공산당이 당시 국공내전에 휘말려 있었기 때문에 이들을 지원할 수 있는 여유가 없었다는 점이다. 또한 연안파의 결정적인 결함은 독립동맹과 조선의용군의 구분이 명확하지 않았고 국공내전의 와중에서 이합집산하였기 때문에 응집력이 절대적으로 부족하였다. 그 때문에 입북 후에 이탈자와 배반자가 다른 파벌에 비해서 가장 많았다는 점이다.

각 파벌들이 북한에 입북후 공산정권을 수립하고 기여하는 과정에서 순기능적인 면보다는 역기능적인 점이 많이 부각되었다는 점이다.

첫째, 정권수립 초기에 각 파벌 간에는 자파의 이익표출의 심화에 따른 정치적 과제의 미설정, 정책의 수립과 집행 미흡, 그에 대한 대안의 제시에 소홀한 반면 각 파벌 간의 헤게모니 장악을 위한 정쟁이 지배적이었다는 점이다.

둘째, 당시의 사회적인 변화에 민감하게 반응하기보다는 각 파벌 내의 변화를 통하여 변화하였다는 점이다. 즉 당시 북한 주민들의 열악한 경제 환경과 주민들의 고충을 외면한 채 권력 핵심부에만 시선이 집중되었다는 점이다.

셋째, 부적절한 인물의 충원배분으로 업무의 비효율성을 가져왔다는 점이다. 즉 각료와 직책의 담당자를 충원하는 데 있어서 각 파벌 간에 산술적 배분에 따라 인위적으로 충원함으로써 야기되었다는 점이다. 자기 파벌 중심의 세력 안배를 위해 전문성이 결여된 인물들과 적절치 못한 인물들이 천거됨으로써 업무의 능력이 떨어지고 비효율적이었다는 점을 들 수 있다.

넷째, 정당으로서 사회와 정치 간의 의사소통 고리역할을 전혀 하지 못했다는 점이다. 이러한 역할이 불가능했던 이유는 파벌들이 하나의 당으로 통합되지 못하고 각각 분열되어 활동하였기 때문이다.

반면 각 파벌들의 순기능적인 점 또한 간과할 수 없는데 다음과 같은 두 가지의 기능을 발견할 수 있었다.

첫째, 각 파벌의 고유한 특징에 따라서 군과 행정에서 다양성을 살리고 경쟁의식에서 독자적인 성향을 가지고 잘 운용되었다고 할 수 있다. 즉 그들의 활동지역에서 경험을 바탕으로 맡은 바 직책에서 그 전문성을 기반으로 초기 정권 형성에 기여했다는 점이다. 북한지역 주민을 무마하고 지방 공산당을 조직하는 데 국내파가 중요한 역할을 담당하였다. 문제는 국내파가 군대 조직을 보유하지 못한 점 때문에 결정적인 권력 장악을 하지 못하였다. 그러나 군 조직을 보유한 연안파와 빨치산파는 인민군을 창건하고 그 조직을 완료하는 데 있어서 지대한 역할을 하였으며 그들은 그만큼 헤게모니 장악에 용이하였다는 점이다. 또한 소련 제2세파는 일제가 물러난 교육 분야와 행정의 공백부분에서 그들을 대신하여 업무의 차질과 공백이 없이 수행하였다는 점이다.

둘째, 파벌을 통하여 엘리트의 부상을 촉진하였다는 점이다. 빨치산파는 김일성을 국내파는 박헌영, 소련파는 허가이, 연안파는 김두봉, 무정을 리더로 부상하고 그 위치를 유지하고 부상하는 받침대 역할을 하였기 때문이다.

이와 같이 파벌 간의 기능과 역할에 따라서 초기 권력의 배분은 공평할 정도로 배분이 되었다고 할 수 있었다. 그러나 점차 이들은 이해관계에 따라 합종연횡하면서 소멸되는 과정을 걷게 된다.

첫째, 북한에 공산정권을 수립하기 위해 먼저 북한지역에서 신망을 받고 있던 민족주의 세력을 제거하기 위해 공산주의자들은 파벌을 초월하여 공동의 목표 아래 활동하였다.

둘째, 1945년 10월 13일 조선공산당 북조선분국을 창설할 때 해외파인 연안파, 소련파, 동북항일연군파가 합종하면서 국내파를 고립시켰다. 코민테른의 일국일당원칙을 변용하면서 북조선분국을 조직하고 서울 공산당 본부의 예하에 활동하는 것으로 하였다. 그러나 점차 권력의 핵심이 평양으로 이동하면서 북한에는 북로당, 남한에는 남로당을 결성하고 결국에는 남·북 노동당이 합당하여 조선노동당으로 결합하게 되었다.

셋째, 소수의 해외파가 다수의 국내파에 대해 승리하게 된 결정적계기는 6·25전쟁 직후 전쟁에 대한 책임문제를 거론하면서 시작되었다. 빨치산파와 연안파, 소련파가 합종하여 국내파를 축출하였던 것이다. 이때 빨치산파가 주축이 되었고 연안파, 소련파는 적극적으로 지원하였던 것이다.

넷째, 북한에서 종파 투쟁의 가장 큰 사건이었으며 빨치산파와 김일성 정권을 위기로 몰았던 1956년 8월 종파사건은 연안파와 소련파가 합종한 사건이라고 할 수 있다. 결과는 수적으로 열세인 연안파와 소련파가 실패하였지만 이를 계기로 북한 내에서는 지역과 출신에 따른 파벌의 대립은 사라지게 되었다고 할 수 있다.

이로써 사실상 북한에서 빨치산파에 도전하는 파벌관계는 없어지게 되었다. 그러므로 빨치산파 일색으로 당이 운영되고 이 때문에 당내에서 정책과 노선의 차이로 새로운 파벌이 발생하면서 갈등을 빚게 되는 것이다.

이러한 당내의 노선과 정책 갈등으로 인하여 갑산계와 강경군부의 일부가 제거되었다.

갑산계를 숙청했을 때 그 원인과 이유에 대해서 확실하게 밝혀진

바 없지만 당시 북한이 처한 여러 가지 상황을 고려한다면 기술관료와 강경군부간의 갈등에서 경제우선정책을 지향했던 갑산계가 제거되었다고 할 수 있다. 1969년도에 반당, 종파분자로 숙청되었던 일부 군부 역시 정책 노선상의 대립에서 희생양이 되었을 것으로 추측된다. 분명한 것은 북한 측의 발표에서 그들의 죄목이 종파분자라는 점이다.

결국 갑산계 및 일부 군부에 대한 숙청은 종래의 활동지역과 리더를 중심으로 했던 다른 파벌에 대한 숙청과는 성격을 달리하고 있다는 점이다. 김일성과 빨치산 투쟁을 같이하였다는 소위 유일혁명전통의 구성인맥에 대한 숙청이었다는 것이다. 이 사건을 계기로 크게 두 가지의 의미를 발견할 수 있을 것이다. 먼저, 초기공산정권 수립 시부터 지역·지도자·후견세력을 중심으로 존재하였던 연안파, 국내파, 소련파 등은 북한의 정치체제에서 사라지게 되었다. 다음은, 1969년에 있었던 반당종파 사건 이후로는 조선노동당내에서 발생되는 이념·정책·노선의 차이에 따라서 파벌이 형성될 소지를 가지고 있으며 이러한 점은 북한공산정권이 존재하는 한 배제할 수 없고 지속될 것이라는 점이다.

|참고문헌|

1. 단행본

강정구, 「통일시대의 북한학」, 당대, 1996.

경남대학교 북한대학원, 「현대북한연구 I, II」 서울: 경남대학교, 1999.

고송무, 「소련의 한인들」, 이론과 실천, 1990.

공산권 연구실(편), 「북한공산화 과정」 서울: 아세아문제연구소, 1973.

국사편찬위원회, 「북한관계사료집」, 1~14집, 서울: 국사편찬위원회, 1968.

국방부 전사편찬위원회, 「한국전쟁 상, 하」 서울: 국방부, 1978.

국토통일연수원, 「북한의 정당·사회단체 현황」, 통일연수원, 1990.

권유철, "그람씨의 마르크스주의와 헤게모니론", 한울, 1984.

극동문제연구소, 「북한정치론」, 극동문제연구소, 1976.

길승흠, 「현대일본정치론」, 서울대학교 출판부, 1998.

김광웅, 「사회과학연구방법론」, 박영사, 1995.

김명식, 「전후 일본의 보수정치」, 한울림, 1983.

김영래·한석태, 「동유럽 공산정치론」, 민음사, 1985.

김준엽 · 김창순, 「한국공산주의 운동사 1~5」 서울: 청계연구소, 1986.

김정계, 「중국권력구조와 파워엘리트」, 평민사, 1994.

김창순, 「북한15년사」, 서울: 지문각, 1961.

김학준, 「북한50년사」 서울: 동아출판사, 1995.

_____, 「한국전쟁」, 박영사, 1989.

_____, 「소련정치론」, 일지사, 1976.

남북문제연구소, 「김일성과 그 정권」, 남북문제연구소, 1998.

남북문제연구소, 「북한정권」, 서울: 남북문제연구소, 1996.

남현우, 「항일무장투쟁사」, 서울: 대동, 1988.

돌베개, 북한조선노동당대회 주요문헌집, 서울: 돌베개, 1988.

동녘, 「코민테른 자료선집 3」, 서울: 동녘, 1989

민준기, 「한국 민주화와 정치발전」, 서울: 조선일보사, 1988.

_____ · 배성동 역, 「정치발전론」 Samuel P. Huntington 著, *Political order in changing societies*, New Haven University, 1968.

_____ · 신정현 공역, 「근대화와 정치발전: 정치위기의 극복 Leonard Binder [외]저」, 서울: 법문사, 1974.

박두복 외, 「중국의 정치와 경제」, 집문당, 1993.

박명림, 「해방 전후사의 인식」 서울: 한길사, 1989.

박성수, 「광복군과 임시정부」, 창작과 비평사, 1980.

박영석, 「한민족독립운동사연구」, 일조각, 1982.

박 환, 「만주 한인민족운동사 연구」, 일조각, 1991.

_____, 「러시아한인민족운동사」 탐구당, 1995.

박보리스, 「러시아에서의 한국독립운동에 대한 연구 동향 및 사료 현황: 1905~1922」

박보리스, 「해방 50주년, 세계 속의 한국학」, 인하대학교 한국학연구소, 1995.

서대숙, 「김일성」, 청계연구소, 1989.

_____, 엮음, 이서구 옮김, 「소비에트 한인 백년사」, 도서출판, 태암, 1989.

성경륭, 「체제변동의 정치사회학」, 한울 아카데미, 1995.

송명직 · 박성수, 「한국근대민족운동사」, 돌베개, 1980.

송두율, 「소련과 중국」, 한길사, 1989.

新東亞, 「원자료로 본 북한 1945~1988」, 동아일보사, 1989.

신석호, 「정당 조직의 이론과 실제」, 녹두, 1984.

신용하, 「한국민족독립운동사」, 을유문화사, 1985.

신정현, 「정치학 – 과학과 사유의 전개」, 서울: 법문사, 1993.

_____, 「현대중국정치사, 1949~1986」, 서울: 탐구당, 1990.

_____ 譯, 「마르크시즘이란 무엇인가: 이론적 분석과 현실적 비판」, Robert L. Heilbroner 著, 서울: 한울, 1983.

_____, 「북한의 통일정책」, 서울: 을유문화사, 1989.

신연자, 「소련의 고려사람들」, 동아일보사, 1988.

안택원, 「신소련 정치론」, 박영사, 1987.

양성철, 「박정희와 김일성」, 서울: 한울, 1992.

_____, 「북한정치론」, 서울: 박영사, 1991.

윤병석, 「1910년대 연해주 지방에서의 한국독립운동 한국사학 8」, 한국정신문화연구원역사연구실, 1986.

역사문제연구소 민족해방운동사 연구반, 「민족해방운동사」, 역사비평사, 1993.

유동열, 「한국좌익운동의 역사와 현실」, 다나, 1996.

_____, 「한국좌익학생운동의 이론과 실제」, 민족정론사, 1995.

육군사관학교, 「한국전쟁사」, 일지사, 1984.

윤근식, 「현대정당정치론」, 대왕사, 1990.

윤용희, 「정당조직과 정치발전」, 법문사, 1989.

李離和, 「한국의 파벌」 서울: 돌베개, 1984.

이기하, 「한국공산주의 운동사 1, 2, 3권」, 서울: 동일문화사, 1969.

이명식 · 신정현 공저, 「현대 공산체제의 비교분석」, (서울: 일신사, 1987).

_____, 「공산국가의 외교정책」, 서울: 경희대학교출판국, 1988.

이명영, 「북괴 괴수 김일성의 정체」, 민족문화사, 1975.

_____, 「권력의 역사」, 종로서적, 1993.

_____, 「조선노동당의혁명역사와 통일문제」, 일념, 1987.

_____, 「재만 한인 공산주의 운동연구」, 성균관대학교 출판부, 1975.

이병천, 「북한학계의 한국근대사논쟁」, 창작과 비평사, 1989.

이상근, 「한인노령이주사연구」 탐구당, 1996.

이상우 외, 「북한40년」, 을유문화사, 1988.

이신행, 「정치변동 이론의 새로운 흐름」, 형성사, 1998.

이온죽 · 김경동, 「사회조사 연구방법」, 박영사, 1986.

이용필, 「북한정치체계」, 교육과학사, 1985.

_____, 「북한정치」, 대왕사, 1982.

이재화, 「한국근대민족해방운동사Ⅰ」, 백산서당, 1986.

이정식, 「조선노동당약사」, 서울: 이론과 실천, 1986.

_____, 「만주혁명운동과 통일전선」, 사계절, 1989.

_____, 스칼라피노, 「한국공산주의 운동사 1, 2, 3」, 서울: 돌베개, 1986.

이종석, 「조선노동당연구」, 역사비평사, 1997.

_____, 「현대북한의 이해」, 역사비평사, 1995.

이즈미 하지매, "북조선의 혁명노선", 「NL 비판Ⅰ」 도서출판 벼리, 1991.

이현희, 「한국 근현대사의 쟁점」, 삼영, 1992.

임건언, 「남북한 현대사」, 삼민사, 1989.

임영일, 「국가 계급 헤게모니 - 그람씨 사상연구」, 풀빛, 1996.

장복성, 「조선공산당 派爭史」, 돌베개, 1949.

장준익, 「북한인민군대사」, 서울: 서문당, 1991.

전인영, 「북한의 정치」, 을유문화사, 1990.

_____, 「소련 및 동구 공산주의」 서울: 서울대학교 출판부, 1984.

_____, 김학준, 「소련 및 동구 공산주의」, 서울대학교 출판부, 1989.

정낙중, 중공의 권력투쟁사, 대왕사, 1983.

정용주, 「레닌과 아시아민족해방운동」, 도서출판 남풍, 1988.

정한구, 문수원, 「러시아 정치의 이해」, 나남출판, 1995.

정현수, 「북한정치경제론」, 신영사, 1995.

조동걸, 「독립군의 길을 따라 대륙을 가다」 지식산업사, 1995.

최 성, 「북한학개론」, 풀빛, 1997.

_____, 「북한정치사」, 풀빛, 1997.

최영희·김성식, 「일제하의민족운동사」, 민중서관, 1971.

최완규, 「북한은 어디로」, 경남대학교 출판부, 1996.

_____, 「북한연구방법론: 반성과 제언」(한국정치학회 주최 한국정치
　　　국제학술대회발표논문), 1994.

최장집, 「한국 민주주의 조건과 전망」 서울: 나남출판, 1996.

_____, 「한국전쟁 연구」, 도서출판 태암, 1990.

_____, 「한국민주주의 이론」, 한길사, 1993.

_____, 「한국민주주의 조건과 전망」, 나남출판, 1996.

최한수, 「현대정당론」, 을유문화사, 1993.

한국간행물 윤리위원회, 「북한원전및이념도서서평집 1~7권」, 한국도
　　　서잡지주간신문윤리위원회, 1989.

한국사 21, 「북한의 정치와 사회」, 한길사, 1994.

한상도, 「한국독립운동과 중국군관학교」, 문학과 지성사, 1994.

한국역사연구회1930년대 연구반, 「일제하 사회주의 운동사」, 서울: 한
　　　길사, 1991.

한국일보, 「한국독립운동사-滿洲·露領에서의 투쟁」, 1987.

한국정신문화원, 「정치적 정통성 연구」, 한국정신문화연구원, 1990.

한국정신문화원, 「한국독립운동사 자료집」, 한국정신문화연구원, 1993.

한배호, 「비교정치론」 서울: 법문사, 1975.

Bae Ho Hahn. *Factions in contemporary Korean competitive politics*,
　　　U. M. I., 1970.

Benjamin I. Schwartz, *Chinese communism and the Rise of Mao.*: Havard University Press, 1979.

Bruce Cumings, *The Origins of The Korean War 1: Liberation and Emergence of Separate Regime 1945~1947* (Princeton: Princeton University 1981)

Charles Edward Merrian, *Political Power*, New York: Collier Books, 1964.

Charles Tilly, *Coercion, Capital, and European States, AD 990~1990*, Cambridge, MA.: Basil Blackwell Inc. 1990.

Chong-sik Lee, *The Korean Workers Party: A Short History*, (Stanford: Hoover, Institution Studies, 1977)

F. P. Belloni & D. C. Beller, "The Study of Party Factions as Competitive Political organization", *The Western Political Quarterly*, Vol.29.

Franz Shurmann, *Ideology and Organization in Communist China*(Berkeley, California: university of California Press, 1970).

Fu Hsing Kang, *Studies On Communism*, Taipei: college Taipei. 1981.

Gabriel A. Almond and G. Bringham Powell Jr., *Comparative Politics,*: Little brown and company. 1978.

Giovanni Sartori, *Parties and party systems*, Cambridge University Press, 1976.

Giovanni Sartori. *Democratic theory*, Wayne State University Press, 1962.

Geraint Parry, *Political Elites*, Lodon George Allen & Unwin, 1996.

Glenn R. Parker and Suzanne L. Parker, *Factions in House committees*, Univ. of Tennessee Pr., 1985.

James C. Scott, "Patron-Client Politics and Political Change in Southeast Asia", *American Political Science Review*, Vol.66.

P. Loveday & A. W. Martin, *Parliament factions and parties*, Melbourne University Press, London: New York: Cambridge University Press, 1966.

Ralph W. Nicholas, "faction: A Comparative Analysis", Michael Banton, ed, *Political systems and the Distribution of Power*, (London: Tavistock Publicati ons, 1965)

Richard Rose, "parties, Faction, and Tendencies in Britain", *Political Studies*, Vol.12.

Robert A. Scalapino and Chong-Sik Lee, *Communism in Korea* Vol. I, II, Berkeley & L.AUniversity Of California Press. 1972.

Robert C. Tucker, *The Marxian Revolutionary Idea*, Norton Library, New York. 1970.

Steffen W. Schmidt, *Friends, Followers, and Factions, -a Reader in political clientel ism*-Univ. of California, 1977.

Stuart R. Schran, *The Political Thoughts Of Mao Tse-Tung*, New: Praeger Publishers, 1991.

Suh Dae-Sook, *The Korean Communist Movement 1918~1948*, Princeton N.J., Princeton University Press, 1968.

_____, *Korean Communist Movement 1945~1980*, Honolulu: The University Press of Hawaii, 1982.

_____, *Kim Il Sung, The North Korean Leader*, New York:

Columbia University Press, 1967.

Theda Skocpol, *States and Social Revolution*, New York: Cambridge University Press, 1979.

William N. Chambers, *Political Parties in a New Nation*, New York: Oxford University Press, 1963.

William Nisbet Chambers and Walter Dean Burnham, *The American party systems* Oxford University Press, 1967.

William Nisbet Chambers. *Political parties in a new Nation*, Oxford University Press, 1963.

Won Sul Lee, *The Unite State and The Division of Korea*, Seoul, Kyung Hee Univ. Press, 1982.

江口伸幸,「合從連衡の 時代」, 東京, 敎育社, 1991.

和田春樹,「金日成 と滿洲抗日戰爭」, 東京: 平凡社, 1978.

西川知一・河田潤一,「政黨と派閥」東京: ミネルゲヤ 書房, 1996.

內田健三,「派閥」, 東京: 講談社, 1983.

井上義久,「派閥と 政策集團」, 東京: 敎育社, 1979.

朝日新聞社,「政黨と派閥: 權力の座 めぐる人脈」, 東京: 朝日新聞 政治部 編, 1968.

文玉珠,「朝鮮の派閥 鬪爭史」, 東京: 成甲書房, 1992.

江口伸幸,「派閥再編と ニユーリダ －合從連衡の 時代」, 東京: 敎育社, 1985.

2. 북한자료

조선노동당 출판사, 「김일성 저작집 1~25권」 평양: 조선노동당 출판사, 1979~1984.

김한길, 「현대조선력사」, 평양: 사회과학원 력사연구소, 1983.

이재화, 「한국근현대민족해방투쟁사」, 백산서당, 1988.

허종호, 「주체사상에 기초한 남조선조국통일이론」, 평양: 사회과학출판사, 1972.

이원주, 「조선근대혁명운동사」, 도서출판 한마당, 1993.

조선노동당중앙위원회, 「당의 유일사상체계확립10대원칙」, 평양: 당중앙위원회, 1974.

사회과학원역사연구소, 「조선근대혁명운동사」, 한마당, 1988.

조선노동당중앙위원회 당력사 연구소, 「조선노동당 약사 1, 2」, 1989.

「조선말 대사전 1,2」, 사회과학출판사, 평양, 1992.

「조선중앙년감」, 조선중앙통신사, 평양, 1996.

「력사사전 Ⅰ, Ⅱ」, 사회과학원력사연구소, 평양, 1971.

「정치사전」, 사회과학출판사, 평양, 1973.

「문학예술사전」, 사회과학출판사, 평양, 1972.

「조선문화어 사전」, 평양, 사회과학출판사, 1973.

「북한대사전」, 서울, 북한연구소, 1999.

「근로자」, 평양, 근로자사, 1989년, 1호, 3호.

1990년, 3호.

1991년, 3호, 8호, 10호, 11호, 112호.

노동신문, 1998년 4월 28일자, 3면.

1973년 9월 10일자.

3. 논문 및 간행물

강석찬, "중국의 파벌 투쟁과 외교정책 노선의 변화", 박사학위논문, 건국대학교 대학원, 1991.

김갑철, "소련의 소비에트화 과정", 강인덕(편), 「북한정치론」, 서울: 극동문제연구소, 1976.

김성규, "북한의 권력투쟁과정에 관한 연구: 김일성 유일체제 확립과 정을 중심으로", 박사학위논문, 한양대학교 대학원, 1996.

김창순, "항일독립운동에 있어서의 무장투쟁의 위치", 「일제하 식민지 시대의 민족운동」, 풀빛, 1981.

김병일, "중공의 민족주의에 관한 연구", 박사학위논문, 경희대학교 대학원, 1977.

반병률, "이동휘와 한말민족운동", 「한국사연구 87」, 한국사연구회, 1994.

_____, "이동휘와 1910년대 해외민족운동 – 만주 · 노령연해주 지역에서의 활동 (1913~1918) –", 「한국사론33」, 서울대학교 국사학과, 1995.

도재숙, "조선 개항기 외세침투에 대한 지배층의 인식과 대응에 관한 연구", 경희대학교대학원 박사학위논문, 2000.

배원달, "北韓權力鬪爭硏究", 박사학위논문, 영남대학교 대학원 1987.

유기철, "만주지역 한인민족운동의 성격 변화에 관한 연구－1920년대 후반을 중심으로", 연대석사학위논문, 1986.

이종석, "북한연구방법론 비판과 대안", 「역사와 비평 1990. 가을」, 역사와비평사, 가을호.

임형진, "동학과 천도교 청우당의 민족주의 연구", 경희대학교 박사학위논문, 1998.

고영복, "정당과 파벌", 사회과학 제5권, 1991년 5월호.

최장집, "그람씨의 Hegemony 개념", 한국정치학회보 제18집.

정우곤, "북한사회주의 건설과 수령제의 형성과정에 관한 연구 1948~1969", 박사학위논문, 경희대학교 대학원, 1997.

조성윤, "일제하의 신흥종교와 독립운동－만주지방의 원종을 중심으로－", 「한국사 회사연구회논문집 7」, 문학과 지성사, 1987.

신주백, "滿洲地域 韓人의 民族運動 硏究(1925~1940)"－民族主義 및 社會主義－박사학위논문, 경기대학교대학원, 1996.

최 성, "수령체계의 형성과정과 구조적 작동메커니즘에 관한 연구", 박사학위논문, 고려대학교 대학원, 1994.

최완규, "북한정치엘리트의 구조변화, 1946~1970", 경희대학교 대학원 석사학위논문, 1976.

허만위, "初期 北韓政權의 形成過程에 관한 硏究", 박사학위논문, 경남대학교 대학원, 1991.

한기수, "北韓 主體思想의 淵源과 性格", 박사학위논문, 성균관대학교 대학원, 1992.

서희수, "北韓權力 엘리트 構造의 變化에 관한 比較論的 硏究", 박사

학위논문, 한양대학교 대학원, 1983.

박천호, "北韓의 政治體制의 變動과 政治엘리트의 葛藤에 關한 硏究", 석사학위논문, 부산대학교 대학원, 1989.

신주백, "1926~1928년 시기 간도지역 한인사회주의자들의 반일독립운 동론-민족유일당운동과 청년운동을 중심으로-", 「한국사연구 78」, 1992.

이종석, "北韓指導集團의 抗日武裝鬪爭의 「歷史的經驗」에 對한 硏究", 석사학위논문, 성균관대학교 대학원, 1989.

최홍규, "20년대 북만주 항일독립운동의 증언(1)(2)(3)"-[신민부] 활 동과 자료해설, 「자유공론」, 1982. pp. 182-184.

Jun Kee Min, "Political Parties Factionalism in Korea 1945~1972", *These Collection, Kyung Hee Univ. Seoul Korea Vol.12.* 1983.

James C. Scott, "Patron Client Politics and Political Changing Sou- theast Asia", *The American Political Science Review Vol.66.*

Political Science Quarterly, Vol.30, 33.

The Western Political Quarterly, Vol.26.

4. 학술회의자료

박보리스, "러시아 연해주에서의 한인반일해방운동", 대한민국 임시정부 수립 80주년 기념 제11회 국제학술심포지엄, 광복회, 1999년 6월 8일.

한국사학회, "한국독립운동의 전개와 근대민족국의 수립", 한국사학회 제1회 학술회의, 1986년 8월 12일.

이명영, "김일성의 抗日鬪爭經歷 眞否", 건국청년운동협의회 총본부, 1989년 4월 28일.

양성철, "북한의 권력구조와 김정일주변엘리트", 민족통일연구원 개원 기념세미나, 민족통일연구원, 1992년 4월 3일.

세종연구소, "북한정권의 생존전략과 전망", 남북한 통합모델학술회의, 세종연구소, 1995년 8월 25일.

5. 기타자료

公文書 "6·25전쟁에 관한 용어검토 지시", 국방부 군사연구소, 1995년 7월 13일.

내외통신, 1073호, 1084호, 1096호, 112호, 1130호.

중앙일보 1988월 12월 12일자 4면.

呂運亨 豫審決定書, 1930년 3년 11일 京城地方法院.

조선공산당 사건 言渡 1930년 11월 30일 東京地方法院刑事部.

제1, 2차 조선공산당 事件判決資料.

ML당사건 판결 1930년 8월 30일 京城地方法院刑事部.

제4차 朝鮮共產黨言渡 1930년 10월 24일 京城地方法院刑事部.

間島事件判決文 1928년 12월 27일 京城地方法院刑事部.

京城帝大共產黨判決 1932년 11월 24일 京城地方法院刑事部.

전원근(全元根)

충북 제천 수산 출생
충주 중학교, 고등학교 졸업
성균관대학교 졸업
성균관대학교 대학원 행정학 석사
국방교육원 겸임교수 역임
성균관대학교 사회과학부 동북아국제관계론
성균관대학교 전략대학원 국가안보론
경희대학교 북한정치론, 북한외교론
용인대학교 외래교수 역임
경희대학교 행정대학원 겸임교수 역임
현)한국정치학회 회원
현)새정치 민주연합 정책위 부의장
현)새정치민주연합 강남갑 지역위원장

주요논저
「핵감축시대의 개막과 평화질서」
「북한의 통일정책에 관한 연구」
「북한의 주제사상 분석」
「남북한 통일을 위한 基盤 造成 方案研究」
「북한의 派閥에 관한 연구」
「일본의 외교정책 변화와 한반도 안보」
「미국의 아프가니스탄 전쟁과 국제관계」
『정치학 방법론』
『법에 대한 올바른 이해』
외 다수

권력의
역사와 파벌

초판인쇄 2015년 12월 11일
초판발행 2015년 12월 11일

지은이 전원근
펴낸이 채종준
펴낸곳 한국학술정보㈜
주소 경기도 파주시 회동길 230(문발동)
전화 031) 908-3181(대표)
팩스 031) 908-3189
홈페이지 http://ebook.kstudy.com
전자우편 출판사업부 publish@kstudy.com
등록 제일산-115호(2000. 6. 19)

ISBN 978-89-268-7128-7 93340